职业教育公共基础课教材

物　　理

主　编　邱弘华
副主编　靳晓武　郭豫乡　李柏松　翟元章
参　编　王宏伟　闵　杰　智　博　唐　凯
　　　　肖海轩　李海章　张媛颖

河南大学出版社
HENAN UNIVERSITY PRESS

中国·郑州

图书在版编目（CIP）数据

物理/邱弘华主编. —郑州：河南大学出版社，2017.7（2018.8 重印）
职业教育公共基础课教材
ISBN 978-7-5649-2974-9

Ⅰ. ①物… Ⅱ. ①邱… Ⅲ. ①物理学—职业教育—教材 Ⅳ. ①O4

中国版本图书馆 CIP 数据核字（2017）第 170933 号

责任编辑	郑　鑫
责任校对	徐世莲
封面设计	马　龙
责任印制	陈建恩

出版发行	河南大学出版社
	地址：郑州市郑东新区商务外环中华大厦 2401 号　　邮编：450046
	电话：0371-86059712（高等教育与职业教育出版分社）
	0371-86059713
	网址：www.HUPRESS.com
排　版	郑州市今日文教印制有限公司
印　刷	郑州市运通印刷有限公司
版　次	2017 年 8 月第 1 版 　　　印　次 2018 年 8 月第 2 次印刷
开　本	787mm×1092mm　1/16　　　印　张 14
字　数	298 千字　　　　　　　　　定　价 37.00 元

（本书如有印装质量问题请与当地销售部门联系调换）

前　言

　　本教材内容紧贴教育部新近颁布的教学大纲，编写组从学生现实知识基础和学习现状出发，结合多年教学实践，编写了本教材。

　　本书内容注重理论联系实际，重在培养学生的思维能力，主要体现以下特点：

　　1. 淡化理论论述和公式推导，简化数学运算

　　针对学生基础知识薄弱的现状，本教材在介绍相关物理概念和规律时，在不失科学性的情况下，尽量从实际情况出发，减少纯抽象的理论论述，浅化数学运算的推导过程。在例题、习题的编写中，尽量通过内容的组织、正文的叙述，特别是公式的简化，来降低对学生数学处理能力的要求。通过正文简述、公式简化，直接引导学生理解物理学中较难理解的定义、定理、定律、公式，以此加深学生对理论知识的了解和掌握。

　　2. 以实践应用为目的，注重理论知识与实践应用相结合。

　　本教材在选择重点章节和重点内容时，对与生产技术联系紧密的力的概念、万有引力定律、机械振动和机械波、电和磁，作了较为详尽的介绍，并安排了一定量的练习，以此为学生今后从事工业生产打下坚实的科学知识根底。在尽可能降低理论知识难度的同时，以物理思想方法的潜移默化来进行补偿。

　　3. 强化物理学科学研究方法的阐述，培养学生的综合分析能力和动手能力。

　　物理学中应用的观察、实验、归纳、概括和推理等，是科学研究中的重要方法。对科学方法的阐明是培养学生思维能力的重要环节。通过例题、习题和各种实验，使学生理解和把握科学研究和生产实践中必须学会的观察、实验、

归纳、概括、推理的方法,并提高学生参加生产实践的动手能力。

由于编者水平有限,本书难免出现错误和疏漏,敬请读者批评、指正。

编 者

2017 年 7 月

目　录

第一章　运动与力 ·· 1
　第一节　运动的描述 ·· 2
　第二节　匀变速直线运动 ·· 8
　第三节　重力　弹力　摩擦力 ·· 18
　第四节　力的合成与分解 ·· 26
　第五节　牛顿运动定律 ·· 36
　第六节　抛体运动和圆周运动 ·· 46
　本章重点知识拓展及梳理 ·· 62

第二章　机械能 ·· 71
　第一节　功　功率 ·· 72
　第二节　动能　动能定理 ·· 78
　第三节　势能　机械能守恒定律 ·· 82
　本章重点知识拓展及梳理 ·· 90

第三章　电场与磁场　电磁感应 ·· 96
　第一节　电场　电场强度 ·· 97
　第二节　电势能　电势　电势差 ·· 105
　第三节　磁场　磁感强度 ·· 109
　第四节　磁场对电流的作用 ·· 118
　第五节　电磁感应 ·· 121
　本章重点知识拓展及梳理 ·· 133

第四章　直流电路 ……………………………………………………………… 142
第一节　电阻定律 ……………………………………………………… 143
第二节　串联电路和并联电路 ………………………………………… 149
第三节　电功　电功率 ………………………………………………… 156
第四节　全电路的欧姆定律 …………………………………………… 160
第五节　安全用电 ……………………………………………………… 165
本章重点知识拓展及梳理 ……………………………………………… 168

第五章　热现象及其应用 ………………………………………………………… 171
第一节　分子运动论 …………………………………………………… 172
第二节　理想气体状态方程 …………………………………………… 176
第三节　热力学第一运动定律 ………………………………………… 179

第六章　光现象及其应用 ………………………………………………………… 188
第一节　光的传播 ……………………………………………………… 189
第二节　激光的特性及应用 …………………………………………… 194
本章重点知识拓展及梳理 ……………………………………………… 200

第七章　核物理能及其应用 ……………………………………………………… 202
第一节　原子结构　氢原子理论 ……………………………………… 203
第二节　原子核特性　核能 …………………………………………… 206
本章重点知识拓展及梳理 ……………………………………………… 210

参考文献 …………………………………………………………………………… 217

第一章　运动与力

 **本章概述**

物体的位置随时间发生了变化，这种变化就叫作机械运动，简称运动。

物体的运动是复杂多样的，要研究机械运动，就得从最简单、最基本的直线运动开始。但在这最简单的运动形式中，已经包含着许多发人深思的科学道理。本章从最基本、最简单的直线运动入手，主要介绍有关机械运动的一些基本概念和描述机械运动的几个物理量及匀变速直线运动的特点和规律，引导学生认识运动的基本规律和对运动状态的描述方法，以及物理学研究问题的基本思路、方法。这些都是进一步学习的重要基础。

物理学的一个分支——力学就是要研究宏观物体在低速机械运动中的现象和规律。力学是一门古老的科学，人类在社会生活实践中，特别是通过农业、建筑、机械、军事等方面的生产实践和对天文现象的观察，逐渐积累了丰富的力学知识，力学知识是物理学的基础，无论是热现象，还是电磁现象，都离不开力学。

 **教学目标**

1. 认识物质的运动状态及相关术语。
2. 学会并掌握与变速直线运动的规律和应用。
3. 了解并掌握重力、弹力、摩擦力的概念和计算。

第一节 运动的描述

当我们在电视上看到跨栏运动员刘翔夺得 110 m 栏的奥运会冠军、世锦赛冠军,或者打破世界纪录时,都会由衷地赞叹:"他跑得真快呀!"

在物理学中,要准确地描述物体的运动状态,首先需要明确一些概念。

一、参考系

在日常生活中,我们说房屋、树木是静止的,行驶的汽车是运动的,这都是凭着经验以地面作为参照物而言的;一个坐在密封且匀速上升的电梯里的人不会发现电梯的运动,认为自己是静止的;而如果这个人坐在随热气球匀速上升的不封闭的吊篮中,不仅会意识到自己在运动,他还会认为地面在向下降落。这就是说,判断一个物体是否运动,如何运动,总是要用其他物体作为参照物,在描述一个物体的运动时,选来作为参照物的另外的物体,叫作参考系。

在观察同一个物体的运动时,如果选择不同的参考系,观察的结果是不同的。例如,端坐于平稳行驶的火车上的乘客,相对于车厢是静止的,而相对于地面则是随车厢一起向前运动的(图1-1)。描述一个物体的运动情况时,到底选择什么物体作为参考系,要依所研究问题的性质和方便而定。例如,观察一个人在河里游泳,可以选取在河上航行的船只作为参考系,也可以选取河岸作为参考系。研究天体的运动时,可以选取太阳作为参考系,也可以选取地球作为参考系。

图1-1 乘客的运动

二、质点

实际物体都有一定的大小和形状,物体各个部分的运动情况往往是不相同的。例如,汽车转弯时,外轮画过的弧就比内轮画过的弧长一些。所以,要详细描述物体的运动,并不是一件容易的事。但是,在某些情况下,却可以不考虑物体的大小和形状,从而使问题大大简化。例如,评判跳远成绩时,只需计算落地点与起跳点之间的距离,而不必考虑运动员在空中的姿势如何,即忽略运动员的大小和形状。讨论火车从兰州开往上海的运行时间等问题时,由于火车的长度比起兰州到上海的距离要小得多,就可以不考虑火车的长度。这样,若物体的大小和形状对我们研究的问题没有影响或影响不大,就可以把物体看作一个有质量的点;或者说,用一个有质量的点来代替整个物体。用来代替物体的有质量的点叫作质点。

质点的判断

能否把物体看成质点,并不在于物体的实际大小,而要看问题的实际性质。例如,地球是很大的,其直径约为 $1.3×10^4$ km,但是比起地球和太阳的距离(约 $1.5×10^8$ km)却要小得多。在研究地球绕太阳的公转时,可以不考虑地球的大小,照样把它看成质点。而在研究地球的自转时,就不能把地球看成质点。

运动的质点通过的路线,叫作质点运动的轨迹。绘图笔在图纸上画过以后留下的痕迹,就是笔尖运动的轨迹。如果质点运动的轨迹是直线,这样的运动就叫作直线运动;如果质点运动的轨迹是曲线,就叫作曲线运动。本节研究的是直线运动。

三、时刻和时间间隔

1. 时刻

时刻就是通常所说的一瞬时、一瞬间或一刹那,也就是平常所说的几时几分几秒。学校规定上午 8:10 开始上课,是指上午第一节课的开始或起始时刻,上午 8:55 下课,是指上午第一节课的结束或终止时刻,火车时刻表上所标明的就是一列火车到站或出站的时刻。

2. 时间间隔

相邻两个时刻之间的间隔就叫作一段时间,"8:10"与"8:55"之间相隔 45 分钟,这个"45 分钟"就是上午第一节课的初时刻和末时刻之间的时间间隔。时间常用符号 t 表示,其国际单位是秒、分、时,符号为 s,min,h。在运动会上常用停表来测量时间,刚按表的时刻为计时的起始时刻,运动员到达终点时,一掐表就知道所用的时间了。在实验室里常用打点计时器或数字计时器来测量时间。

在表示时间的数轴上,时刻用点来表示,时间间隔用线段来表示。图 1-2 所示的时间数轴上标出了上午第一节课和第二节课的上课、下课的时刻及这两节课和课间休息的时间间隔。以后的表述中直接用"时间"表示"时间间隔",例如在"3 s 的时间内"就指的是时间间隔。

四、位移和路程

1. 位移

如果想从兰州去上海,可以乘坐火车,也可以乘坐飞机。由于选择了不同的交通工

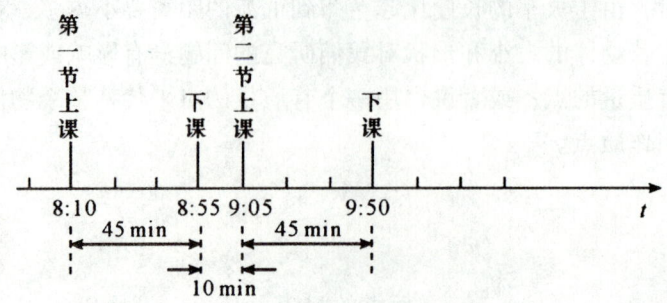

图1-2　上午前两节课及课间休息的相关时刻及时间间隔

具,运动的轨迹是不一样的,走过的路程也是不相同的。但是,质点位置的变动总是从初位置兰州到达东南方向的末位置上海(图1-3)。

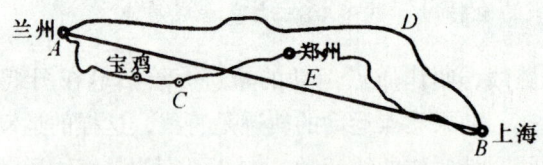

图1-3　位移和路程的区别

物理学中用位移来表示质点的位置变动。假设质点由初位置 A 运动到末位置 B,从 A 到 B 所引的有方向的线段 AB,就表示质点在这次运动中的位移。有向线段的长度按一定比例表示位移的大小,有向线段的方向表示位移的方向。位移既有大小,又有方向,是矢量,位移用字母 s 表示,其国际单位是米,符号为 m。

2. 路程

路程是指质点运动过程中所经过的运动轨迹的实际长度。在图1-3中,质点的位移是有向线段 AB,而路程是曲线 ACB 或 ADB 的长度,路程只有大小,没有方向,是标量。

在运动方向不变即沿着一个方向的单向直线运动中,质点运动过程中所经过的位移的大小在数值上等于质点同一时间内所通过的路程。路程的单位也是米。

五、运动快慢的描述——速度

1. 速度

不同的物体其运动的快慢程度是不相同的,例如超音速飞机和牛车的运动,真是天壤之别。图1-4中,小汽车的运动快慢和自行车的运动快慢也是不一样的。怎样描述物体运动的快慢呢?

要描述物体运动的快慢,可以采取两种办法,一种是在发生相同位移的情况下,比较所用时间的长短,时间短的,运动得快。例如在田径运动会百米竞赛中,运动员甲用 10 s 跑完全程,运动员乙用 11 s 跑完全程,甲用的时间短,他就跑得快。另一种是在所用时间相同的情况下,比较所通过位移的大小,位移大的,运动得快。例如汽车 A 在 1 h 内行驶 100 km,汽车 B 在 1 h 内行驶 120 km。很明显,汽车 B 运动得快,那么,运动员甲和汽车

第一章　运动与力

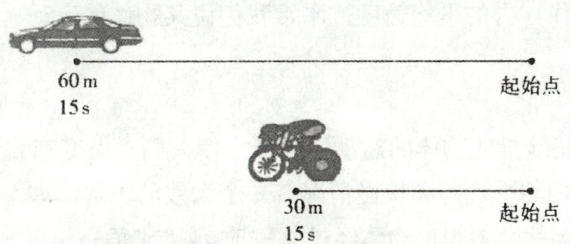

图1-4　小汽车和自行车的运动情况

A 哪个快呢？这就要我们找出一个统一的比较标准。如果能够算出它们各自在单位时间内（如每 1 s 内）的位移，就便于比较了。运动员甲每秒内位移等于 $\frac{100}{10}$ m = 10 m，汽车 A 每秒内位移等于 $\frac{100 \times 10^3}{3\ 600}$ m = 28 m。可见，汽车 A 运动得快。这样，为了比较运动的快慢，我们引入速度的概念。

速度是表示运动快慢的物理量，它等于位移 s 跟发生这段位移所用时间 t 的比值。用 v 表示速度，则有

$$v = \frac{s}{t} \tag{1-1}$$

在国际单位制中，速度的单位是米每秒，符号是 m/s [或（m·s^{-1}）]。交通运输中常以千米每时 [km/h 或（km·h^{-1}）] 作为速度单位，有时还用厘米每秒 [cm/s 或（cm·s^{-1}）] 作为速度单位。

速度不仅有大小，而且有方向，是矢量。速度的大小在数值上等于单位时间内位移的大小，速度的方向跟位移的方向相同。

匀速直线运动的速度计算

在匀速直线运动中，位移 s 与发生这段位移所用时间 t 成正比，比值 $\frac{s}{t}$ 是恒定的。由公式 $v = \frac{s}{t}$ 就可以求出匀速直线运动的速度。

2. 平均速度

匀速直线运动的速度是一个恒定不变的量。在变速直线运动中，由于速度是变化的，因此，物体在相等时间内的位移不一定相等。例如，一列在平直轨道上运动的火车，第一小时走了 60 km，第二小时走了 70 km，第三小时走了 80 km。在三个相等的一小时内，火车的位移不同，比值 $\frac{s}{t}$ 也不是恒定的。由公式 $v = \frac{s}{t}$ 求出的速度，是做变速直线运动的物体在时间 t（或位移 s）内的平均速度。平均速度通常用 $\bar{v}$ 表示。在变速直线运动中，不同时间（或不同位移）内的平均速度一般是不同的，因此，在谈到平均速度时，必须指出是

哪段时间（或哪段位移）内的平均速度。平常我们说某物体的运动速度有多大，一般都指的是平均速度。

3. 瞬时速度

平均速度只能粗略地描述物体的运动情况，它使人们对做变速直线运动的物体在某段时间（或某段位移）内的平均运动快慢情况有一个大致的了解。如果要精确地描述物体做变速直线运动的过程，就必须知道物体经过每一时刻（或每一位置）时运动的快慢程度，例如，被发射的子弹经过枪口时刻的速度，行驶的汽车经过路标时的速度等，运动物体经过某一时刻（或某一位置）时的速度，叫作瞬时速度。

在直线运动中，瞬时速度的方向与物体经过某位置时的运动方向相同。它的大小叫作瞬时速率，有时简称速率。

要知道做变速直线运动的物体在某一时刻的瞬时速度，有多种办法，最直接的办法是使用观测仪表。例如，汽车上常用速度计来测量瞬时速率，图1-5中速度计指针所指的数值，就是某时刻汽车的瞬时速率。乘坐汽车的时候，只要注意一下司机面前的速度计，就会看到，指针所指的数值随着行驶的快慢而改变。

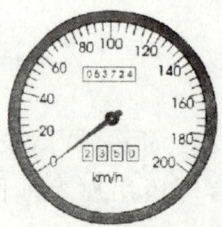

图1-5 速度计

图1-6 汽车瞬时速率显示

4. 速率

速度的大小叫作速率，是标量。汽车上的速度计只能显示汽车速度的大小，不能显示汽车运动的方向，所以它显示的实际上是汽车的瞬时速率，如图1-6所示。一些运动物体的速率或平均速率见表1-1。

表1-1 一些常用的速率或平均速率

运动物体	$v/(m \cdot s^{-1})$	运动物体	$v/(m \cdot s^{-1})$
手扶拖拉机（耕地）	0.27～1.1	运动员短跑	10
内河轮船（行驶）	2.8～2.9	普通列车	33
远洋轮船（航行）	8.3～16.67	高速列车	60
自行车（一般）	5	磁悬浮列车	140
比赛时奔跑的马	15	军用喷气式飞机	600
核动力航空母舰	17	步枪子弹	9.0×10^2
快速奔跑的野兔	18	普通炮弹	1.0×10^3
快速航行的核潜艇	23.1	远程炮弹	2.0×10^3

续表

运动物体	$v/ (m·s^{-1})$	运动物体	$v/ (m·s^{-1})$
摩托车	23.6	单级火箭	4.5×10^3
B52 轰炸机	280	绕太阳公转的地球	3.0×10^4
声速（0 ℃在空气中）	331	光在真空中的传播	3.0×10^8

习题 1.1

1. 填空题

（1）我们说早晨太阳升起是以_____为参考系的。

（2）我们把从初位置指向末位置的有方向的线段称为物体在某段时间内的_____。

（3）5 s 内是指_____，5 s 末是指_____。

2. 选择题

（1）为了确保安全，避免楼道拥挤，我校允许 11∶55 下课，这里 11∶55 指（　　）

A. 时间　　　　　　　　　　　B. 时刻

C. 时间间隔　　　　　　　　　D. 不一定

（2）运动员沿着 400 m 圆形跑道跑步一周，他的位移为（　　）

A. 400 m　　　　　　　　　　B. 200 m

C. 0　　　　　　　　　　　　D. 不一定

（3）我国运动员王军霞在 1996 年第 26 届奥运会上创造了女子 5 000 m 的奥运会纪录：14 min 59.88 s，这个数据是指（　　）

A. 王军霞完成 5 000 m 所用时间　　B. 王军霞到达终点的时刻

C. 王军霞出发的时刻　　　　　　　D. 不一定

3. 判断题

（1）所谓"质点"是指很小的运动物体。（　　）

（2）出租汽车司机是按照汽车行走的路程来收费的。（　　）

（3）火车站服务处用《旅客列车时刻表》表明列车进站、出站的时刻。（　　）

4. 计算题

我校垒球场的内场是一个边长为 16.77 m 的正方形，在它的 4 个角分别设本垒和一、二、三垒（图1-7）。一位球员击球之后，由本垒经一垒、二垒跑到三垒，他运动的路程是多大？位移是多大？位移的方向如何？

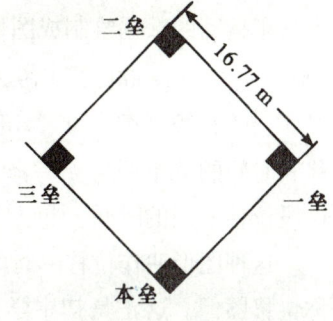

图 1-7　垒球场

第二节　匀变速直线运动

一、匀速直线运动

质点在运动过程中，它的位置随着时间不断地变化，位移也随时间不断改变。例如，汽车沿公路做直线运动时，在公路旁每隔100 m站一名拿着停表的观测者，记下汽车到达每个观测者的时刻（图1-8）。测量的结果如表1-2所示。

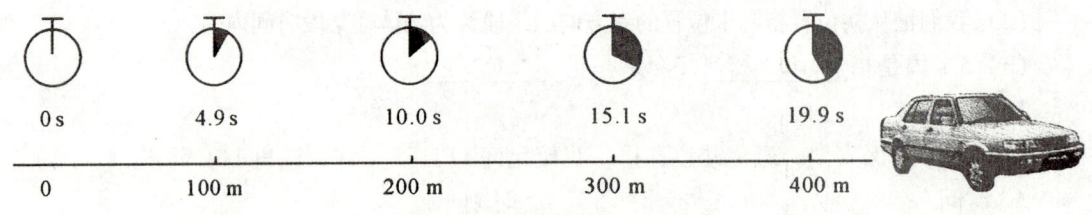

图1-8　汽车运动情况观测

表1-2　汽车运动情况观测记录

时间 t/s	0	4.9	10.0	15.1	19.9
位移 s/m	0	100	200	300	400

从表1-2可以看出，在误差允许的范围内，在相等的时间内汽车通过的位移是相等的，即在每经过的 5 s 时间里位移都是 100 m，在每经过的 10 s 时间里位移都是 200 m等。

物体在一条直线上运动，如果在相等的时间里位移相等，这种运动就叫作匀速直线运动。

如果在平面直角坐标系中，用纵轴表示位移 s，用横轴表示时间 t，就可以根据表1-2中汽车运动的数据绘制成图像来表示位移和时间的关系，把坐标为（4.9，100），（10.0，200），（15.1，300），（19.9，400）的各点连成一条通过原点的直线（图1-9）。可以看出，匀速直线运动的位移和时间的关系图像是一条直线，它表示位移 s 跟发生这段位移所用的时间 t 成正比。

这种图像叫作位移－时间图像（s-t 图像），有时简称位移图像。这正是初中学过的一次函数的图像，用图像来研究物理问题是常用的一种方法。图像可以清楚地表示出物理量的变化情况。

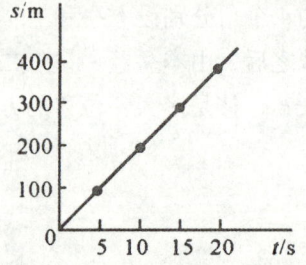

图1-9　匀速直线运动的位移图像

在后面的内容中，若不特别声明，我们研究的直线运动一般指的是运动方向不变即沿着一个方向的单向直线运动。

二、变速直线运动

在生产实践和日常生活中，我们看到的直线运动，往往不是匀速直线运动。汽车启动的时候，运动越来越快，在相等的时间里位移不相等。火车进站的时候，运动越来越慢，在相等的时间里位移也不相等。

物体在一条直线上运动，如果在相等的时间里位移不相等，这种运动就叫作变速直线运动，变速直线运动的位移和时间的关系图像不是一条直线，而是曲线。本节我们主要研究的是变速直线运动。

三、速度和时间的关系

匀速直线运动的速度是恒定的，不随时间而改变，如果在平面直角坐标系中，用纵轴表示速度 v，用横轴表示时间 t，作出它的速度—时间图像（$v-t$ 图像，有时简称速度图像），就可以根据图像来表示速度和时间的关系。可以看出，匀速直线运动的速度图像是与横轴平行的直线（图 1-10）。直线①②分别表示两个速度不同的匀速运动。

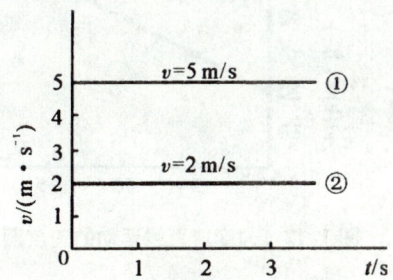

图 1-10 匀速直线运动的速度图像

从匀速直线运动的速度图像不仅可以看出速度的大小，而且可以求出位移。根据公式 $s=vt$，运动物体在时间 t 内的位移，就对应着速度图像中边长分别为 v 和 t 的一块矩形面积（图 1-11 中画斜线的部分）。

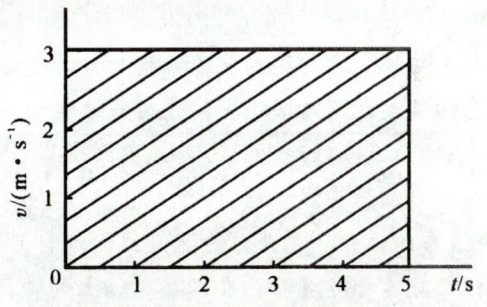

图 1-11 匀速直线运动的速度图像

变速直线运动的速度时刻在变化。如果坐在汽车驾驶员的旁边，注视汽车做变速直线运动时速度计的变化，并记下间隔相等的各个时刻的速度值，根据记录的数据就可以作出汽车运动的速度图像。表 1-3 是一次观测的数据。

表 1-3　汽车运动情况观测记录

时刻 t/s	速度 v/（km·h^{-1}）
0	20
5	31
10	40
15	49

根据表 1-3 中的数据作出汽车运动的速度图像（图 1-12），在误差允许的范围内，汽车每隔 5 s，速度增加 10 km/h，即在相等的时间内，速度的改变是相等的。汽车的速度图像是一条倾斜的直线。

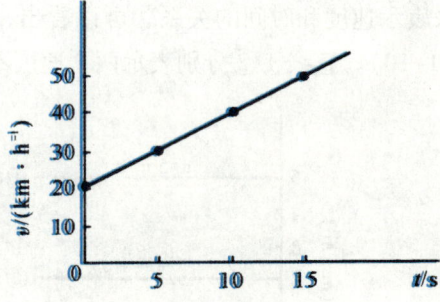

图 1-12　匀变速直线运动的速度图像

匀变速直线运动

在变速直线运动中，如果在相等的时间里速度改变相等，这种运动就叫作匀变速直线运动。

如果物体运动得越来越快，它的速度就不断增加，就是匀加速运动；反之，如果物体运动得越来越慢，它的速度就不断减小，就是匀减速运动。

可以看出，图 1-12 所示汽车的运动是匀变速直线运动，且它的速度随着时间的增加而均匀增加，通常叫作匀加速直线运动。

图 1-13 所示的是汽车的运动，也是匀变速直线运动，且它的速度随着时间的增加而均匀减少，通常叫作匀减速直线运动。直线在纵轴上的截距表示 $v_0 = 5$ m/s，而且每秒钟速度均匀减少 1 m/s，经过 5 s 速度减少为零。

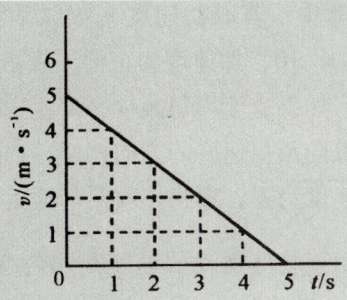

图 1-13 匀变速直线运动的速度图像

实际中常见的变速直线运动,其速度不一定是均匀变化的,是非匀变速直线运动。但是,有些变速运动,很接近于匀变速运动,可以当做匀变速运动来处理。例如,子弹射出枪口前的一段运动,石块从不高的地方竖直下落时的运动,火车、汽车等交通工具在启动过程中的运动等都可以看成是匀加速直线运动。自行车在水平面上自由滑行的运动,火车、汽车等交通工具在停止前一段时间内的运动,石块被竖直向上抛出后向上的运动等都可以看成是匀减速直线运动。

四、加速度

做变速运动的物体,其速度是时刻在改变的。不同的变速运动,速度改变的快慢也是不同的。善于观察和思考的同学就会发现,汽车启动时,它的速度是缓慢增加的,射击时子弹在枪筒内速度就增加得很快。如何来描述速度变化的快慢呢?我们首先通过两个运动物体的速度变化情况的比较来说明这个问题。运动员投出铅球时,铅球的速度可以在 0.2 s 内由零增加到 17 m/s,它每秒速度的增加量等于 $\frac{17-0}{0.2}$ m/s = 85 m/s。迫击炮射击时,炮弹在炮筒中的速度在 0.005 s 内就可以由零增加到 250 m/s,每秒速度的增加量等于 $\frac{250-0}{0.005}$ m/s = 5×10^4 m/s。由此可见,炮弹的速度改变比铅球的速度改变要快得多。为了描述速度改变的快慢,我们引入加速度的概念。

加速度是表示速度改变快慢的物理量,它等于速度的改变跟发生这一改变所用时间的比值。如果用 v_0 表示物体在运动的开始时刻的速度(初速度),用 v_t 表示物体在运动一段时间 t 后末了时刻的速度(末速度),则速度的改变量为 $v_t - v_0$,用 a 表示加速度,那么,加速度的定义式为

$$a = \frac{v_t - v_0}{t} \tag{1-2}$$

在国际单位制中,加速度的单位是米每二次方秒,符号是 m/s² [或 (m·s⁻²)]。常用的单位还有厘米每二次方秒,符号是 cm/s² [或 (cm·s⁻²)]。上面两例中,铅球的加速度是 85 m/s²,炮弹的加速度是 5×10^4 m/s²。

加速度不但有大小,而且有方向,是矢量。加速度的大小在数值上等于单位时间内速

度的改变量，在变速直线运动中，若取初速度 v_0 的方向为正方向，如果速度均匀增加，末速度 v_t 大于初速度 v_0，$v_t - v_0 > 0$，加速度为正值，表示加速度的方向跟初速度的方向相同，物体做匀加速直线运动。如果速度均匀减少，末速度 v_t 小于初速度 v_0，$v_t - v_0 < 0$，加速度为负值，表示加速度的方向跟初速度的方向相反，物体做匀减速直线运动。要是物体运动的速度保持不变，则加速度为零，那物体就是匀速运动了。

在匀变速直线运动中，由于物体运动的速度是均匀变化的，比值 $\dfrac{v_t - v_0}{t}$ 是恒定的，加速度的大小保持不变，方向也不变，因此，匀变速直线运动是加速度不变的运动。表 1-4 是几种常见物体运动的加速度。

表 1- 4　几种物体运动的加速度 a（近似值）　　　　　　　　$m \cdot s^{-2}$

物体运动	加速度 a	物体运动	加速度 a
炮弹在炮筒内	5×10^5	竞赛汽车（加速）	4.5
跳伞者着陆	24.5	汽车（加速）	2
喷气式飞机着陆	$-5 \sim -8$	无轨电车（加速）	1.8
汽车急刹车	$-4 \sim -6$	旅客列车（加速）	0.35

[例题 1]　做匀变速直线运动的火车，在 50 s 内速度由 8.0 m/s 增加到 15 m/s，求火车的加速度。

分析　这是一道匀加速直线运动的题目，题目给出了运动的初速度和末速度，并且知道速度发生变化所用的时间，因此可直接用加速度公式来求解。

解　根据题意可知，$v_0 = 8.0$ m/s，$v_t = 15$ m/s，$t = 50$ s。

由加速度公式可得

$$a = \dfrac{v_t - v_0}{t} = \dfrac{15 \text{ m/s} - 8.0 \text{ m/s}}{50 \text{ s}} = 0.14 \text{ m/s}^2$$

即火车运动的加速度为 0.14 m/s²，a 为正值，表示加速度方向跟火车初速度方向相同，说明火车做匀加速直线运动。

[例题 2]　汽车紧急刹车时速度是 10 m/s，经过 2.0 s 车停下来，求汽车紧急刹车的加速度。

分析　汽车从刹车到停止这个过程可粗略地看成是匀减速直线运动，汽车必须在 2.0 s 内停下来，这就要求汽车最迟在刹车后两秒末的速度变为零，即 $v_t = 0$。初速度和时间是已知的，可直接用加速度公式来求解。

解　根据题意可知，$v_0 = 10$ m/s，$v_t = 0$ m/s，$t = 2.0$ s。

由加速度公式可得　　$a = \dfrac{v_t - v_0}{t} = \dfrac{0 \text{ m/s} - 10 \text{ m/s}}{2.0 \text{ s}} = -5.0 \text{ m/s}^2$

即火车运动的加速度为 -5.0 m/s²，a 为负值，表示加速度方向跟汽车初速度方向相反，说明汽车做匀减速直线运动。

五、匀变速直线运动的规律及应用

我们已经学习了描述物体做机械运动的几个基本物理量 t，s，v，a，这几个量之间有一定的内在联系。下面将根据前面学习过的内容推导出匀变速直线运动的速度公式和位移公式，以掌握匀变速直线运动的规律。

1. 速度和时间的关系

匀变速直线运动的加速度是恒定不变的，如果已知运动的初速度、加速度，根据加速度公式 $a = \dfrac{v_t - v_0}{t}$，就可以得到匀变速直线运动的物体在某一个时刻 t 的速度为

$$v_t = v_0 + at \qquad (1\text{-}3)$$

这就是匀变速直线运动的速度公式，它表示出了匀变速直线运动的速度和时间的关系，v_t 是 t 的一次函数，它的函数图像是一条倾斜的直线。这正是前面学过的匀变速运动的速度图像。

如果初速度为零，即 $v_0 = 0$，则上式又可以简化为 $v_t = at$。

[例题 3] 汽车在紧急刹车时，加速度的大小是 $6\ \text{m/s}^2$，如果必须在 2 s 内停下来，汽车行驶的最大允许速度是多少？

分析 汽车在刹车时做匀减速运动，加速度的方向与速度的方向相反，若取速度的方向为正方向，则加速度为负值，即 $a = 6\ \text{m/s}^2$。汽车在 $t = 2.0$ s 内停下来，这就说明 2 秒末汽车的速度变为零，即 $v_t = 0\ \text{m/s}$。加速度、末速度和时间是已知的，求出初速度 v_0，就是汽车行驶的最大行驶速度。

解 据题意可知，$a = -6\ \text{m/s}^2$，$v_t = 0\ \text{m/s}$，$t = 2.0$ s。

由速度公式 $v_t = v_0 + at$ 可得

$$v_0 = v_t - at = 0\ \text{m/s} - (-6\ \text{m/s}^2) \times 2.0\ \text{s} = 12\ \text{m/s}$$

即汽车行驶的最大允许速度为 12 m/s。

2. 位移和时间的关系

位移是与速度和时间有关的物理量，根据平均速度的定义，做变速运动的物体在时间 t 内的位移 s 等于物体在这段时间内的平均速度 $\bar{v}$ 和时间 t 的乘积，即 $s = \bar{v}t$。由于匀变速直线运动的速度是均匀变化的，它在时间 t 内的平均速度 $\bar{v}$ 就等于时间 t 内的初速度 v_0 和末速度 v_t 的平均值，即

$$\bar{v} = \dfrac{v_0 + v_t}{2} \qquad (1\text{-}4)$$

把上式代入 $s = \bar{v}t$ 中，得到 $s = \bar{v}t = \dfrac{v_0 + v_t}{2} t$，其中 $v_t = v_0 + at$ 代入后得到

$$s = v_0 t + \dfrac{1}{2} a t^2 \qquad (1\text{-}5)$$

这就是匀变速直线运动的位移公式，它表示出了匀变速直线运动的位移和时间的关系。

如果初速度为零，即 $v_0=0$，上式可简化为
$$s=\frac{1}{2}at^2$$

至此，我们介绍了匀变速直线运动的速度公式和位移公式，同学们不能盲目地运用公式，要根据物理过程具体问题具体分析。首先要作一个判断，然后再去求解问题。

[例题4] 一辆汽车原来的速度是 36 km/h，后来以 0.25 m/s² 的加速度做匀加速行驶，求加速 40 s 时汽车的位移大小。

分析 在这个问题中，汽车的初速度 v_0，加速度 a 和行驶时间 t 是已知的，可直接用位移公式来求解。

解 根据题意可知，$v_0=36$ km/h $=10$ m/s，$a=0.25$ m/s²，$t=40$ s。

由位移公式可得
$$s=v_0t+\frac{1}{2}at^2=10\text{ m/s}\times 40\text{ s}+\frac{1}{2}\times 0.25\text{ m/s}^2\times 40^2\text{ s}^2=6.0\times 10^2\text{ m}$$

即加速 40 s 时汽车的位移为 6.0×10^2 m。

3. 匀变速直线运动的规律

速度公式 $v_t=v_0+at$ 表示匀变速直线运动的速度和时间的关系，位移公式 $s=v_0t+\frac{1}{2}at^2$ 表示匀变速直线运动的位移和时间的关系，它们是匀变速直线运动的两个基本公式。如果把这两个公式联立求解，消去 t，得到位移 s 和速度 v 的关系

$$v_t^2-v_0^2=2as \tag{1-6}$$

如果初速度为零，即 $v_0=0$，上式可简化为
$$v_t^2=2as$$

上式给出了初速度、末速度、加速度和位移四个变量之间的关系。显然，利用此公式求解那些运动时间未知的问题时很方便。

[例题5] 发射枪弹时，枪弹在枪筒中的运动可以看作匀加速运动。如果枪弹的加速度的大小是 5.0×10^5 m/s²，枪筒长 0.64 m，枪弹射出枪口时的速度是多大？

分析 枪弹在枪筒中的运动可以看作初速度为零的匀加速直线运动，枪筒的长度就是这个匀加速运动的位移 s，枪弹射出枪口时的速度就是这段位移的末速度 v_t，根据题目所给的条件，利用公式 $v_t^2-v_0^2=2as$ 就可求解。

解 根据题意可知，$v_0=0$，$a=5.0\times 10^5$ m/s²，$s=0.64$ m。

由公式 $v_t^2=2as$ 可得
$$v_t=\sqrt{2\times 5.0\times 10^5\times 0.64}\text{ m/s}=800\text{ m/s}$$

可见，枪弹射出枪口时的速度是 800 m/s。

六、自由落体运动

物体在空中自由下落的运动是一种常见的运动。挂在细线上的重物，如果把线剪断，物体就会在重力的作用下沿着竖直方向下落，在高处从手中自由释放的石块，也会沿着竖

直方向向下做越来越快的运动。

物体的自由落体运动

苹果树上一颗熟透了的苹果和一片脱落的树叶，从同一高度同时落下，大家就会看到，苹果先到达地面。这类事情似乎让人们认为，物体下落的快慢是由它们的重量大小决定的，物体越重，下落得越快。16世纪以前，人们的确是这样认为的，其实，只需要一个简单的演示就可以证明，这个结论是错误的。在同一高度同时释放面积相等的一片金属片和一张纸片，可以看到金属片确实比纸片下落得快。但是，如果把纸片揉成纸团，由于纸团受到的空气阻力比纸片受到的空气阻力小得多，所以，纸团和金属片几乎是同时落地的。

物体只在重力作用下从静止开始自由下落的运动，叫作自由落体运动。这种运动只有在没有空气的空间里才能发生，在有空气的空间里，如果空气阻力的作用比较小，可以忽略不计，物体的下落也可以看作自由落体运动。

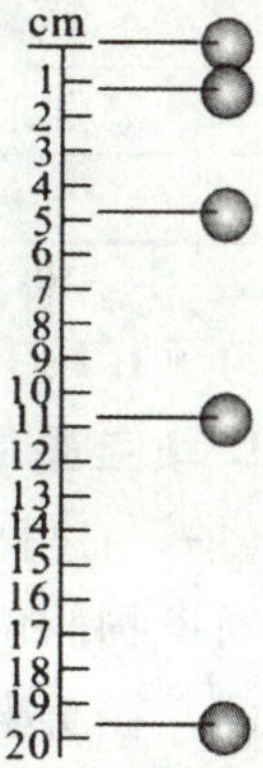

图1-14是做自由落体运动的小球的频闪照相的照片，照片上相邻的像是相隔相同的时间拍摄的。从照片上可以看出，在相等的时间间隔里，小球下落的位移越来越大，表明小球的速度越来越大，即小球是在做加速运动。

伽利略仔细研究过物体下落的运动以后指出：自由落体运动是初速度为零的匀加速直线运动。

图1-14 频闪照片

在同一地点，从同一高度同时自由下落的物体，同时到达地面。这就是说，这些初速度为零的匀加速运动，在相同的时间里发生了相等的位移，根据 $s = \frac{1}{2}at^2$ 可知，它们的加速度必定相同。

在同一地点，一切物体在自由落体运动中的加速度都相同，这个加速度叫作自由落体加速度，也叫作重力加速度，通常用 g 来表示。表1-5是几个地区重力加速度的数值。

重力加速度 g 的方向总是竖直向下的，它的大小可以用实验的方法来测定。

g 的取值

精确的实验发现，在地球上不同的地方，g 的大小是不同的，在赤道 $g = 9.780 \text{ m/s}^2$，北京 $g = 9.801 \text{ m/s}^2$。通常的计算中，可以把 g 取作 9.8 m/s^2。在粗略的计算中，还可以把 g 取作 10 m/s^2。

由于自由落体运动是初速度为零的匀加速直线运动，所以匀变速直线运动的基本公式以及它们的推论都适用于自由落体运动，只要把这些公式中的 v_0 取作 0，并且用 g 来代替加速度 a 就行了。

表 1-5　重力加速度的数值 g（标准值：$g = 9.80665$ m/s^2）

地点	纬度	重力加速度/（m·s^{-2}）
赤道	0°	9.780
广州	23°06′	9.788
武汉	30°33′	9.794
上海	31°12′	9.794
东京	35°43′	9.798
北京	39°56′	9.801
纽约	40°40′	9.803
莫斯科	55°45′	9.816
北极	90°	9.832

习题 1.2

1. 填空题

（1）匀速直线运动中，物体在相等的时间内位移相等，如果在时间 t 内的位移是 s，在时间 $2t$ 内的位移就是_____。

（2）在变速直线运动中，如果物体的运动速度均匀增加，表示加速度的方向跟初速度的方向相同，物体做_____。

（3）匀变速直线运动的速度和时间的关系是_____。

（4）匀变速直线运动的初速度、末速度、加速度和位移 4 个变量之间的关系是_____。

（5）自由落体运动是初速度为零的_____运动。

2. 选择题

（1）子弹以 800 m/s 的速度从枪口射出，这里指的是（　　）

A. 瞬时速度　　　　　　　　B. 初始速度
C. 平均速度　　　　　　　　D. 不一定

（2）变速直线运动中，如果物体在相等时间里速度改变相等，这种运动叫作（　　）

A. 匀加速直线运动　　　　　B. 匀减速直线运动
C. 匀速直线运动　　　　　　D. 匀变速直线运动

（3）在匀变速直线运动中，速度是均匀变化的，这说明（　　）

A. 加速度的大小不变，方向变化
B. 加速度的大小不变，方向不变
C. 加速度的大小变化，方向不变

D. 加速度的大小、方向都变化

（4）国际单位制中，加速度的单位是（　　）

A. m/s^2 　　　　　　　　　　　　B. cm/s^2

C. m/s 　　　　　　　　　　　　　　D. cm/s

3. 判断题

（1）不同的运动，快慢程度并不相同，有时相差很大。（　　）

（2）平均速度能够准确地描述物体运动的真实情况。（　　）

（3）匀变速直线运动是加速度不变的运动。（　　）

（4）如果物体速度的改变量为零，则加速度一定为零。（　　）

（5）匀变速直线运动的速度和时间的关系图像是一条倾斜直线。（　　）

4. 计算题

（1）信号沿动物神经传播的速率大约是 10^2 m/s。身长 30 m 的鲸，尾巴被鲨鱼咬了一口，大约经过多长时间它能感觉到被咬？身高 1.8 m 的人，大约经过多长时间能感觉到脚被蚊子叮了一口？

（2）枪筒内的子弹在某一时刻的速度是 100 m/s，经过 0.001 5 s 速度增加到 700 m/s，求子弹的加速度。

（3）汽车紧急刹车时，加速度大小是 8.0 m/s^2，如果刹车后 2.0 s 停下来，汽车刹车前的速度是多少？

（4）一个滑雪运动员从 85 m 长的山坡上匀加速滑下，初速度是 1.8 m/s，末速度是 5.0 m/s，运动员通过这段斜坡要多少时间？

（5）一个自由下落的物体，到达地面的速度是 39.2 m/s。这个物体是从多高落下的？落到地面用了多长时间？

第三节 重力 弹力 摩擦力

一、力

现在大家仔细观察图 1-15 所示的装置，一只钩码静止于弹簧下端，弹簧受钩码的作用而伸长。此时，钩码给弹簧一个向下的拉力，弹簧也给钩码一个向上的拉力。通过分析可得到如下结论：力是物体间的相互作用，力总是成对出现的。力不能离开物体而单独存在。每当有一个力出现时，至少要有两个物体同时存在。通常把这两个物体中的一个物体叫施力物体，另一个物体叫受力物体。至于哪个物体是受力物体，哪个物体是施力物体，要根据问题的实际情况来定。当分析钩码受到弹簧的拉力时，弹簧就是施力物体，钩码就是受力物体。

图 1-15 关于力现象的实例

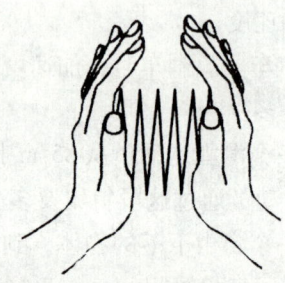

图 1-16 双手用力挤压弹簧

我们在日常经验中，凭自己的感觉可以判断力的存在，体验力的效果，在足球场上，运动员用脚踢静止的足球，足球受力后就会运动起来；地面给运动的足球施加一阻力时，可以使它停下来。可见力可以改变物体的运动状态。又如用双手用力挤压弹簧，弹簧就会变形（图 1-16）。手拉橡皮筋，可以使它变长。人坐到沙发上，沙发马上改变了形状。大量的事实表明，力作用于物体上产生的效果有两种：一种是使物体的形状发生变化，另一种是使物体的运动状态发生变化。

力的大小可以用测力计来测量。在国际单位制中，力的单位是牛顿，简称牛，符号为 N。

例如，10 牛顿的力，可写成 10 N，读作 10 牛顿。

力对物体的作用效果，不仅与力的大小有关，而且与力的方向、作用点有关。通常把力的大小、方向、作用点叫作力的三要素。在研究力学问题时，常用有向线段来表示力。线段按一定的比例画出。用它的长短表示力的大小，箭头表示力的方向，箭尾表示力的作用点，这种表示力的方法叫作力的图示。

例如，用 20 N 的力去推一个木箱，木箱的受力图示如图 1-17 所示。

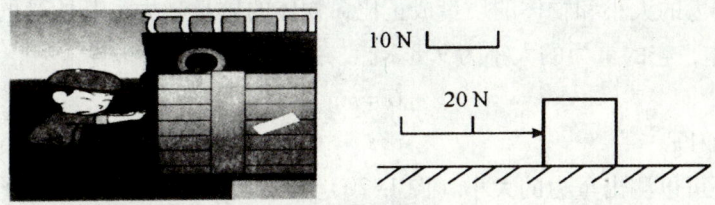

图 1- 17 用力推木箱时推力的图示

用 160 N 的力沿斜坡拉一辆小车，拉力的图示如图 1- 18 所示。

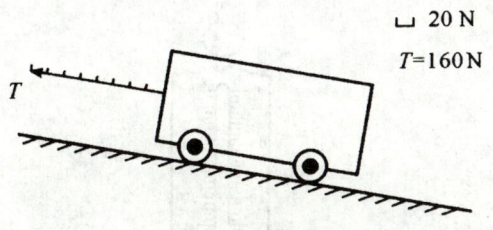

图 1- 18 拉力的图示

如果不严格要求表示力的大小，只是根据力的作用点和方向，把物体受到的力画出来，这样的图叫作力的示意图（图 1- 19）。

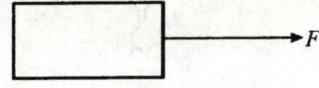

图 1- 19 力的示意图

在以后解决力学问题时，一般都要画出物体的受力示意图。

力的命名

可以根据两种不同的方法来命名力：一种是根据力的作用效果命名，如推力、压力、支持力、动力、阻力等；另一种是根据力的性质命名，如重力、弹力、摩擦力、电力、磁力等。

二、重力

平常握在手中的一个物体，一旦从手中滑落而失去支持时就会落向地面，而且速度不断增大，这是受到地球的吸引所致，地球上的一切物体都要受到地球的吸引作用。这种由于地球的吸引而使物体受到的力叫作重力，常用符号 G 表示。

物体所受重力的大小和物体的质量成正比，物体的质量越大，其所受的重力越大，质量为 1 kg 的物体，它的重力的大小为 9.8 N。二者的关系为

$$G = mg \tag{1-7}$$

式中，$g = 9.8$ N/kg。

利用弹簧秤可以测出重力的大小（图 1-20）。当我们在空中释放一石子时，它总是竖直下落的，可见重力的方向是竖直向下的。

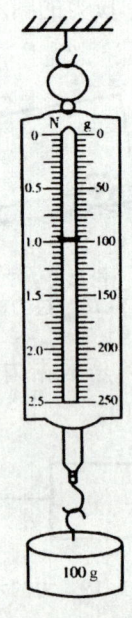

1-20 重力的测量

对一个物体来说，其各部分都要受重力的作用，但是从它的效果上看，我们可以认为各部分受到的重力作用都集中于一点，这个点就是重力的作用点，叫作物体的重心。质量均匀分布的规则形状物体，重心就在其几何中心上（图 1-21）。

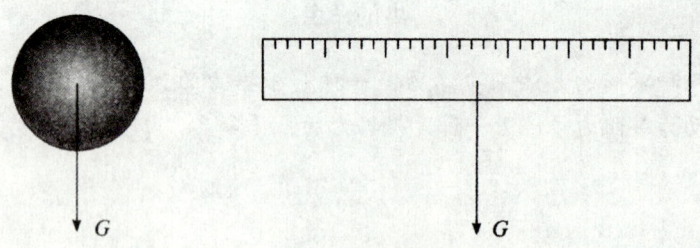

图 1-21 规则物体的重心

物体的重心不一定在物体上（图 1-22），环的重心在它的中心上。

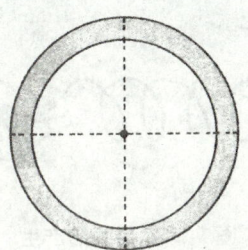

图 1- 22 重心不在物体上

悬吊法求重心

质量分布不均匀的物体，重心的位置与物体的形状和质量分布有关。通常可用简单的悬吊法求它们的重心（图 1-23）。

先在 A 点把薄板悬吊起来，当薄板平衡时，它的重力和悬线对它的拉力一定作用在同一条线上，所以它的重心一定在通过 A 点的悬线的延长线 AA′ 上；然后在 B 点用线把薄板悬吊起来，薄板的重心也一定在通过 B 点的悬线的延长线 BB′ 上，AA′ 与 BB′ 的交点 C 就是该薄板的重心。

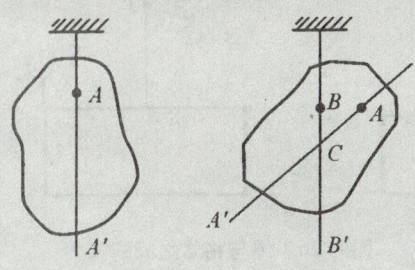

图 1- 23 悬吊法求重心

三、弹力

如果你坐到沙发上，沙发马上形成一个让人感到舒服的凹形。同时能够感觉到沙发对人有一种向上的支撑。你用手挤压一只透明的塑料杯，也能够看到塑料杯挤压手的情形，用手拉弹簧，使弹簧发生了形变，弹簧要恢复原状，因而对手产生了力的作用（图 1-24）。大量的事实都证明：发生了形变的物体，由于要恢复原来的形状，就会对使之发生形变的物体产生力的作用，这种力就叫作弹力。

在图 1-25 中，书和海绵垫相接触，彼此都发生了形变：书使海绵发生了向下的形变，海绵要恢复原状，会对书产生向上的弹力 N；海绵使书发生了向上的形变，书要恢复原状，会对海绵产生向下的弹力 N′。在图 1-26 中，悬绳和物体在接触点都发生了形变。物体向下拉绳，绳要恢复原状就对物体产生向上的弹力 T；绳使物体发生向上的形变，因而

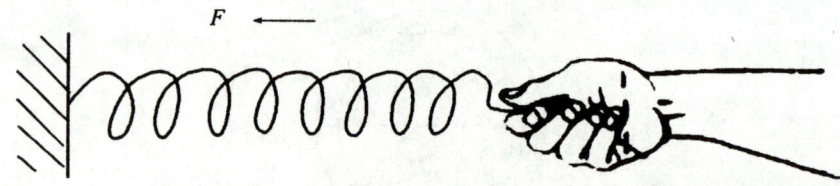

图1-24 弹力的产生

物体对绳产生向下的弹力 T'。可见弹力产生在相互接触并发生形变的物体之间，显然，产生弹力的条件有两个：一是两物体必须接触；二是物体必须发生形变。

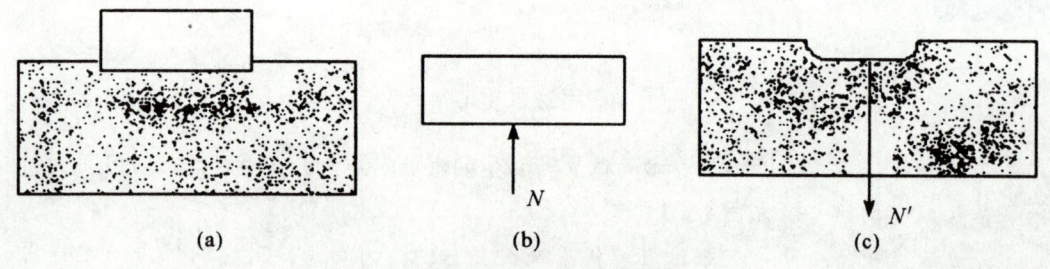

图1-25 书和海绵之间的弹力

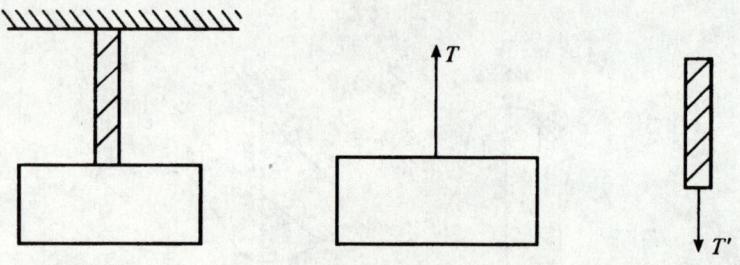

图1-26 绳与物体之间的弹力

物体发生形变时产生的弹力，其方向与它的形变方向相反，且与接触点的切面垂直。

弹力的大小和物体的形变有关，我们知道弹簧的弹力 F 的大小跟弹簧伸长（或缩短）的长度 x 成正比（图1-27）。用公式表示为

$$F = kx \qquad (1\text{-}8)$$

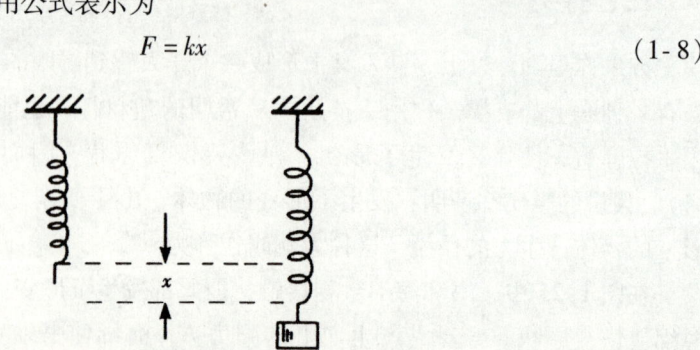

图1-27 弹簧的弹力

式中，k 叫作弹簧的劲度系数。在国际单位制中，它的单位是牛顿每米，符号是 N/m。它的方向总是与伸长（或缩短）的方向相反，这个规律是英国物理学家胡克（1635—1703）发现的，叫作胡克定律。

如果弹簧的形变量过大，超出一定限度，这时即使撤去外力，弹簧也不能完全恢复原状。这个限度叫作弹簧的弹性限度，胡克定律只在弹性限度内适用。在弹性限度内的形变叫作弹性形变。

四、摩擦力

摩擦是日常生活中随处可见的一种现象。例如，用黑板擦擦黑板时，黑板擦与黑板之间有摩擦。用铅笔在纸上写字时，铅笔尖与纸张之间有摩擦。没有摩擦，我们将寸步难行。摩擦力可分为滑动摩擦力和静摩擦力。

1. 滑动摩擦

如果相互接触的两个物体有相对滑动，在接触面上就会产生阻碍相对滑动的力，这种力叫作滑动摩擦力。例如，沿水平面向右滑动的木块（图 1-28），在其接触面上有相互的滑动摩擦力。

滑动摩擦力总是与接触面相切，并且跟物体相对运动的方向相反。图 1-28 中，水平面对木块的滑动摩擦力沿接触面向左。

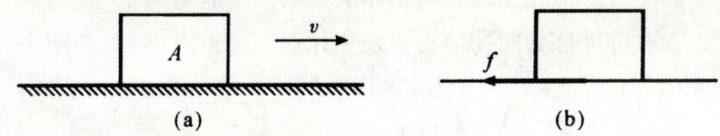

图 1-28 滑动摩擦力的产生

大量实验证明，两个物体间滑动摩擦力 f 的大小跟这两个物体间的正压力 N 成正比，即

$$f = \mu N \tag{1-9}$$

式中，μ 称为动摩擦因数，它的数值与相互接触物体的材料及其表面情况（如粗糙程度、干湿程度等）有关。表 1-6 给出了几种材料间的动摩擦因数的数值。

表 1-6　几种材料间的动摩擦因数

材料	动摩擦因数
钢—钢	0.25
木—木	0.30
木—金属	0.20
皮革—铸铁	0.28
钢—冰	0.02
木头—冰	0.03
橡皮轮胎—路面（干）	0.71

实际生活中如何利用滑动摩擦

在生产和生活中，我们有时利用滑动摩擦力来工作。例如，汽车、火车等车辆的制动就是利用制动片与轮箍之间的滑动摩擦力，弦乐器依靠弓与弦之间的滑动摩擦力而产生出美妙的音乐。滑动摩擦力也有其不利的一面，我们必须设法减小。例如，采用滚动摩擦或加润滑剂，采用气垫悬浮和磁悬浮等先进技术，都可以减小滑动摩擦力。

2. 静摩擦

摩擦力不仅产生在有相对运动的物体之间，也存在于相对静止但有相对运动趋势的物体之间。例如，放在斜面上的木块［图1-29（a）］，木块与斜面相对静止，木块相对于斜面有向下滑的趋势但没有下滑，显然，是由于斜面阻碍了木块的这种趋势。再如，放在水平桌面上的木块跟跨过滑轮的绳子相连接，绳子另一端悬挂吊盘，盘中放有砝码［图1-29（b）］。如果盘中砝码较轻，没有拉动木块，此时木块相对于桌面有向右滑的趋势，桌面阻碍这种相对滑动趋势。像这样，两个相互接触的物体有相对运动的趋势时，它们之间就有一种阻碍相对运动趋势的力，这种力叫作静摩擦力。

静摩擦力的方向跟接触面相切，并与物体的相对运动趋势方向相反（所谓相对运动趋势方向即在假设不存在静摩擦力时物体将要发生相对运动的方向），如图1-29所示。

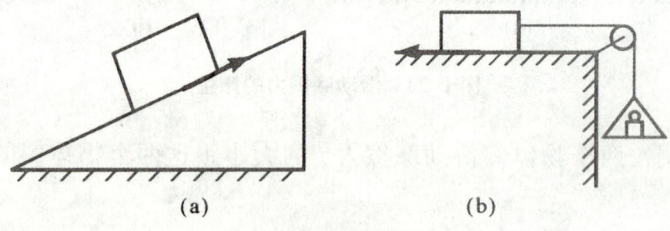

图1-29 静摩擦力的产生

静摩擦力的大小随外力的变化而变化，当外力增大时，静摩擦力随之增大，当增大到一定程度，物体即将运动时的静摩擦力叫作最大静摩擦力。可见，静摩擦力的取值范围在零与最大静摩擦力之间。实验表明，最大静摩擦力在数值上略大于滑动摩擦力。粗略计算时，最大静摩擦力可视为等于滑动摩擦力。

我们的生活离不开静摩擦力，在生产实践中静摩擦力也有广泛的应用。人走路时依靠脚与地面之间的静摩擦力。握在手中的瓶子或毛笔不会掉，也是静摩擦力作用的结果。在现代化矿井生产中，带式输送机依靠煤块与输送带之间的静摩擦力把煤送到矿面上。

摩擦力是作用在整个接触面上的，若把物体看成质点，也可将摩擦力视为作用在物体的重心上（图1-30）。

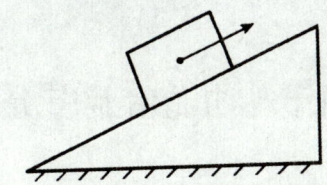

图1-30 可视摩擦力作用在物体的重心上

习题1.3

1. 作图题

（1）画出图1-31所示三种情况下木块和灯泡所受的重力。

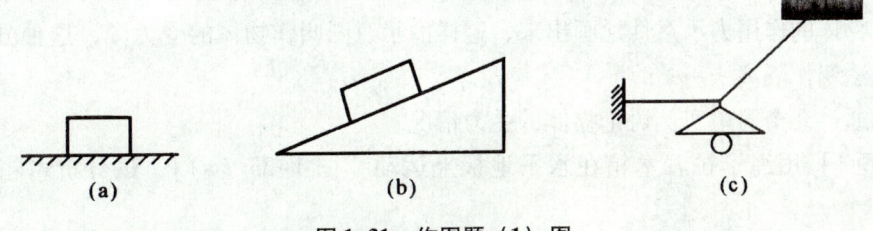

图1-31 作图题（1）图

（2）画出图1-32中物体A所受的弹力。

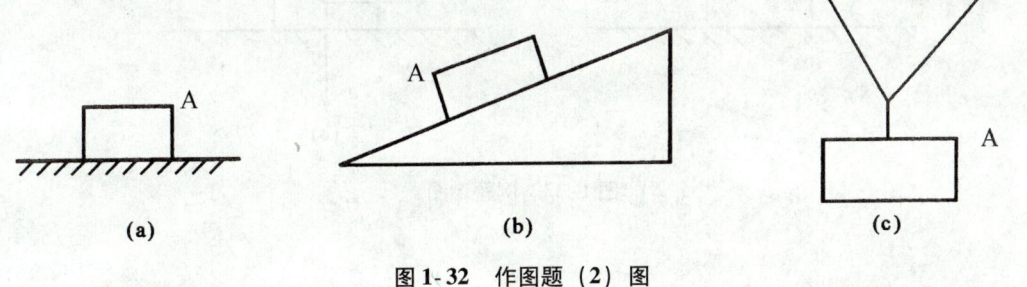

图1-32 作图题（2）图

2. 判断题

（1）书对桌面的压力和它的重力大小相等，所以书对桌面的压力就是它的重力。　　（　　）

（2）只要两个物体相接触，它们之间一定有弹力的作用。　　（　　）

（3）物体在运动时才能受到摩擦力。　　（　　）

（4）摩擦力的大小跟物体所受重力成正比。　　（　　）

3. 计算题

使重力为400 N的桌子从原地滑动，最少需用200 N的水平推力。桌子从原地滑动后，若让它继续匀速运动，则需要180 N的水平推力。求最大静摩擦力和滑动摩擦系数。如果用180 N的水平推力推桌子，这时的静摩擦力是多少？

第四节 力的合成与分解

一、物体的受力分析

在实际问题中，一个物体往往同时受到几个物体的作用。正确地分析物体的受力情况，对于解决力学问题是十分重要的。为此，通常把被研究的物体从周围的物体中隔离出来，将各物体的作用力示意性地画出来，这样的示意图叫作物体的受力图，这种分析物体受力的方法叫作隔离法。

下面通过几个简单实例讨论物体的受力情况。

[例题 1] 用绳子拉着木箱在水平地板上运动 [图 1-33 (a)]，试分析木箱的受力情况。

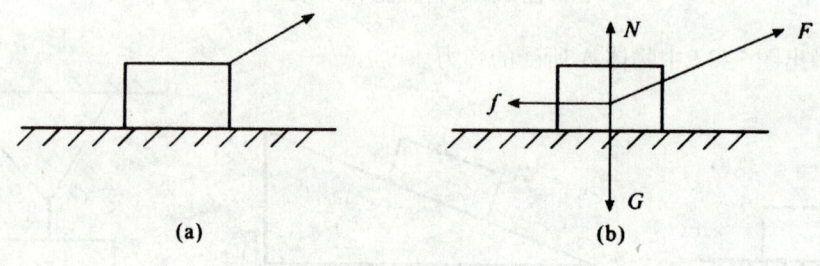

图 1-33 例题 1 图

解 首先把木箱隔离出来，按重力、弹力、摩擦力依次分析其受力情况。木箱受到竖直向下的重力 G；由于木箱压在地面上，使地面发生形变，因而地面对木箱产生向上的支持力 N；用绳子拉木箱时，绳子要产生伸长形变，对木箱施加拉力 F；因为木箱相对地面发生了运动，木箱还会受到地面对它的滑动摩擦力 f，木箱共受到四个力的作用，受力图如图 1-33 (b) 所示。

[例题 2] 用细绳将一小球挂在竖直的光滑墙壁上，如图 1-34 (a) 所示，试分析小球的受力情况。

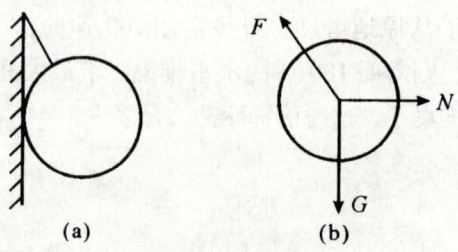

图 1-34 例题 2 图

解 小球首先受到竖直向下的重力，小球还受到细绳的拉力 F。由于绳子斜拉球，因此小球与墙壁会互相挤压，发生形变，小球受到墙对它的支持力，方向和墙壁垂直。由于墙壁光滑，小球和墙壁之间没有摩擦力，小球共受到三个力的作用，将小球隔离出来，依次画出各力，如图 1-34（b）所示。

[例题 3] 有一辆汽车在水平公路上行驶 [图 1-35（a）]，试分析汽车受到几个力的作用。

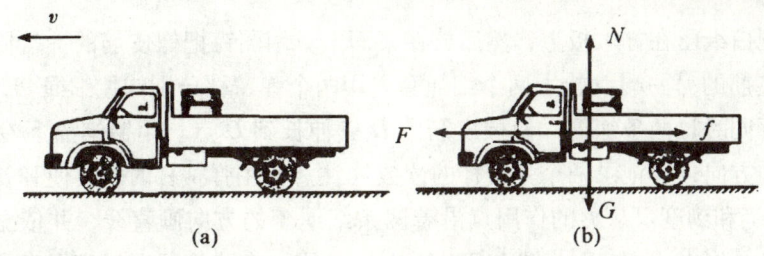

图 1-35 例题 3 图

解 先将汽车隔离出来，在忽略空气阻力的情况下，它除受到竖直向下的重力 G 的作用外，还受到地面对它的支持力 N、汽车发动机产生的牵引力 F 和路面的摩擦力 f 的作用，所以汽车共受到四个力的作用 [图 1-35（b）]。

由以上各例可看出，分析物体受力情况和画受力图时，可按如下步骤进行：

（1）明确研究对象，即必须确定画哪个物体的受力图。

（2）把研究对象从周围物体中隔离出来，画出该物体的示意图。

（3）分析研究对象所受的力。可按重力、弹力、摩擦力的顺序逐步分析，按照各力的大小、方向、作用点画在示意图上。

（4）检查有没有漏掉或添加的力。

在画图时，一定要细心，随意丢掉一力或添加一力都是错误的。在任何情况下，物体都会受到重力的作用，方向竖直向下，研究对象和周围物体有挤压、拉伸而发生形变，它就会受到弹力作用。研究对象是否受摩擦力，首先要看接触面是否光滑，若接触面是光滑的，则没有摩擦力，若接触面不光滑，这时研究对象和周围物体间如果有相对运动，就会受到滑动摩擦力；如果既没有相对运动，又没有相对运动的趋势，就不存在摩擦力。

应该注意，画受力图时，只考虑研究对象受到的力，它对周围物体的力在受力图中一概不能出现。

二、力的合成

在实际问题中，一个物体往往同时要受到几个力的作用。在一个物体受到几个力的共同作用的时候，我们常常可以求出这样的一个力，这个力产生的效果跟原来几个力共同产生的效果相同。这个力就叫作那几个力的合力。求几个力的合力叫力的合成。

物理学中把同时作用在物体上同一点的力，或者力的作用线相交于同一点的力，叫作共点力（图 1-36）。下面用实验来研究两个共点力的合成问题。

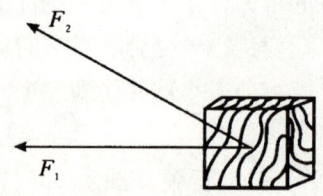

图 1-36 共点力

用图钉把白纸压在方木板上，然后放在桌面上。用图钉把橡皮筋的一端固定在木板上的 A 点，橡皮筋的另一端 D 拴上两个细绳套。用两个弹簧秤分别钩住细绳套，沿不同的方向用两弹簧秤同时拉两条细绳，使橡皮筋由 D 点伸长到 O 点。用铅笔描下 O 点的位置和两条细绳套的方向，并记录两个弹簧秤的读数（注意使用弹簧秤时，要使弹簧秤和木板面平行）。用铅笔和刻度尺从力的作用点沿着两条细绳套的方向画直线，并依据弹簧秤的读数选定标度，画出力 F_1 和 F_2 [图 1-37（b）]。再用一个弹簧秤通过细绳套拴橡皮筋，使橡皮筋由 D 点伸长到同一位置 O 点，记下弹簧秤的读数和细绳套的方向，以 O 点为力的作用点画出拉力 F。以 F_1 和 F_2 为邻边画一平行四边形，过 O 点作平行四边形的对角线 OB，从图 1-37（b）可得 OB 和 OF 的长短，方向相差很小，几乎重合。重复上面的步骤再做一遍。

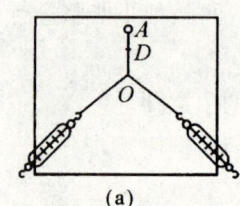 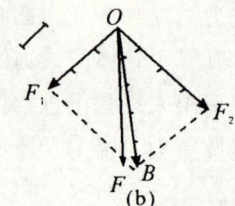 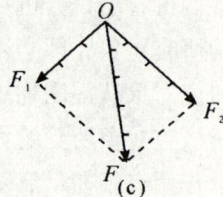

图 1-37 平行四边形法则

通过上面的实验和矢量的合成可证明二力合成时，遵循平行四边形法则：两个互成角度的共点力的合力，可以用表示这两个力的线段为邻边作平行四边形，这个四边形的对角线就表示合力的大小和方向 [图 1-37（c）]。

[**例题4**] 两个共点力 F_1 和 F_2 的大小一定时，合力的最大值和最小值为多少？

分析 两个共点力大小一定时，根据平行四边形法则可知，合力有无穷多个，但合力的最大值、最小值只有一个。如果两个共点力 F_1 和 F_2 的方向相同，合力最大，即 $F_1 + F_2$；如果两个共点力 F_1 和 F_2 方向相反时，合力最小，即 $|F_1 - F_2|$。

解 当 F_1 和 F_2 的方向相同时，合力最大，合力为二力的大小之和。当 F_1 和 F_2 方向相反时，合力最小，合力的大小为合力之差，如图 1-38 所示。

[**例题5**] 如图 1-39 所示，由两人沿河岸拉一条船前进，如果二人间的拉绳夹角为 90°时，两人的拉力分别为 300 N 和 400 N。问他们作用在船上的合力是多大？方向如何？

分析 二人间的拉绳夹角为 90°时，根据平行四边形法则可知，以两人的拉力 300 N 和 400 N 为邻边作出的平行四边形刚好为一矩形（图 1-39），合力为它们的对角线。

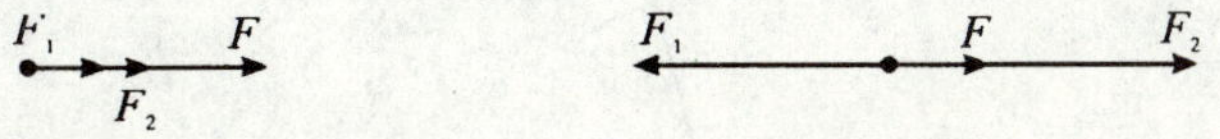

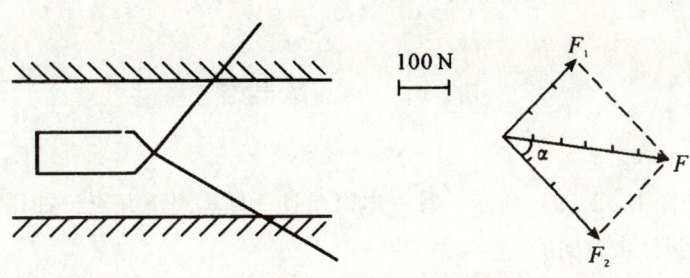

图 1-38 合力的最值

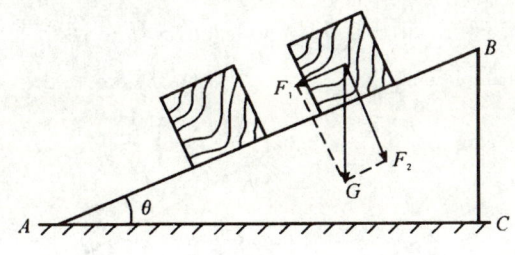

图 1-39 例题 5 图

解 根据平行四边形法则作图，步骤如下：

（1）选择合适的标度；

（2）画共点力 F_1 和 F_2，并作平行四边形；

（3）过共点力的作用点画平行四边形的对角线，从图中可测得合力 $F = 500$ N，F_1 与 F 的夹角为 53°。以上结果也可根据直角三角形知识得出，请同学们自己试做一下。

三、力的分解

作用在物体上的一个力往往产生几个效果。斜坡上的木块所受的重力产生两个效果：使木块沿斜面下滑，同时使物体压向斜面。这两个效果就相当于是两个力分别产生的（图 1-40）。

图 1-40 斜坡上的木块

可见力 F 可以用两个力 F_1 和 F_2 来代替，力 F_1 和 F_2 就是力 F 的分力，求一个已知力的分力就叫作力的分解。

力的分解是力的合成的逆运算。同样也遵循平行四边形法则。这时合力就是平行四边形的对角线，而它们的两个邻边就是两个分力；但是，对一条对角线来说，如果没有什么限制，可以作出无数个平行四边形（图 1-41）。哪一对是我们要求的分力呢？

所以，要确定分力的方向，需根据力所产生的实际效果来定。下面通过几个例子来

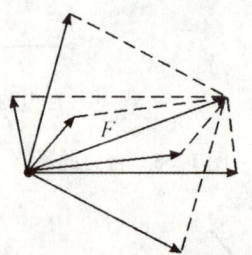

图 1-41 力的分解示意图

证明。

[例题 6] 如图 1-42（a）所示，有一电灯悬挂于屋檐之下某点，如用绳把电灯拉到一旁，电线和绳受到什么方向的力？

分析 电线竖直时，由于电灯有重量，电线被拉长了，电线受到电灯对它竖直向下的拉力作用，当用绳把电灯拉到靠墙一边时，电线和绳子都被拉长了。这说明电灯的拉力有两个作用效果，即对电线和绳子都产生了力的作用，从而知道这两个分力的方向是沿电线和绳子向外的，即确定了两个力的方向，如图 1-42（b）所示。

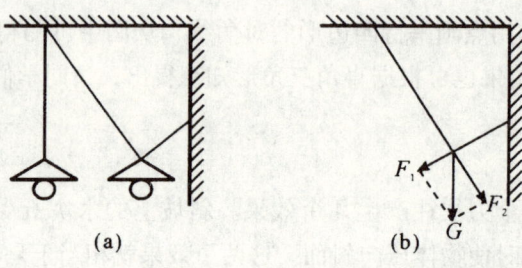

图 1-42 例题 6 图

[例题 7] 墙上有一支架，如图 1-43（a）所示。O 点挂一重量为 G 的重物。求横梁 MO 和 NO 受力的大小和方向。

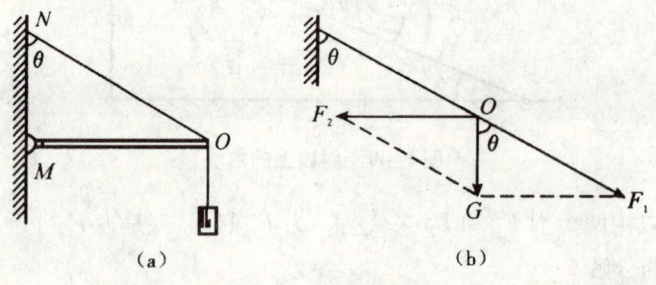

图 1-43 例题 7 图

分析 设想将 NO 和 MO 分别换成弹簧，由此可知，MO 是压缩形变，NO 是拉伸形变，据此确定各力的方向。NO 是拉伸形变，沿杆向外画力 F_1；MO 是压缩形变，沿 MO 向里画力 F_2。

解 当 G 确定时，两个力的大小由平行四边形法则可确定，如图 1-43（b）所示；或由几何法即可求出两个分力的大小。

由图 1-43（b）可知

$$G/F_1 = \cos\theta \qquad F_2/G = \tan\theta$$

所以 $\qquad F_1 = G/\cos\theta \qquad F_2 = G\tan\theta$

由此可以看出：凡遇到支架类问题分析各杆件受力情况时，设想将它换成弹簧，如被拉长受的力便是拉力；如被压缩，则画出沿杆件向内的力。

[**例题 8**] 斜面的倾角为 θ，斜面上的物体的重量为 G，求斜面受到的压力（图 1-44）。

解 当物体放到斜面上时，如果斜面比较软，则重物会把斜面压弯，这样可以看出，重力作用在物体上可产生的两个效果：使物体沿斜面下滑，并把斜面压弯，所以重力可以分解为平行于斜面的力 F_1 和垂直于斜面的力 F_2。

平行于斜面的分力 $\qquad F_1/G = \sin\theta \qquad F_1 = G\sin\theta$

垂直于斜面的分力 $\qquad F_2/G = \cos\theta \qquad F_2 = G\cos\theta$

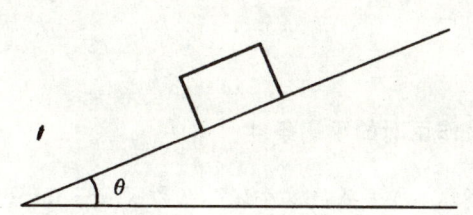 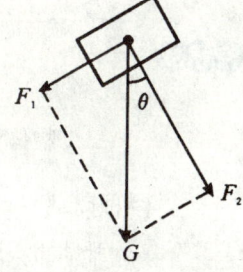

图 1-44 例题 8 图

像这样把力沿相互垂直的方向分解的方法，就叫作正交分解法。这是分解力常用的基本方法。

四、物体的平衡

杂技演员为什么能平稳地走过架在高空中的钢丝绳？初学滑冰的人为什么容易摔倒？开关门或窗时为什么手要抓在门或窗的拉手上？为什么扳手能容易拧动螺帽？

现实生活当中有许多类似这样的问题，在工程技术中，例如架桥、安装、建造房屋和吊车时，都要考虑物体的平衡，所以研究物体的平衡具有十分重要的意义。如果一个物体在两个以上的外力作用下，能够保持静止状态或匀速直线运动状态，我们就认为物体处于平衡状态。例如：在冰上匀速滑行的运动员、悬挂的电灯、在桌上静止放置的布娃娃、匀速通过气垫导轨的小车等都处于平衡状态。

下面来研究一些最简单、最基本的平衡问题。

1. 共点力作用下的物体的平衡

如果物体受到两个共点力作用，只有当这两个力的大小相等、方向相反时，才能保持平衡状态，根据力的平行四边形法则可知，这时合力等于零。这说明大小相等、方向相反的两个力对物体的作用效果恰好互相抵消，其运动状态不可能发生变化，而物体也就只能处于静止或匀速直线运动状态。可见，在两个共点力的作用下，物体的平衡条件是：这两个力的合力等于零（图 1-45）。

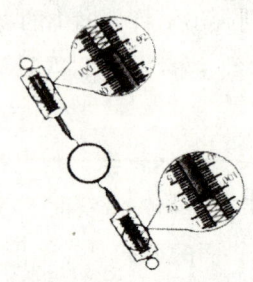

图 1-45　两个共点力的平衡条件

物体受 3 个共点力作用时的平衡条件

用 3 个弹簧秤同时拉住一个物体（如硬纸片），并使这个物体保持平衡，如图 1-46 所示。从这 3 个弹簧秤上分别读出对物体的作用力 F_1，F_2，F_3，并标出各力的方向，根据记录画出力 F_1，F_2，F_3，先求出其中任意两个力的合力，如 F_1 和 F_2 的合力为 F，可以看出力 F 和 F_3 在同一直线上，并且大小相等、方向相反，可见力 F 和 F_3 的合力为零。也就是说，F_1，F_2 和 F_3 的合力等于零。由此可知，在 3 个共点力的作用下，物体的平衡条件是：这 3 个力的合力等于零。

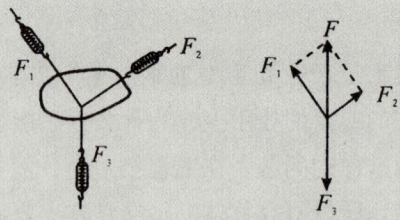

图 1-46　3 个共点力的平衡条件

用大量的实验可以证明：在三个或三个以上共点力的作用下，物体的平衡条件是合力等于零。

所以，在共点力作用下，物体的平衡条件是：合力等于零。

[**例题 9**] 在图 1-47 中，灯线与竖直方向夹角为 $\theta = 30°$，细绳水平，它们连接于 O 点，下方挂有重 $G = 5$ N 的一盏灯。求灯线与细线对 O 点的拉力。

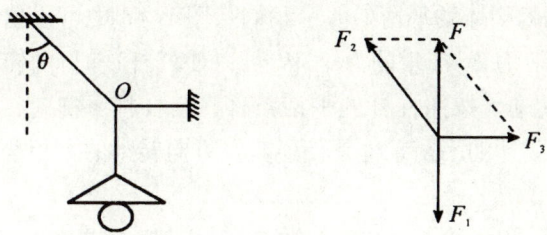

图 1-47 例题 9 图

分析 先分析 O 点的受力情况：灯对 O 点的拉力为 F_1（大小和重力相等），电线对 O 点的拉力为 F_2，水平细线对它的拉力为 F_3。O 点在这三个力的作用下平衡。根据共点力的平衡条件可得力 F_2 和 F_3 的合力 F 与 F_1 在同一条直线上，且大小相等、方向相反。因此可根据重力 G 求出 F 的两个分力 F_1 和 F_2，即得出灯线和细线对 O 点的拉力。

解 由图 1-47 可知各力间的关系为

$$F_1 = F = G \quad F/F_2 = \cos\theta \quad F_3/F = \tan\theta$$

所以 $F_2 = F/\cos\theta = G/\cos\theta = 5/\cos 30° = 5.8$（N）

$$F_3 = F \cdot \tan\theta = 5 \times \tan 30° = 2.9 \text{（N）}$$

该题也可用力的图示法来解。

2. 有固定转动轴的物体的平衡

在日常生活中，许多物体都可以绕固定轴转动。例如，门可以绕其门轴转动，皮带轮、齿轮和电动机的转子可以绕它们的中心轴转动。力可以使物体转动，但力使物体转动的效果，不仅与力的大小、方向有关，还跟力的作用线到转轴的距离有关。例如在离开门轴较远的地方，可以用较小的力把门推开；若在离门轴较近的地方，则把门推开就要用较大的力。拧螺帽时，扳手的最远端用力时，就比较容易把螺帽拧紧。

（1）**力臂与力矩** 在图 1-48 中，表示两个力 F_1 和 F_2 作用在转动轴垂直纸面的杠杆上。我们把从转动轴到力的作用线的垂直距离叫作力臂。图中 L_1 是 F_1 的力臂，L_2 是 F_2 的力臂。对杠杆的转动起作用的是力和力臂的乘积，我们把力 F 和力臂 L 的乘积叫作力对转动轴的力矩，简称力矩。用字母 M 表示，即 $M = FL$。

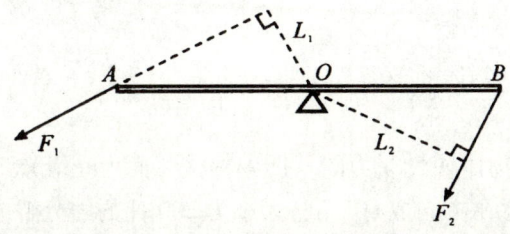

图 1-48 力矩

有固定转动轴的物体，可以看成一个能连续转动的杠杆。可见，对物体的转动起作用的是力矩，即力矩是使物体转动状态发生改变的原因，力矩越大，力对物体的转动作用越大。开关门窗和拧螺帽就是利用这个道理。

（2）有固定转动轴的物体的平衡条件　我们从图1-48中可看出，两个力矩 M_1 和 M_2 对杠杆的作用效果不同。力 F_1 产生的力矩 M_1 可以使杠杆逆时针转动，力 F_2 产生的力矩 M_2 可以使杠杆顺时针转动。按照杠杆的平衡条件，当杠杆平衡时，力矩 M_1 和 M_2 相等，可见，有固定转动轴的物体的平衡条件是使逆时针方向转动的力矩与顺时针方向转动的力矩相等，即 $M_1 = M_2$。

转动的物体受到两个以上力矩作用，且物体仍处于静止或匀速转动状态时，上述情况仍然成立，即逆时针转动的力矩和等于顺时针转动的力矩和。如图1-49所示的杆秤在三个力的力矩作用下处于平衡状态。

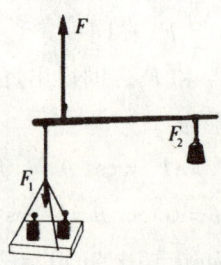

图1-49　处于平衡状态的杆秤

习题 1.4

1. 填空题

（1）求两个互成角度的共点力的合力，可以用表示两个力的线段_____作平行四边形。表示合力的大小和方向的是_____。

（2）有三个力，大小均为10 N，其合力的最大值为_____N，最小值为_____N。

（3）物体在力的作用下，如果保持_____和_____，我们则称这个物体处于转动平衡状态。

（4）一个物体在几个共点力的作用下处于平衡状态，在突然去掉其中一个向东的3 N的力时，物体所受到的合力为_____N，方向_____。

（5）一名伞兵，他的身体和全部装备重800 N，匀速降落时，他受到的空气阻力为_____N，方向_____。

（6）有固定转动轴的物体的平衡条件是_____。

2. 作图题

（1）画出图1-50中物体A的受力图（图中的接触面为光滑）。

（2）用作图法把与水平方向成60°角、大小为200 N的力分解成两个力，要求：

① 一个分力在水平方向，大小为240 N，求另一个分力的大小和方向；

② 一个分力在水平方向，另一个分力在垂直方向，求两个分力的大小。

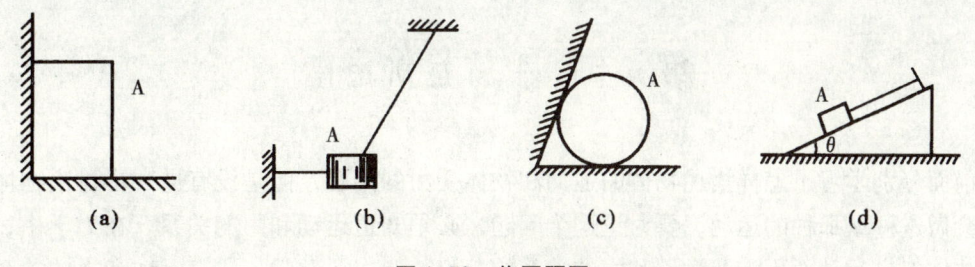

图 1-50 作图题图

3. 计算题

（1）两个共点力间的夹角为 90°，力的大小分别为 90 N 和 120 N，试计算合力的大小和方向。

（2）电线杆受水平导线 200 N 的水平拉力和一端埋在地下的斜向下的拉线向斜下方拉力的共同作用，结果使电杆受到竖直向下 150 N 的力。求拉线的拉力和拉线与地面的夹角。

（3）两个力的合力最大值是 10 N，最小值是 2 N，这两个分力为多少？

（4）静止在斜面上的物体受到几个力的作用？如果物体受到的重力是 40 N，斜面的倾角是 30°，求物体受到的垂直于斜面的支持力以及静摩擦力。

第五节　牛顿运动定律

前面分别学习了怎样描述物体的运动和物体受力的问题，但是没有进一步讨论物体为什么会做这种或那种的运动，要讨论这个问题，必须知道运动和力的关系。在力学中，只研究物体怎样运动而不涉及运动和力的关系的分科，叫作运动学；研究运动和力的关系的分科，叫作动力学。

动力学知识在生产和科学研究中是很重要的。设计各种机器、控制交通工具的速度、研究天体运动、计算人造卫星的轨道等，都离不开动力学知识。

动力学的奠基人是英国科学家牛顿，牛顿在1687年出版了他的名著《自然哲学的数学原理》。在这部著作中，牛顿提出了三条运动定律，这三条定律总称为牛顿运动定律，是整个动力学的基础。下面将学习牛顿运动定律。

英国科学家牛顿

一、牛顿第一运动定律

在17世纪前人们普遍认为力是维持物体运动的原因。用力推装满煤炭的矿车，车子才前进，停止用力，车子就要停下来。

古希腊的哲学家亚里士多德（公元前384—公元前322）根据这类经验事实得出结论：必须有力作用在物体上，物体才能运动，没有力的作用，物体就要静止下来。

在亚里士多德以后的两千年内，动力学一直没有多大进展。直到17世纪，意大利著名物理学家伽利略才根据实验指出，在水平面上运动的物体之所以会停下来，是因为受到了摩擦力。设想没有摩擦力，一旦物体具有某一速度，物体将保持这个速度继续运动下去。

伽利略的理想实验

伽利略设计了一个著名的"理想实验",如图1-51所示,让小球沿一个光滑斜面从静止滚下来,小球将滚上另一个斜面,它上升到和原来的位置相同的高度处。如图1-51(a)所示:减小斜面的倾角,小球仍将上升到原来的高度但通过较长的距离。如图1-51(b)所示:他由此推论,继续减小斜面的倾角,最终成为水平面,如图1-51(c)所示,这时小球不可能达到原来的高度,那么它就要沿水平面以恒定速度永远运动下去。

上述结论是在假定没有摩擦力等任何阻力的实验条件下推出的,显然,在实际中这种实验是不可能实现的,我们能做的只能是摩擦力足够小。但只要有摩擦力,小球滚动的距离就有限。伽利略大胆提出,"如果没有摩擦力,则物体一旦获得某一速度,就会保持其速度不变并一直运动下去,既不会停下来,又不会偏离原方向。"

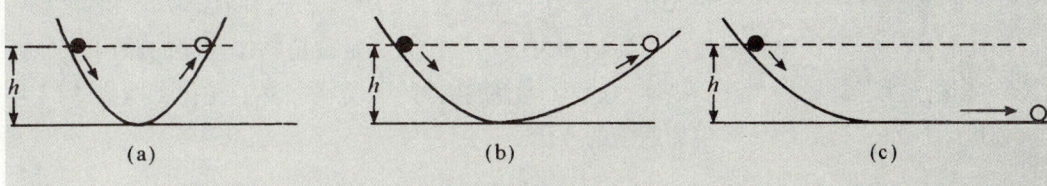

图1-51 伽利略理想实验

我们可以用气垫导轨近似地验证上述结论,把物体放在一个水平导轨上,并设法使物体和导轨之间形成气层,物体沿这种气垫导轨运动时受到的阻力很小;推一下物体,可以看到物体沿气垫导轨的运动接近匀速直线运动。

1. 牛顿第一运动定律的定义

牛顿在伽利略等人的研究基础上,并根据他自己的研究,系统地总结了力学的知识,提出了三条运动定律,其中第一条定律的内容是:一切物体总保持静止状态或匀速直线运动状态,直到有外力迫使它改变这种状态为止,这就是牛顿第一运动定律。

2. 惯性

物体的这种保持原来的匀速直线运动或静止状态的性质叫作惯性,所以牛顿第一运动定律又叫作惯性定律。

关于惯性需要注意以下几点内容:

① 一切物体都具有惯性。不论是由分子、原子等实物构成的物质,还是以场的形式存在的物质都具有惯性。

② 惯性是物体固有的属性。惯性无处不在,无时不有,它的大小只与物体本身的质量有关,而跟物体的运动状态和有无外力作用无关。

③ 质量与物体惯性的关系。在相同的力的作用下,有的物体运动状态容易改变,而

有的物体的运动状态不容易改变，惯性与质量的对应关系如下所示。

物体的质量：小→大；

启动和制动的难易程度：小→大；

惯性：小→大。

由此得出结论：物体的质量是物体惯性的量度。

关于物体具有惯性的例子是很多的，当行驶的汽车突然刹车时，车中的木块会向前面倾斜。这是由于汽车减速，木块的下半部分随车减速，而上半部分由于惯性还要以原来的速度前进。

当轿车突然开动的时候，车上的乘客都向后仰，这是因为轿车已经开始前进，乘客的下半身随车前进，而上半身由于惯性还要保持静止状态，当轿车突然刹车时，乘客就会向前倒，这是因为轿车突然停止时，乘客的腿和脚随车一起停止，而上半身由于惯性还要以原来的速度前进。

3. 力

任何物体都和周围的物体有相互作用，不受外力作用的物体是不存在的，所以牛顿第一运动定律所描述的物体不受外力的状态是一种理想化的状态，这种状态是不可能实现的，但牛顿第一运动定律正确揭示了运动和力的关系：力不是维持物体运动的原因，而是改变物体运动状态的原因，改变物体的速度，就使物体的运动状态发生变化，即物体产生了加速度，所以，力是物体产生加速度的原因。

二、牛顿第二运动定律

1. 加速度和力的关系

既然力是产生加速度的原因，那么加速度和力存在着什么关系呢？

观察实验（图1-52）：利用气垫导轨研究 F 和 a 的关系。这里滑块与气垫导轨、细绳与轻滑轮间的摩擦力均可忽略，当滑块的质量 m 一定时，可以认为，滑块在先后两个位置的速度 v_0 和 v_t 可测出，并量出两位置间距离 s，根据 $a = \dfrac{v_t^2 - v_0^2}{2s}$ 就可以把加速度计算出来。

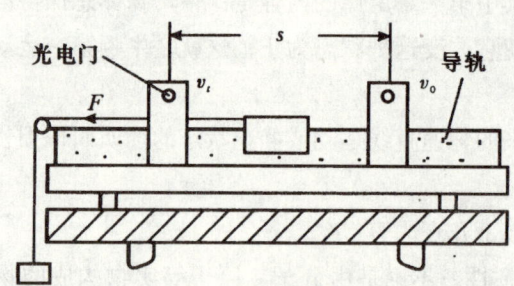

图1-52 气垫导轨实验

通过增减砝码来改变滑块所受到的外力 F，同时测定所产生的加速度 a，结果发现加速度 a_1 和 a_2 与拉力 F_1 和 F_2 有：$a_1 : a_2 = F_1 : F_2$。就是说，a 和 F 两者呈正比关系：$a \propto$

F。实验还证明：a 的方向总是与 F 的方向相同。比如说，水平地拉动平面上的静止物体时，你向哪个方向用力，物体就向哪个方向运动。

2. 加速度和质量的关系

作用力相同时，质量越大的物体所获得的加速度越小。比如，用同样的动力来启动一辆空车就启动得快，即获得的加速度较大；满载车启动得慢，即获得的加速度较小。

在上面的实验中，保持砝码的质量不变，即外力不变，改变滑块质量 m 的大小，然后测量其加速度 a，加速度 a_1 和 a_2 分别对应于质量 m_1 和 m_2 时，则有 $a_1 : a_2 = m_2 : m_1$，就是 a 和 m 呈反比关系：$a \propto \dfrac{1}{m}$。

3. 牛顿第二运动定律的定义

综合上述两个结果，我们得到：受外力 F 作用时，物体所获得的加速度 a，大小跟外力 F 成正比，跟物体的质量 m 成反比，加速度的方向与外力的方向相同，这就是牛顿第二运动定律。写成等式为

$$a = KF/m$$

式中，K 为比例系数，它和式中各物理量单位的选择有关。在国际单位制中，规定使质量为 1 kg 的物体产生 1 m/s² 加速度的力是 1 N，即 1 N = 1 kg/(m·s⁻²)。当 F，m，a 的单位都取国际单位制单位时，可使 $K = 1$。于是上式就写成力学中最重要的公式

$$F = ma \tag{1-10}$$

这是牛顿第二运动定律的数学表达式。它给出了 m，a，F 间的定量关系。

应用牛顿第二运动定律时应特别注意以下几点：

（1）$F = ma$ 中各量永远对同一物体而言。

（2）F 指合外力，不是分力。

（3）在任意时刻，a 与 F 总是同方向。因此，F 变化时，a 也变化；F 恒定时，a 也恒定；F 为零时，a 也为零。一旦 $a = 0$，物体立即以该时刻的瞬时速度做匀速直线运动。

（4）ma 不是某一个力，而是合力作用在物体上产生的效果。

单向直线运动中 F，a 的方向判断

在单向直线运动中，物体的初速度方向、位移方向和速度方向三者是一致的，若以初速度方向为正，F 或 a 与速度同向时，则 $F > 0$（$a > 0$）；F 或 a 与速度反向时，则 $F < 0$（$a < 0$）。

[**例题 1**] 一辆卡车空载和满载时的质量分别为 4.0×10^3 kg 和 12.0×10^3 kg。使空车产生 $a_1 = 0.3$ m/s² 的作用力 F，可使满载车产生多大的加速度？

分析 作用力相同而物体的质量不同，产生的加速度的大小也不一样。已知空载车的质量 m_1 和产生的加速度 a_1，利用牛顿第二运动定律先求出 F 的大小，再计算满载车产生

的加速度 a_2。

解 由牛顿第二运动定律 $F=ma$ 可得

$$F = m_1 a_1 \qquad F = m_2 a_2$$

所以 $a_2 = m_1 a_1 / m_2 = (4.0 \times 10^3 \times 0.3) / 12.0 \times 10^3 \text{ m/s}^2 = 0.1 \text{ m/s}^2$

[例题2] 质量为 5.2×10^3 kg 的拖拉机,在 $F = 1.47 \times 10^4$ N 的水平牵引力作用下加速前进,如果受到的阻力为 1.21×10^4 N,求它的加速度。

分析 以拖拉机为研究对象,先分析它的受力情况,然后根据牛顿第二运动定律直接求其加速度。因为拖拉机在水平地面上运动,因此 F 和 f 的合力也就是拖拉机所受的外力的合力,即 $F_合 = F - f$。

解 由牛顿第二运动定律 $F_合 = ma$,有

$$a = \frac{F-f}{m} = (1.47 \times 10^4 - 1.21 \times 10^4) / 5.2 \times 10^3 \text{ m/s}^2 = 0.5 \text{ m/s}^2$$

三、牛顿第三运动定律

日常生活中,当我们提起重物时,手会受到重物向下的力;用肩膀扛起重物时,重物会对肩膀产生向下的压力。平静的湖面上,船上的人在用力推另一只船,发现另一只船也要推这一只船。当两块磁铁的相同磁极放在一起时,会互相排斥,而不同磁极放在一起时又会互相吸引。

大量事实表明:两个物体间的作用是相互的,牛顿称之为作用与反作用力,并用实验证明了作用力与反作用力之间的关系,两手各拿一只弹簧秤钩住对拉(图1-53)。观察两弹簧的读数,改变拉力的变化,再观察两弹簧秤的读数,看它们的变化有什么相同之处。

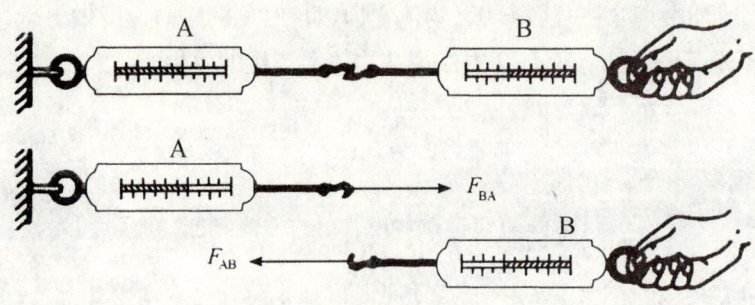

图1-53 弹簧秤间的相互作用

实验中,弹簧秤 B 对 A 的拉力 F_{BA} 和弹簧秤 A 对 B 的拉力 F_{AB} 总是大小相等、方向相反,同时增大,同时减小,同时消失。

研究表明:两个物体之间的作用力和反作用力总是大小相等、方向相反、作用在同一条直线上,这一规律就叫作牛顿第三运动定律。用 F 表示作用力,用 F' 表示反作用力,作用力和反作用力的关系可表示为

$$F = -F' \qquad (1\text{-}11)$$

式中的负号表示它们的方向相反。

在应用牛顿第三运动定律时,我们还应注意以下几点:

(1) 作用力与反作用力总是性质相同的力,例如,作用力是弹力,其反作用力也是弹力;作用力是摩擦力,反作用力也是摩擦力等。

(2) 作用力与反作用力同时存在、同时消失。

(3) 作用力与反作用力分别作用在两个物体上。

(4) 作用力与反作用力不是一对平衡力。

对作用力与反作用力和一对平衡力的对比

图 1-54 将地面对桶的支持力和桶对地面的压力这一对作用力和反作用力的情况与桶所受的一对平衡力的情况做对比。

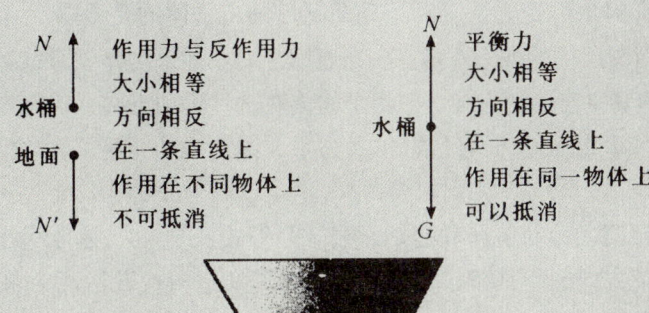

图 1-54 作用力与反作用力

[例题 3] 试分析图 1-55(a)中,作用在电灯上的力,并指出各力的反作用力。

分析 电灯受到地球吸引它的重力 G 作用和电线对它的拉力 F 作用,如图 1-55(b)所示,重力 G 的反作用力是电灯对地球的吸引力,作用在地球上;拉力 F 的反作用力是电灯对电线的拉力 F',见图 1-55(c)所示。

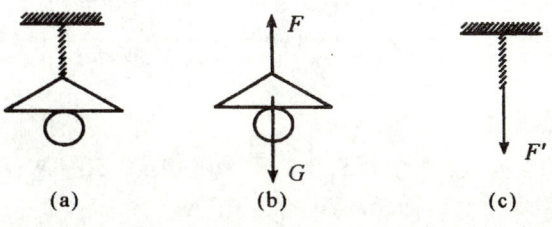

图 1-55 例题 3 图

四、应用牛顿运动定律分析问题

牛顿运动定律是研究运动和力的关系的基本定律，其中牛顿第二运动定律确定了力、质量和加速度的关系，把力和运动联系起来，联系的纽带是加速度。应用牛顿第二运动定律解决的问题大致分为两种类型：一是知道物体的受力情况，根据牛顿第二运动定律求出加速度，再结合已知的运动学物理量，求出需求的运动学物理量；二是知道物体的运动情况，由运动学规律求出加速度，然后根据牛顿第二运动定律分析出物体的受力情况，得出需求的物理量，如力、质量、摩擦系数等。

其分析流程可表示如下：

$$受力（分）\rightleftharpoons F_{合}\xrightarrow{F_{合}=ma} a \xrightarrow{运动学公式} 运动情况（v,s,t）$$

应用牛顿第二运动定律解题的一般步骤：

（1）认真分析题意，明确已知条件和所求量。
（2）确定研究对象。
（3）分析研究对象的受力情况和运动情况，画出物体的受力图。
（4）当研究对象所受的外力不都在一条直线上时，如果物体做直线运动，一般把各个力都分解在运动方向和垂直运动方向上，由于物体在垂直运动方向上没有发生位移，没有加速度，所以，物体在垂直运动方向上的合力为零，则运动方向上的合力就是物体所受的总合力。
（5）根据牛顿第二运动定律和运动学公式列等式，物体所受的外力、加速度、速度等都要根据规定的正方向确定其正、负值后代入公式，进行代数运算，求出未知的量。

下面举例说明：

[例题4] 一台起重机在 2 s 内使一箱货物由静止开始上升 1 m，货物的质量是 $9.0×10^2$ kg（图1-56）。求货物对起重机钢绳的拉力？

分析 这是一个已知运动情况求受力的问题。首先确定问题的研究对象，分析受力情况，如图1-56所示，货物受竖直向下的重力 G 和竖直向上的钢绳的拉力 F。故货物所受的合力 $F_{合}=F-mg$，我们先用运动学公式求出加速度 a，然后应用牛顿第二运动定律求出 F。由牛顿第三运动定律可知，钢绳对货物的拉力 F 等于货物对钢绳的拉力 F'。

解 由 $s=\frac{1}{2}at^2$ 得出

$$a=\frac{2s}{t^2}=\frac{2\times1}{2^2} \text{ m/s}^2=0.5 \text{ m/s}^2$$

由牛顿第二运动定律得：$F-mg=ma$

$$F=mg+ma=m(g+a)=9.0\times10^2\times(10+0.50) \text{ N}=9.45\times10^3 \text{ N}$$

由牛顿第三运动定律可知：$F'=F=9.45\times10^3$ N

[例题5] 质量为 40 kg 的物体，在 $F=20$ N 的水平拉力作用下，从静止开始沿地面运动。若动摩擦因数 $\mu=0.025$，求物体在 10 s 末的速度。

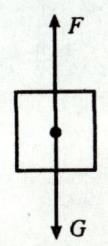

图 1-56 例题 4 图

分析 这是一个已知受力情况求物体运动情况的问题，首先确定问题的研究对象，分析受力情况，如图 1-57 所示。物体沿水平方向运动，所受的外力有：垂直运动方向上的重力 G 和支持力 N，以及水平运动方向上的拉力 F 和摩擦阻力 f。其中垂直运动方向上的重力 G 和支持力 N 相互平衡，互相抵消，故物体所受的合力为

$$F_{合} = F - f$$

其中，$f = \mu G = \mu mg$。

根据牛顿第二运动定律可求出加速度，再由运动学公式求出其速度。

解 由牛顿第二运动定律 $F = ma$ 得

$$a = \frac{F-f}{m} = \frac{20 - 0.025 \times 40 \times 10}{40} \text{ m/s}^2 = 0.25 \text{ m/s}^2$$

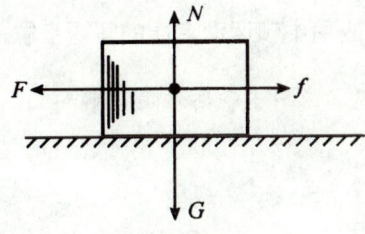

图 1-57 例题 5 图

再由运动学公式得

$$v = at = 0.25 \times 10 \text{ m/s} = 2.5 \text{ m/s}$$

[**例题 6**] 一个质量 $m = 75$ kg 的人，以 $v_0 = 2$ m/s 的初速度沿山坡匀加速地滑下，山坡的倾角 $\theta = 30°$，在 $t = 5$ s 的时间内滑下的路程 $s = 60$ m。求滑雪人受到的阻力（包括滑动摩擦力和空气阻力）。

分析 这个题目还是已知运动情况求未知力，滑雪人共受到 3 个力的作用：竖直向下的重力 $G = mg$；山坡对滑雪人的支持力 F_2；沿山坡向上的阻力 F_1（图 1-58）。

由于滑雪人所受的力不都在运动方向或垂直运动方向上，故建立如图 1-58 所示的平面直角坐标系，把重力 G 沿 x 轴和 y 轴的方向分解得：$G_1 = mg\sin\theta$、$G_2 = mg\cos\theta$。在垂直于山坡的方向上，人没有发生位移，没有加速度。G_2、F_2 大小相等，方向相反，彼此

平衡，所以，人所受的合力 F 等于 G_1 和 F_1 的合力，取沿山坡向下的方向为正方向，则有 $F = G_1 - F_1$。合力的方向沿山坡向下，使人产生沿山坡向下的加速度。滑雪人的加速度可由运动学的公式求得，再根据牛顿第二运动定律即求得未知力。

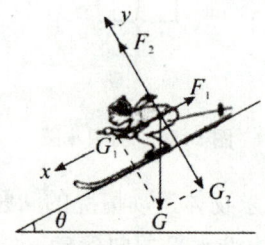

图 1-58　例题 6 图

解　已知：$v_0 = 2$ m/s，$s = 60$ m，$t = 5$ s，$m = 75$ kg，$\theta = 30°$。

用运动学公式 $s = v_0 t + \dfrac{1}{2} at^2$ 可求得物体的加速度

$$a = \frac{2(s - v_0 t)}{t^2} = 4 \text{ m/s}^2$$

人所受的阻力可由牛顿第二运动定律 $F = G_1 - F_1 = ma$ 求得

$$F_1 = G_1 - ma = mg\sin\theta - ma = 67.5 \text{ N}$$

应用牛顿运动定律的解题步骤

总结以上例题的解题过程，应用牛顿运动定律解题的大致步骤为：
（1）明确题意，统一单位；
（2）确定对象，分析受力；
（3）选定规律，列出方程；
（4）计算数据，讨论结果。

习题 1.5

1. 填空题

（1）一质量为 m 的小球，当它以速度 v 做匀速直线运动时，它受到的合力大小_____；当它以加速度 a 做匀加速直线运动时，它受到的合力大小是_____；当它做自由落体运动时，它所受到的合力大小是_____。

（2）弹簧秤下挂一质量为 1 kg 的物体，当物体以 0.1 m/s² 的加速度向上加速运动时，弹簧秤的读数应为_____N。当物体以 0.1 m/s² 的加速度向下加速运动时，弹簧秤的读数为_____N。

2. 选择题

（1）根据牛顿第一运动定律，以下结论正确的是（　　）

A. 静止的物体一定不受其他外力的作用
B. 物体做匀速直线运动是因为它不受力
C. 物体的运动状态若发生了变化，必定受到了外力的作用
D. 力停止作用后，物体就慢慢地停下来

(2) 关于力和运动关系的说法中，正确的是（　　）

A. 物体所受合外力越大，物体运动的速度就越大
B. 物体运动速度方向必须与物体所受合外力方向一致
C. 物体所受合外力为零，物体运动速度可以变化
D. 物体所受合外力为零，它的速度一定为零

(3) 关于作用力与反作用力，下列说法中正确的是（　　）

A. 作用力和反作用力大小相等、方向相反、作用在同一直线上，它们的合力为零
B. 物体相互作用时，先产生作用力，后产生反作用力
C. 每一个力都有它的反作用力
D. 作用力与反作用力既然大小相等，它们的效果一定相同

(4) 一个重为 98 N 的物体，放在水平面上，现在用竖直向上、大小为 196 N 的力去拉它，则物体产生的加速度是（　　）

A. 1 m/s^2，方向向下　　　　　B. 2 m/s^2，方向向上
C. 9.8 m/s^2，方向向下　　　　D. 9.8 m/s^2，方向向上

3. 判断题

(1) 在匀速行驶的汽车上，沿着汽车前进的方向比逆着汽车前进的方向跳得远。
　　　　　　　　　　　　　　　　　　　　　　　　　　　　　　　（　　）
(2) 关闭油门的汽车慢慢地停下来，是因为不再受力的作用。　　（　　）
(3) 只有静止或做匀速直线运动的物体才有惯性。　　　　　　　（　　）
(4) 由静而动的物体没有惯性。　　　　　　　　　　　　　　　（　　）
(5) 任何物体都具有惯性。　　　　　　　　　　　　　　　　　（　　）
(6) 马拉车的力大于车拉马的力，车方能前进。　　　　　　　　（　　）
(7) 人对地球的作用力要比地球对人的作用力小得多。　　　　　（　　）

4. 计算题

(1) 机车的牵引力为 8.0×10^4 N 时，使列车产生 0.4 m/s^2 的加速度。当牵引力减小到 4.0×10^4 N 时，加速度是多大？（不考虑阻力）

(2) 质量 2 t 的汽车，启动时获得 1.2 m/s^2 的加速度，已知汽车所受到阻力是车重的 0.01 倍，求汽车的牵引力。

(3) 静止在水平面的物体，质量是 2.0 kg，沿水平方向受到 6.6 N 的拉力，物体跟水平面间的滑动摩擦力是 2.2 N。求物体在 5.0 s 内的位移。

(4) 质量为 m 的物体，沿光滑斜面下滑，斜面的倾角为 θ，求物体下滑的加速度。

第六节　抛体运动和圆周运动

一、曲线运动

轨迹为曲线的运动。

（1）运动性质：在曲线运动中，运动质点在某一点的瞬时速度的方向就是通过曲线这一点的切线方向。因此，质点在曲线运动中速度的方向时刻在变，所以曲线运动一定是变速度运动，但变速度运动不一定是曲线运动。如匀变速直线运动。

（2）物体做曲线运动的条件：从运动学角度来讲，如果物体的加速度方向跟速度方向不在一条直线上时，物体就做曲线运动；从动力学角度来讲，如果物体所受合外力的方向跟物体的速度方向不在一条直线上时，物体就做曲线运动。

【说明】

①如果这个合外力大小和方向是恒定的，即所受的力为恒力，则物体就做匀变速曲线运动，如平抛运动。

②如果这个合外力大小恒定，方向始终与速度垂直，物体就做匀速圆周运动，匀速圆周运动并非是匀速运动，即匀速圆周运动是非平衡的运动状态。

（3）做曲线运动的物体，其轨迹向合外力所指一方弯曲，若已知物体的运动轨迹，可判断出物体所受合外力的大致方向。

二、合运动和分运动

如果物体同时参与了几个运动，那么物体实际发生的运动就叫作这几个运动的合运动，这几个运动叫作这个实际运动的分运动。

三、运动的关系

合运动和分运动的关系叫作运动的关系。

（1）等效性：各分运动的规律叠加起来与合运动规律有完全相同的效果。

（2）等时性：合运动通过合位移所需时间和对应的每个分运动通过分位移的时间相等，即各分运动总是同时开始，同时结束。

（3）独立性：某个方向上的运动不会因为其他方向上是否有运动而影响自己的运动性质。在运动中一个物体可以同时参与几种不同的运动，在研究时，可以把各个运动都看作是互相独立进行，互不影响。

四、运动的独立性原理（叠加原理）

一个运动可以看成由几个各自独立进行的运动叠加而成，这就是运动的独立性原理或运动的叠加原理。

【说明】 分运动、合运动都是属于同一个物体，它们从同一地点出发，经过同一段时间，到达同一个位置，因此我们不能把物体在不同时间内的位移或不同时刻的速度、加速度加以合成。

五、运动的合成和分解

已知分运动求合运动叫运动的合成。已知合运动求分运动叫运动的分解。

【说明】
① 运动的合成和分解是建立在"等效"基础之上的；
② 运动的合成是唯一的，而运动的分解不是唯一的，通常是按运动所产生的实际效果来分解。

六、运动合成和分解的方法

运动的合成与分解是指描述物体运动的各物理量，即位移、速度、加速度的合成与分解。由于它们都是矢量，所以它们都遵循矢量的合成和分解法则。

（1）两分运动在同一直线上时，同向相加，反向相减。

（2）不在同一直线上，按照平行四边形定则进行合成或分解。

【说明】 两个分运动必须是同一质点在同一时间内相对于同一参考系的运动才能合成。

七、两直线运动的合运动的性质和轨迹

两直线运动的合运动的性质和轨迹由各分运动的性质即合初速度与合加速度的方向和大小关系决定。

（1）两个匀速直线运动的合运动一定是匀速直线运动。

（2）一个匀速直线运动和一个匀变速直线运动的合运动仍然是匀变速运动，当两者共线时为匀变速直线运动，不共线时为匀变速曲线运动。

（3）两个匀变速直线运动的合运动一定是匀变速运动。若合初速度方向与合加速度方向在同一条直线上时，则是直线运动；若合初速度方向与合加速度方向不在同一条直线上时，则是曲线运动。

【例题讲解1】 下列说法中，正确的是（ ）
A. 由于曲线运动的速度一定变化，所以加速度也一定变化
B. 物体所受合外力的方向与运动的速度方向不在同一直线上是做曲线运动的条件
C. 物体在恒力作用下不可能做曲线运动
D. 物体在变力作用下一定做曲线运动

讲解

曲线运动的速度一定变化，但加速度可能是恒定的。物体做直线运动还是曲线运动不是由恒力或变力决定的，而是看力的方向与速度方向是不是在同一直线上。

【答案】 B

【说明】 合外力决定物体的加速度，加速度与速度的方向关系决定物体做什么运动。

【例题讲解2】 一条宽度为 l 的小河，水流速度为 $v_水$。已知船在静水中的速度为 $v_船$，那么：（1）怎样渡河时间最短？（2）若 $v_船 > v_水$，怎样渡河位移最小？（3）若 $v_船 < v_水$，怎样渡河船漂下的距离最短？

讲解

（1）如图1-59所示，设船头斜向上游与河岸成任意角 θ，这时船速在垂直于河岸方向的速度分量为 $v_1 = v_船 \sin\theta$，渡河所需的时间为

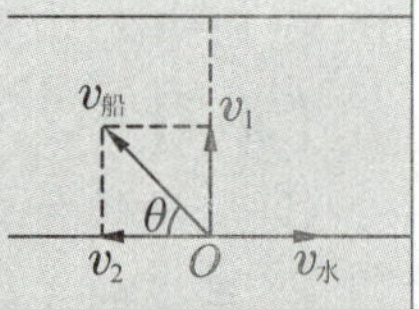

$$t = \frac{l}{v_1} = \frac{l}{v_船 \sin\theta}$$

可以看出：l、$v_船$ 一定时，t 随 $\sin\theta$ 增大而减小；当 $\theta = 90°$ 时，$\sin\theta = 1$（最大），所以，船头与河岸垂直，最短时间为

$$t_{min} = l/v_船$$

图1-59

（2）如图1-60所示，渡河的最小位移即河的宽度。为了使渡河位移等于 l，必须使船的合速度 v 的方向与河岸垂直。这时船头应指向河的上游，并与河岸成一定的角度 θ。根据三角函数关系有

$$v_船 \cos\theta - v_水 = 0, \quad \cos\theta = \frac{v_水}{v_船}, \quad \theta = \arccos\frac{v_水}{v_船}$$

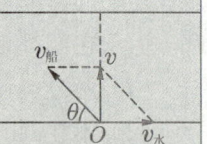

图1-60

因为 $0 \leq \cos\theta \leq 1$，所以只有在 $v_船 > v_水$ 时，船才有可能垂直河岸横渡。

（3）如果水流速度大于船在静水中的航行速度，则不论船的航向如何，总是被水冲向下游。怎样才能使漂下的距离最短呢？如图1-61所示，设船头 $v_船$ 与河岸成 θ 角。合速度 $v_合$ 与河岸成 α 角，可以看出：α 角越大，船漂下的距离 x 越短。那么，在什么条件下 α 角最大呢？以 $v_水$ 的矢尖为圆心、$v_船$ 大小为半径画圆，当 $v_合$ 与圆相切时，α 角最大，根据 $\cos\theta = v_船/v_水$，船头与河岸的夹角应为 $\theta = \arccos\dfrac{v_船}{v_水}$。

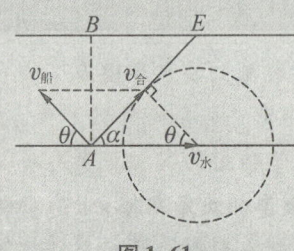

图1-61

船漂下的最短距离为 $x_{min} = (v_水 - v_船 \cos\theta) \cdot \dfrac{1}{v_船}\sin\theta$ 。

此时渡河的最短位移：$s = \dfrac{l}{\cos\theta} = \dfrac{lv_水}{v_船}$。

【说明】

① 处理方法：小船在有一定流速的河中过河时，实际上参与了两个方向的分运动，即随水流的运动（水冲船的运动）和船相对于水的运动（即在静水中的船的运动），船的实际运动是合运动。

② 若小船要垂直于河岸过河，过河路径最短，应将船头偏向上游，如图1-62（a）所示，此时过河时间 $t = \dfrac{l}{v_{合}} = \dfrac{l}{v_{船}\sin\theta}$；

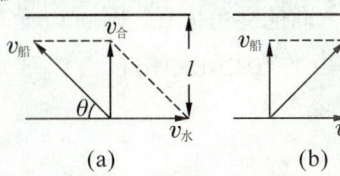

图 1-62

若使小船过河的时间最短，应使船头正对河岸行驶，如图1-62（b）所示，此时过河时间 $t = \dfrac{l}{v_{船}}$（l 为河宽）。

八、平抛运动

定义：将一物体水平抛出，物体只在重力作用下的运动。

性质：是加速度为重力加速度 g 的匀变速曲线运动。

九、平抛运动的研究方法

由于在水平方向上不受外力作用，所以水平方向上是匀速直线运动。在竖直方向上只受重力作用，并且在竖直方向上初速度为零，所以在竖直方向上是自由落体运动。综上所述，平抛运动可分解为水平方向的匀速直线运动和竖直方向的自由落体运动。

十、平抛运动的轨迹

设物体平抛至某点 $P(x, y)$，如图1-63所示，则轨迹方程为 $x = v_0 t$，$y = \dfrac{1}{2}gt^2$，消去参数 t 得 $y = \dfrac{g}{2v_0^2}x^2$。（抛物线）

（1）任何时刻的速度 v 及 v 与 v_0 的夹角 θ。

$v = \sqrt{v_x^2 + v_y^2} = \sqrt{v_0^2 + (gt)^2}$

$\tan\theta = \dfrac{v_y}{v_x} = \dfrac{gt}{v_0}$

（2）任何时刻的点位移 s 及 s 与 v_0 的夹角 φ。

$s = \sqrt{x^2 + y^2}$

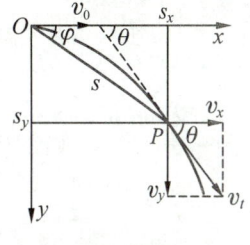

图 1-63

$$\tan\varphi = \frac{y}{x} = \frac{\frac{1}{2}gt^2}{v_0 t} = \frac{gt}{2v_0}$$

【说明】 位移的方向和速度方向不同，即 $\varphi \neq \theta$。

十一、平抛运动的两个重要推论

推论1：做平抛（或类平抛）运动的物体在任一时刻任一位置处，设其末速度方向与水平方向的夹角为 θ，位移与水平方向的夹角为 φ，则 $\tan\theta = 2\tan\varphi$。

证明：如图1-64（a）所示，由平抛运动规律得

$$\tan\theta = \frac{v_\perp}{v_0} = \frac{gt}{v_0}$$

$$\tan\varphi = \frac{y}{x} = \frac{1}{2}\frac{gt^2}{v_0 t} = \frac{gt}{2v_0}$$

所以 $\tan\theta = 2\tan\varphi$

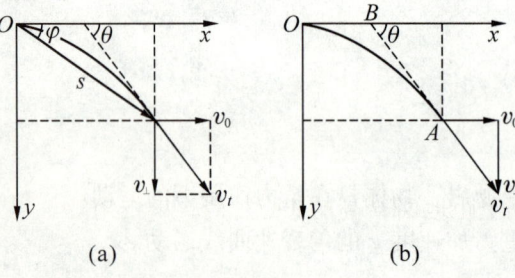

图 1-64

推论2：做平抛（或类平抛）运动的物体任意时刻的瞬时速度的反向延长线一定通过此时水平位移的中点。如图1-64（b）中 A 点和 B 点。

证明：设平抛物体的初速度为 v_0，从原点 O 到 A 点的时间为 t，A 点坐标为 (x, y)，B 点坐标为 $(x', 0)$，则

$$x = v_0 t$$

$$y = \frac{1}{2}gt^2$$

$$v_\perp = gt$$

又 $\tan\theta = \dfrac{v_\perp}{v_0} = \dfrac{y}{x - x'}$

解得 $x' = \dfrac{x}{2}$

【**例题讲解3**】 如图1-65（a）所示，以 9.8 m/s 的水平初速度 v_0 抛出的物体，飞行一段时间后，垂直地撞在倾角为30°的斜面上，可知物体完成这段飞行的时间是（　　）

A. $\dfrac{\sqrt{3}}{3}$ s 　　　　B. $\dfrac{2\sqrt{3}}{3}$ s 　　　　C. $\sqrt{3}$ s　D. 2 s

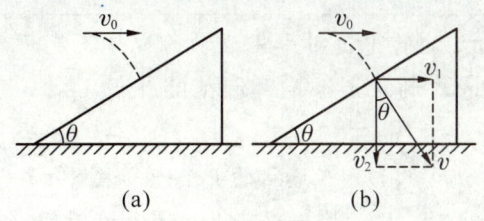

图 1-65

> **讲解**
>
> 如图 1-65（b）设物体垂直撞在斜面上的速度为 v，此时水平分速度为 v_1，竖直分速度为 v_2，由图可知
>
> $v_2 = v_1 \cot \theta$ ①
>
> 由于平抛运动可以看成是水平方向的匀速直线运动与竖直方向的自由落体运动的合运动。
>
> $\therefore v_1 = v_0 = 9.8 \text{ m/s}$ ②
>
> $v_2 = gt$ ③
>
> 将②③式代入①式得 $t = \sqrt{3}$ s。

【答案】 C

【例题讲解4】 房间里距地面 H 高的 A 点处有一盏白炽灯（可视为点光源），一小球以初速度 v_0 从 A 点沿水平方向垂直于墙壁抛出，恰好落在墙角 B 处，如图 1-66 所示，那么，小球抛出后，它的影点在墙上的运动情况是(　　)

A. 匀速运动　　　　　　　　　　B. 匀加速运动

C. 变速运动　　　　　　　　　　D. 无法判别

> **讲解**
>
> 错解1：由于平抛运动在竖直方向上的分运动是初速度为零的匀加速运动，墙上的影点应和小球在竖直方向的分运动一样，是匀加速运动，选项 B 正确。
>
> 错解2：影点在墙上移动的速度等于小球下落的速度 $v = \sqrt{v_x^2 + v_y^2} = \sqrt{v_0^2 + g^2 t^2}$。可见，影点移动的速度随时间的变化不是线性关系，影点的运动是一般的非匀变速运动，故选项 C 正确。

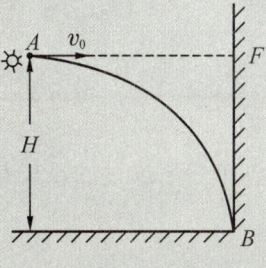

图 1-66

以上两种错解的共同之处首先是对平抛运动的规律不能正确运用，其次是审题不清。尤其是错解1，没有考虑到点光源是固定在抛出点 A 处，而不是随小球抛出自由下落。

正解：小球刚抛出时，它的影点在墙上的 F 点（如图1-67所示），AF 与墙面垂直；当小球抛出时间 t 通过 P 点时，它的影点在墙上 Q 点，在时间 t 内影点的位移为 $s=FQ$。由于直角三角形 AEP 与 AFQ 相似，故有

$$\frac{FQ}{EP}=\frac{AF}{AE}$$

根据平抛物体的运动规律可知

$$EP=\frac{1}{2}gt^2$$

$$AE=v_0 t$$

因小球恰好落在墙角处，故有

$$AF=v_0\sqrt{\frac{2H}{g}}$$

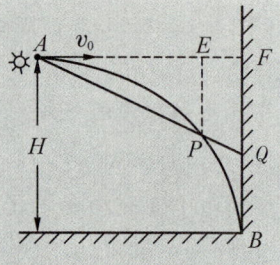

图1-67

由以上各式可得影点在墙上的位移

$$s=FQ=\frac{AF}{AE}\cdot EP=\left(v_0\sqrt{\frac{2H}{g}}\right)\left(\frac{1}{2}gt^2\right)/v_0 t=\sqrt{\frac{gH}{2}}t$$

上式表明影点的位移是时间的一次函数，小球的影点从 F 点开始向下沿墙壁做匀速运动，速度 $v=\sqrt{\frac{gH}{2}}$，恒定不变。

【答案】 A

十二、线速度

描述质点沿圆周运动快慢的物理量。

（1）方向：质点在圆弧某点的线速度方向沿圆弧该点的切线方向。

（2）大小：$v=\dfrac{l}{t}$（l 是 t 时间内通过的弧长）。

（3）单位：m/s。

十三、线速率

线速度的大小叫作线速率，线速率等于通过的弧长 l 跟所用时间 t 的比值，即 $v=l/t$。

十四、角速度

描述质点绕圆心转动的快慢。

（1）方向：顺时针或逆时针。

(2) 大小：$\omega = \dfrac{v}{r} = \dfrac{2\pi}{T} = 2\pi f$。

十五、向心力

产生向心加速度的力。

(1) 方向：总是指向圆心的，时刻在变化（是一个变力）。

(2) 大小：$F = ma = m\dfrac{v^2}{r} = m\omega^2 r = m\left(\dfrac{2\pi}{T}\right)^2 r = m\,(2\pi f)^2 r$。

(3) 作用：产生向心加速度，只改变速度方向，不改变速度大小。

【说明】 向心力是按力的作用效果命名的，向心力可以由某一个力提供，也可由若干个力的合力来提供，甚至可以由一个力的分力来提供。

十六、匀速圆周运动

速度大小不变而速度方向时刻变化的变速曲线运动，而且是加速度大小不变、方向时刻变化的变加速曲线运动。

(1) 加速度：由于仅使速度方向变化而速度大小不变，故加速度方向与线速度方向垂直，即只存在向心加速度，没有切向加速度。

(2) 向心力：由于只存在向心加速度，故合外力就是产生向心加速度的力，即合外力充当向心力。

(3) 质点做匀速圆周运动的条件：合外力大小不变，始终与速度方向垂直且指向圆心。

十七、非匀速圆周运动

是速度大小和方向都变化的变速曲线运动，而且是加速度大小和方向都变化的变加速度运动。

(1) 加速度：由于速度大小和方向都变化，可知不仅存在向心加速度，改变速度方向，而且还存在切向加速度，改变速度大小，合加速度方向不指向圆心。

(2) 向心力：合外力在指向圆心方向的分力产生向心加速度，合外力在切线方向的分力产生切向加速度。

十八、离心运动

做圆周运动的物体，在所受合力突然消失或不足以提供圆周运动所需的向心力情况下，就做逐渐远离圆心的运动，这种运动叫离心运动。

本质：离心现象是物体惯性的表现。

【说明】

① 做圆周运动的质点，当它受到的沿着半径指向圆心的合外力突然变为零时，它就因为没有向心力而沿切线方向飞出。

② 离心运动并非沿半径方向飞出的运动，而是运动半径越来越大的运动或沿切线方向飞出的运动。

③ 离心运动并不是受到什么离心力作用的结果，根本就没有离心力这种力，因为没有任何物体提供这种力。它不像向心力，向心力尽管也是从效果方面命名的，但它总可以找到施力物体。因为向心力可以由某几个力的合力提供，也可以由某一个力或某一个力的分力提供，这些提供向心力的力是确实存在的。

十九、圆周运动中的临界问题

竖直平面内的圆周运动，往往是典型的变速圆周运动。对于物体在竖直平面内的变速圆周运动问题，中学阶段只分析通过最高点和最低点时的情况，并且经常出现临界状态。下面对这类问题做简要分析。

【例题讲解5】 如图1-68所示，没有物体支撑的小球，在竖直平面内做圆周运动经过最高点时的情况。

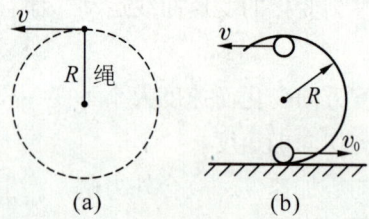

图1-68

（1）临界条件：当小球恰好能沿圆周通过最高点时，绳子或轨道对小球没有力的作用：

$$mg = m\frac{v^2}{R} \Rightarrow v_{临界} = \sqrt{Rg}。$$

【说明】 如果小球带电，且空间存在电、磁场时，临界条件应是小球重力、电场力和洛伦兹力的合力作为向心力，此时临界速度 $v_{临界} \neq \sqrt{Rg}$。

（2）能过最高点的条件：

$v \geq \sqrt{Rg}$，当 $v > \sqrt{Rg}$ 时，向心力 $F_{向} = m\frac{v^2}{R} \geq mg$，则绳对球产生拉力，轨道对球产生压力。

【说明】 绳对小球只能产生沿绳收缩方向的拉力。

（3）不能过最高点的条件：

$v < v_{临界}$（实际上球还没到最高点时就脱离了轨道）。

【例题讲解6】 图1-69是有物体支撑的小球在竖直平面内做圆周运动经过最高点时的情况。

【说明】 杆与绳不同，杆对球既能产生拉力，也能对球产生支持力。

（1）临界条件：由于硬杆和管壁的支撑作用，小球恰能达最高点的临界速度 $v_{临界} = 0$。

(2) 图 1-85（a）所示的小球过最高点时,轻杆对小球的弹力情况:

① 当 $v=0$ 时,轻杆对小球有竖直向上的支持力 F_N,其大小等于小球的重力,即 $F_N = mg$。

② 当 $0 < v < \sqrt{rg}$ 时,向心力 $f_{向} = m\dfrac{v^2}{r} < mg$,

有：$mg - F_N = m\dfrac{v^2}{r}$,杆对小球的支持力的方向竖直向上,大小随速度的增大而减小,其取值范围是：$mg > F_N > 0$。

③ 当 $v = \sqrt{rg}$ 时,向心力 $F_{向} = m\dfrac{v^2}{r} = mg$,$F_N = 0$。

④ 当 $v > \sqrt{rg}$ 时,向心力 $F_{向} = m\dfrac{v^2}{r} > mg$,杆对小球有指向圆心的拉力,有 $mg + F = m\dfrac{v^2}{r}$,其大小随速度的增大而增大。

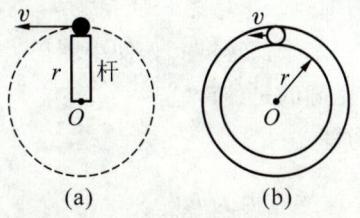

图 1-69

(3) 图 1-69（b）中小球经过最高点时,光滑硬管对小球的弹力情况:

① 当 $v=0$ 时,管的内壁下侧对小球有竖直向上的支持力 F_N,其大小等于小球重力,即 $F_N = mg$。

② 当 $0 < v < \sqrt{rg}$ 时,管的内壁下侧对小球有竖直向上的支持力 F_N,大小随速度的增大而减小,其取值范围是 $mg > F_N > 0$。

③ 当 $v = \sqrt{rg}$ 时,$F_N = 0$。

④ 当 $v > \sqrt{rg}$ 时,管的上侧内壁对小球有竖直向下指向圆心的压力,其大小随速度的增大而增大。

【例题讲解7】 如图 1-70 所示为一皮带传动装置,右轮的半径为 r,a 是它边缘上的一点,左侧是一轮轴,大轮的半径是 $4r$,小轮的半径为 $2r$,b 点在小轮上,到小轮中心的距离为 r,c 点和 d 点分别位于小轮和大轮的边缘上。若在传动过程中,皮带不打滑,则(   )

A. a 点与 b 点的线速度大小相等
B. a 点与 b 点的角速度大小相等
C. a 点与 c 点的线速度大小相等
D. a 点与 d 点的向心加速度大小相等

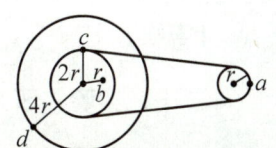

图 1-70

|讲解|

由皮带不打滑知 a、c 两点线速度大小相等，故 C 正确，A 选项错。由 $v = \omega r$，知 $\omega = \dfrac{v}{r}$，故 $\dfrac{\omega_c r}{\omega_a 2r} = \dfrac{1}{2}$，即 $\omega_a = 2\omega_c$，而 b、d 与 c 同轴转动，故角速度相等，知 B 选项错。又 a 点向心加速度 $a_1 = \omega_a^2 \cdot r$，d 点向心加速度 $a_2 = \omega_c^2 \cdot 4r = \omega_a^2 \cdot r$，二者相等，故 D 选项对。

【答案】 C，D

【说明】 匀速圆周运动是变速曲线运动，但它的速率大小是不变的。在分析传动装置的各物理量时，要抓住相关量的关系。同轴的各点角速度 ω 和转速 n 相等，而线速度 $v = \omega r$ 与半径成正比。在不考虑皮带打滑的情况下，传动皮带与皮带连接的两轮边缘的各点线速度大小相等，而角速度 $\omega = \dfrac{v}{r}$ 与半径 r 成反比。

【例题讲解8】 长为 L 的细绳，一端系一质量为 m 的小球，另一端固定于某点，当绳竖直时小球静止，再给小球一水平初速度 v_0，使小球在竖直平面内做圆周运动，并且刚好能过最高点，则下列说法中正确的是（ ）

A. 小球过最高点时速度为零

B. 小球开始运动时绳对小球的拉力为 $m\dfrac{v_0^2}{L}$

C. 小球过最高点时绳对小球的拉力为 mg

D. 小球过最高点时速度大小为 $\sqrt{Lg}$

|讲解|

小球做圆周运动一定需要向心力，但向心力大小是变化的，当小球具有初速度开始运动时，由小球受的重力 mg 和绳的拉力 F 提供向心力，此二力的合力 $F_合 = F - mg = m\dfrac{v_0^2}{L}$，绳对小球的拉力应为 $F = mg + m\dfrac{v_0^2}{L}$，可见 B 选项不正确；题目给出小球"刚好能过最高点"这一临界条件，在此条件下小球在最高点的速度应最小，但绝不能为零，一般情况下，小球在最高点速度为 v 时，向心力为重力和绳子拉力的合力，满足 $mg + F = m\dfrac{v^2}{L}$，现要求速度最小，所以最高点的速度 v 满足 $m\dfrac{v^2}{L} = mg$ 关系，即 $v = \sqrt{Lg}$ 即可，此时绳子拉力为零，向心力只由小球受的重力提供。所以，选项 A、B、C 均不正确。

【答案】 D

二十、实验：研究平抛物体的运动

（一）实验目的

1. 用实验的方法描绘出平抛物体的运动轨迹。

2. 由轨迹求平抛物体的初速度。

（二）实验原理

根据运动的合成与分解的原理，平抛物体的运动可以看作是由水平方向的匀速直线运动和竖直方向的自由落体运动合成的。在坐标系中，它们的两个分位移方程分别为：$x=v_0t$ 和 $y=\frac{1}{2}gt^2$。实验中让一个小球多次从同一倾斜轨道同一高度处静止滑下后沿轨道水平抛出，利用"追踪法"逐点描出小球运动的轨迹上的一系列点，即可画出小球做平抛运动的轨迹。建立直角坐标系后，对曲线上任一点都可以求出横坐标 x，纵坐标 y，利用公式 $y=\frac{1}{2}gt^2$ 可求出小球从抛出点到该点的运动时间，再利用 $x=v_0t$ 即可求出小球做平抛运动的初速度 $v_0=x\sqrt{\dfrac{g}{2y}}$。

（三）实验器材

斜槽、白纸、图钉、方木板、小球、刻度尺、重锤、细线、三角板、铅笔、竖直固定支架。

（四）实验步骤

1. 描绘小球做平抛运动的轨迹。

（1）把斜槽放在桌上，让它们的末端伸出桌面外，调节斜槽末端使其切线方向水平后把斜槽固定在桌面上。

（2）用图钉把白纸钉在木板上，把木板沿竖直方向固定在支架上，并将其左上方靠近槽口，使小球沿斜槽末端水平抛出后的轨道平面与纸面平行（如1-71所示）。

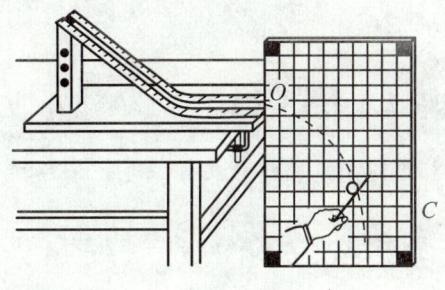

图1-71

（3）以斜槽末端作为平抛运动的起点 O，在白纸上标出 O 点的位置。过 O 点用重锤线画竖直线，定为 y 轴。

（4）让小球每次都从斜槽上某一适当位置由静止滚下，移动笔尖在白纸上的位置，当小球恰好与笔尖正碰时，在白纸上依次记下这些点的位置。

（5）把白纸从木板上取下来，把记下的点用平滑的曲线连接起来，这就是平抛运动轨迹。

2. 求平抛小球的初速度。

（1）在平抛小球运动轨迹上选取 A、B、C、D、E 五个点，测出它们的 x、y 坐标值，并记录下来。

（2）把测到的坐标值依次代入公式 $v_0 = x\sqrt{\dfrac{g}{2y}}$，求出小球平抛的初速度，并计算其平均值。

（五）注意事项

1. 实验中必须保证斜槽末端切线水平，方木板与小球下落的平面平行，并使小球运动时靠近木板 C，又不接触木板。

2. 每次从同一位置无初速度释放小球，以使小球每一次抛出后轨迹相同，每次描出的点在同一轨道上。

3. 小球做平抛运动的起点不是槽口的端点，应是小球在槽口时，球的重心在木板上的水平投影点 O。

4. 球的释放高度要适宜，使其轨迹不致太平，也不致太竖直，以减小测量误差。

5. 计算小球做平抛运动的初速度时，应选离 O 点远些的点，以使误差减小。

【例题讲解9】 在研究平抛运动的实验当中，用一张印有小方格的纸记录轨迹，小方格的边长 $L = 1.25$ cm，若小球在平抛运动中先后经过的几个位置如图 1-72 中的 a、b、c、d 所示，则小球平抛运动的初速度的计算式 $v_0 =$ _____（用 L、g 表示），其值为_____。

> **讲解**
>
> （1）从图中可以看出 a、b、c、d 四点在水平方向上相邻两点间的距离均为 $2L$；根据平抛运动的规律知，物体由 a 到 b，由 b 到 c，由 c 到 d 所用时间相等，设为 t，则 $v_0 = \dfrac{2L}{t}$。
>
> （2）a、b、c、d 四点沿竖直方向依次相距 L、$2L$、$3L$；由于平抛物体竖直方向做自由落体，且任意两个连续相等时间里的位移之差相等，$\Delta s = gt^2 = L$，由此可得：$t = \sqrt{\dfrac{L}{g}}$
>
> （3）由上述结论，可得初速度计算式：$v_0 = \dfrac{2L}{t} = 2\sqrt{Lg}$
>
> （4）代入数值：$v_0 = 2 \times \sqrt{0.012\,5 \times 9.8}$ m/s $= 0.70$ m/s
>
>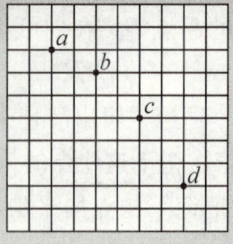
>
> 图 1-72

例题讲解2 图 1-73 所示为一小球做平抛运动的闪光照片的一部分，图中背景方格的边长均为 5 cm，如果取 $g = 10 \text{ m/s}^2$，那么：

(1) 闪光频率是_____ Hz；

(2) 小球运动中水平分速度的大小是_____ m/s；

(3) 小球经过 B 点时的速度大小是_____ m/s。

【讲解】

AB 间竖直距离为 $h_1 = 3 \times 5 \text{ cm} = 0.15 \text{ m}$，$BC$ 间竖直距离为 $h_2 = 5L = 0.25 \text{ m}$，设两次闪光间时间间隔为 T，则有：

$$h_2 - h_1 = gT^2$$

所以 $T = \sqrt{\dfrac{h_2 - h_1}{g}} = 0.1 \text{ s}$，故闪光频率为 $f = \dfrac{1}{T} = 10 \text{ Hz}$

AB 间水平距离为 $\Delta x = 3L = 0.15 \text{ m}$，由 $x = v_0 T$ 得水平分速度为：

$$v_0 = \dfrac{\Delta x}{T} = 1.5 \text{ m/s}$$

经过 B 点时的竖直分速度为：

$$v_y = \dfrac{h_1 + h_2}{2T} = 2 \text{ m/s}$$

经过 B 点时速度大小为：

$$v = \sqrt{v_x^2 + v_y^2} = 2.5 \text{ m/s}$$

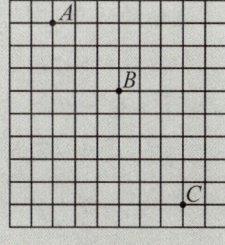

图 1-73

【答案】 10，1.5，2.5

二十一、自由落体运动

物体只在重力作用下开始自由下落的运动，是一种初速度为零的匀加速直线运动。加速度为 g，通常取 $g = 9.8 \text{ m/s}^2$。

【说明】

① 物体做自由落体运动的条件：初速度为零和只受重力作用。

② 自由落体运动的基本公式：

速度公式：$v_t = gt$。

位移公式：$s = \dfrac{1}{2}gt^2$。

速度位移公式：$v_t^2 = 2gs$。

③ 重力加速度与物体质量大小无关，与物体运动状态无关。在同一地点不同物体做自由落体运动的重力加速度均相同。

④ 重力加速度的方向始终竖直向下，其大小与物体在地球上所处的位置有关，与离地面的高度也有关，重力加速度随着纬度的增加而增加，随着高度的增加而减小。

二十二、竖直上抛运动

在离地面不太高的地方，物体以初速度 v_0 竖直向上抛出后，只受重力作用而做的运动。

【说明】

① 物体做竖直上抛运动的条件：物体具有竖直向上的初速度和物体只受重力作用。

② 处理方法

方法一分段法：上升过程中物体做匀减速直线运动，当 $v=0$ 时，物体到达运动的最高点。下降过程中物体做自由落体运动。

方法二整理法：从整体来看，运动的全过程加速度与初速度 v_0 方向始终相反，因此可以把竖直上抛运动看作是一个统一的匀变速直线运动，而上升阶段和下降阶段不过是整体运动的两个过程。若选 v_0 方向为正，重力加速度总取绝对值，竖直上抛运动的速度公式和位移公式为：

$$v_t = v_0 - gt$$
$$v_t^2 - v_0^2 = -2gh$$
$$h = v_0 t - \frac{1}{2}gt^2$$

③ 几个重要的特征量：最大高度 $H = \frac{v_0^2}{2g}$，上升时间 $t_{上} = \frac{v_0}{g}$，下降时间 $t_{下} = \frac{v_0}{g}$，物体从上升到落回原处所用时间 $t = \frac{2v_0}{g}$，落回抛出点的速度 $v = -v_0$（方向相反）。

④ 两个对称

一是速度对称：在上升和下降过程中通过同一位置时，其上升与下降速度大小相等，方向相反。

二是时间对称：在上升和下降过程中通过同一段高度其上升和下降时间相等。

【例题讲解 10】　飞机着陆后做匀减速运动，已知初速度是 60 m/s，加速度大小为 6 m/s²，求飞机着陆后 12 s 内位移是多大？

> 讲解
>
> 飞机着陆后做匀减速运动，速度减为零时就停下来。根据速度公式先求出飞机做匀减速运动的时间，根据速度公式：$v_t = v_0 + at$
>
> 得 $0 = 60 \text{ m/s} + (-6 \text{ m/s}^2) t$
>
> $t = 10 \text{ s} < 12 \text{ s}$
>
> 根据位移公式：$s = v_0 t + \frac{1}{2}at^2$
>
> 得 $s = \left[60 \times 10 + \frac{1}{2}(-6) \times 10^2\right] \text{ m} = 300 \text{ m}$

【答案】　300 m

【例题讲解11】 一个物体做匀加速直线运动，第1 s内的位移是6 m，第2 s末的速度为7 m/s，求：

（1）该物体第7 s内的位移。

（2）该物体前4 s内的位移。

讲解

应理解如下两点：第一，题意只说物体做匀加速直线运动，应理解为初速度不为零。第二，第7 s内的位移应是指第6 s末到第7 s末的1 s时间内的位移。

设物体初速度为v_0，加速度为a，第7 s内的位移为s_7，前4 s内的位移为s_4。

由位移公式 $s = v_0 t + \dfrac{1}{2}at^2$

得 $6\text{ m} = v_0 \times 1\text{ s} + \dfrac{1}{2}a \times (1\text{ s})^2$

根据速度公式：$v_t = v_0 + at$

得 $7\text{ m/s} = v_0 + a \times 2\text{ s}$

由以上两式得：$v_0 = \dfrac{17}{3}\text{ m/s}$，$a = \dfrac{2}{3}\text{ m/s}^2$

由位移公式得：

$s_7 = [v_0 \times 7\text{ s} + a \times (7\text{ s})^2] - [v_0 \times 6\text{ s} + a \times (6\text{ s})^2] = \dfrac{43}{3}\text{ m}$

由位移公式得：$s_4 = v_0 \times 4\text{ s} + \dfrac{1}{2}a \times (4\text{ s})^2 = 28\text{ m}$

【答案】（1）$\dfrac{43}{3}$ m；（2）28 m

本章重点知识拓展及梳理

匀变速直线运动

在相等的时间内速度的变化相同的直线运动。其特点是加速度 a 是一个恒量,其大小、方向都不变。

匀变速直线运动的基本规律

速度公式:$v_t = v_0 + at$。

位移公式:$s = v_0 t + \frac{1}{2} at^2$。

推论:$v_t^2 - v_0^2 = 2as$。

平均速度公式:$\bar{v} = \frac{v_t + v_0}{2}$。

【说明】

① 以上四个公式只适用于匀变速直线运动。

② 四个公式中只有两个是独立的,由任意两式可推导出另外两式。四个公式中有五个物理量,而两个独立方程只能有两个未知数,所以解题时须知三个已知物理量。

③ 式中的 v_0、v_t、a、s 均为矢量。应用时应规定正方向,凡与正方向相同者取正值,相反者取负值。所求矢量为正值表示与正方向相同,为负值表明与正方向相反。通常将 v_0 的方向规定为正方向。

④ 以上各式给出了匀变速直线运动的普遍规律,一切匀变速直线运动的差异就在于它们的 v_0、a 不完全相同。

例如:$v_0 \neq 0$,$a = 0$ 时,匀速直线运动;$v_0 = 0$,$a = g$ 时,自由落体运动;$v_0 \neq 0$,$a = g$ 时,抛体运动;$v_0 > 0$,$a > 0$ 时,匀加速直线运动;$v_0 > 0$,$a < 0$ 时,匀减速直线运动。

匀变速直线运动规律的推论

(1) 匀变速直线运动的物体,在任意两个连续相等的时间内位移之差是一个定值,即 $\Delta s = s_{i+1} - s_i = at^2 =$ 恒量。

(2) 匀变速直线运动的物体,在某段时间内的平均速度等于该段时间中间时刻的瞬时速度,即 $\bar{v} = v_{\frac{t}{2}} = \frac{v_t + v_0}{2}$。

(3) 做匀变速直线运动的物体,在某段位移中点的瞬时速度等于初速度 v_0 和末速度 v_t 平方和一半的平方根,即 $v_{\frac{s}{2}} = \sqrt{\frac{v_0^2 + v_t^2}{2}}$。

(4) 初速度为零的匀加速直线运动(设 t 为等分时间间隔):

① 1t 末、2t 末、3t 末……瞬时速度比为 $v_1:v_2:v_3:\cdots:v_n = 1:2:3:\cdots:n$

② 1t 内、2t 内、3t 内……位移之比为 $s_1:s_2:s_3:\cdots:s_n = 1:4:9:\cdots:n^2$

③ 第一个 t 内，第二个 t 内，第三个 t 内……位移之比为 $s_1:s_2:s_3:\cdots:s_n = 1:3:5:\cdots:(2n-1)$

④ 从静止开始通过连续相等的位移所用时间之比 $t_1:t_2:t_3:\cdots:t_n = 1:(\sqrt{2}-1):(\sqrt{3}-\sqrt{2}):\cdots:(\sqrt{n}-\sqrt{n-1})$

位移-时间（s-t）图像

物体运动的 s-t 图像表示物体的位移随时间变化的规律。与物体运动的轨迹无任何直接关系。如图 1-74 中 a、b、c 三条直线对应的 s-t 关系式分别为 $s = vt + s_0$，$s = vt$，$s = v'(t - t_0)$，都是匀速直线运动的位移图像，纵轴截距 s_0 表示 $t = 0$ 时，a 在 b 前方 s_0 处；横轴截距 t_0 表示 c 比 b 晚出发 t_0 时间；斜率表示运动速度，易见 $v' > v$；交点 P 可反映 t 时刻 c 追到 b。

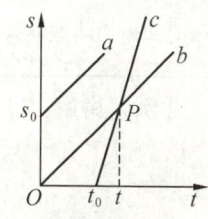

图 1-74

速度-时间（v-t）图像

物体运动的 v-t 图像表示物体运动的速度随时间变化的规律，与物体运动的轨迹无任何直接关系。如图 1-75 中 1、2、3、4 四条直线对应的 v-t 关系式分别为 $v = $ 常数，$v = v_0 + at$，$v = at$，$v = v_0 - at$，其中 1 是匀速运动的速度图像，其余都是匀变速直线运动的速度图像。纵轴截距 v_0 表示 2、4 的初速，横轴截距 t_0 表示匀减速直线运动到速度等于零时需要的时间。斜率表示运动的加速度，且斜率为负者（如 4）对应于匀减速直线运动。图线下边覆盖的面积表示运动的位移。两图线的交点 P 可反映在 t 时刻两个运动（3 和 4）有相同的速度。

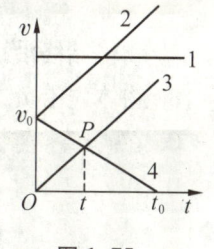

图 1-75

s-t 图像与 v-t 图像的比较

图 1-76 和下表是形状一样的图线在 s-t 图像与 v-t 图像中的比较。

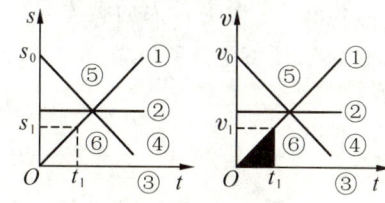

图 1-76

s-t 图	v-t 图
①表示物体做匀速直线运动（斜率表示速度 v）	①表示物体做匀加速直线运动（斜率表示加速度 a）
②表示物体静止	②表示物体做匀速直线运动
③表示物体静止	③表示物体静止
④表示物体向反方向做匀速直线运动，初位移为 s_0	④表示物体做匀减速直线运动，初速度为 v_0
⑤交点的纵坐标表示三个运动质点相遇时的位移	⑤交点的纵坐标表示三个运动质点某时刻的共同速度
⑥t_1 时间内物体位移为 s_1	⑥t_1 时刻物体速度为 v_1（图中阴影部分面积表示质点在 $0\sim t_1$ 时间内的位移）

【例题讲解 12】 如图 1-77 所示，为一物体做匀变速直线运动的速度图像，根据图像作出的以下几个判断中，正确的是(　　)

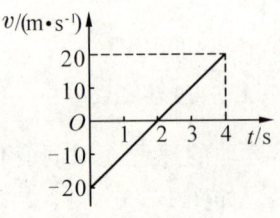

图 1-77

A. 物体始终沿正方向运动

B. 物体先沿负方向运动，在 $t=2$ s 后开始沿正方向运动

C. 在 $t=2$ s 前物体位于出发点负方向上，在 $t=2$ s 后位于出发点正方向上

D. 在 $t=2$ s 时，物体距出发点最远

【讲解】
　　物体的运动方向即是速度方向，从图像可知，物体在 2 s 前速度是负的，即是沿负方向运动，而 2 s 后速度为正的，即沿正方向运动，所以选项 A 是错误的，B 是正确的。
　　物体的位置由位移决定，物体在某段时间的位移等于这段时间所对应的 v-t 图像所围的面积的代数和。由图可知物体在 2 s 时有最大的负方向位移，2 s 后（在 4 s 前）虽然物体运动方向改为正的，但它的位移仍是负的（在第 4 s 末物体回到原点），故选项 C 是错误的，而选项 D 是正确的。

【答案】 B，D

【例题讲解 13】 一物体以 3 m/s 的速度匀速向东运动了 4 s 后，立即以 4 m/s 的反向速度匀速向西运动了 4 s，作出物体的 s-t 图像和 v-t 图像，并由 v-t 图像求出位移和路程。

>【讲解】
>
> 以向东为正方向，以开始以 3 m/s 的速度向东匀速运动的时刻为计时起点，则物体在 0～4 s 内的速度 $v = 3$ m/s，物体在 4～8 s 内速度为 $v = -4$ m/s，其 v-t 图像如图1-78所示。
>
>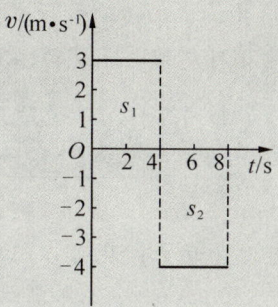
>
> 图 1-78
>
> 以 $t = 0$ 时刻物体所在位置为 s 轴坐标原点，在 $t = 4$ s 时，物体的位移为：
> $s_1 = v_1 t_1 = (3 \times 4)$ m $= 12$ m
> 物体在 $t = 8$ s 时，物体的位移为：
> $s_2 = v_1 t_1 + v_2 t_2 = [3 \times 4 + (-4) \times 4]$ m
> $ = -4$ m
>
> 则物体在 0～8 s 内，s-t 图像如图1-79所示。
> 由图 1-68 可知，总路程为 $s' = (2 \times 12 + 4)$ m $= 28$ m
>
>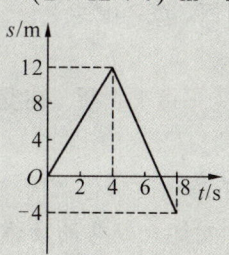
>
> 图 1-79

【说明】 画 s-t 图像和 v-t 图像时，须先确定正方向、计时起点和 s 轴的坐标原点。

摩擦力分类

滑动摩擦力、静摩擦力和滚动摩擦力。

滑动摩擦力

一个物体在另一个物体表面上相对于另一个物体滑动时，受到另一个物体阻碍它相对滑动的力。

【说明】 滑动摩擦力的方向：跟接触面相切，并且跟物体的相对运动方向相反（相对是指相对于接触的物体）。

【例题讲解 14】 试判定下列两种情况下物体所受的摩擦力方向：（1）沿水平地面向右滑动的木箱；（2）放在匀速运动的水平传输带上的物体。

讲解

（1）因为木箱相对水平地面向右运动，所以它受到地面给它向左的滑动摩擦力作用，它阻碍着木箱向右运动。（2）物体放上传输带后，在初始的一段时间内，物体的速度尚未达到皮带的运动速度，物体相对皮带向后滑动，所以物体受到皮带给它向前的滑动摩擦力作用，它推动物体向前运动，当物体的速度达到皮带的速度后，物体与皮带间无相对运动，保持着水平方向的匀速直线运动状态，所以不再受摩擦力的作用。

【说明】

① 摩擦力既可以是阻力，也可以是动力；既可以与物体的运动方向相同，也可以与物体的运动方向相反。

② 滑动摩擦力大小：滑动摩擦力 F 跟压力成正比，即 $F = \mu N$，其中 μ 为动摩擦因数，μ 的数值与相互接触的材料、接触面的粗糙程度有关，没有单位。

静摩擦力

一个物体相对另一个物体有相对运动趋势而又保持相对静止时，在接触面产生的阻止相对运动发生的力。

1. 静摩擦力的方向：与接触面相切，并与物体的相对运动趋势方向相反。

2. 最大静摩擦力 F_{max}：静摩擦力的最大值。

$F_{max} = \mu_s F_N$（μ_s 为最大静摩擦因数，$\mu_s \geq \mu$）。

3. 静摩擦力的大小：$0 \leq F \leq F_{max}$。

在二力平衡问题中，$F_{静}$ 大小由二力平衡来判断，在没达到最大值时与压力 F_N 不成正比。

【说明】

（1）静摩擦力不一定发生在两个静止的物体之间

静摩擦力产生在相互接触且有相对运动趋势的物体之间，但并非只有静止的物体才受到静摩擦力作用，例如，如图 1-80 所示，A、B 两物体叠放在一起，在 A 上施加一水平拉力，使 A，B 一起沿水平地面匀速运动，则 A 相对 B 有向右滑动的趋势，故它受到向左的静摩擦力，而 B 相对于 A 有向左滑动的趋势，故 B 受到向右的静摩擦力。从该例可以看出，运动的物体可以受到静摩擦力作用，静摩擦力可以是阻力，也可以是动力。

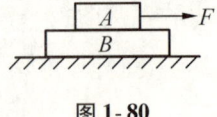

图 1-80

（2）如何判断静摩擦力的方向

静摩擦力的方向沿着两物体接触面的切线，与相对运动趋势的方向相反，而相对运动趋势的方向又难以判断，这就使静摩擦力方向的判断成为一个难点。判断静摩擦力的方向常用下列方法：

①用假设法判断静摩擦力的方向。

我们可以假设接触面是光滑的，判断物体将向哪儿滑动，从而确定相对运动趋势的方向，进而判断出静摩擦力的方向。例如，如图1-81所示，物体A静止在斜面B上，要判断A所受静摩擦力的方向，可以假设斜面光滑，则物体A将沿斜面下滑，说明物体静止在斜面上时有相对斜面向下滑的趋势，从而判定A所受的静摩擦力方向沿斜面向上。

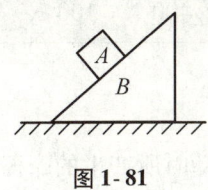

图1-81

②根据物体的运动状态判断静摩擦力的方向。

例如，如图1-70所示，在拉力F作用下，A、B一起在水平地面上做匀速运动。对A来说，它在水平方向受到向右的拉力F而处于平衡状态，根据平衡条件知，A必然受沿A、B接触面向左的静摩擦力作用。由于物体B相对地面向右滑动，所以B在地面上受到向左的滑动摩擦力作用，根据平衡条件可知在A、B接触面上，B受到向右的静摩擦力。

【例题讲解15】 下列关于物体受静摩擦力作用的叙述中，正确的是(　　)

A. 静摩擦力的方向一定与物体的运动方向相反

B. 静摩擦力的方向不可能与物体的运动方向相同

C. 静摩擦力的方向可能与物体的运动方向垂直

D. 静止的物体所受的静摩擦力一定为零

讲解

静摩擦力的方向总是与物体的相对运动趋势的方向相反，而物体相对运动趋势的方向可能与物体运动的方向相同（如随传送带做加速运动的物体），也可能与物体运动方向相反（如随传送带做减速运动的物体），还可能与物体运动方向垂直（如随车厢一起做加速运动的车厢后壁上的相对于车厢静止的物体，如图1-82所示）。静止的物体所受的静摩擦力是否一定为零呢？你用力去推静止在地面上的木箱但未推动，此时木箱显然受到了地面的静摩擦力的作用。

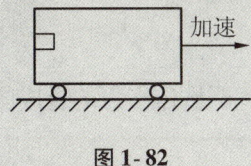

图1-82

【答案】 C

【例题讲解16】 重力为400 N的木箱放在水平面上，木箱与地面的最大静摩擦力是120 N，动摩擦因数为0.25。如果分别用70 N和150 N的水平力推木箱，木箱受到的摩擦力分别是多少？

> **讲解**
>
> 本题考查摩擦力的计算。
>
> 计算摩擦力时应先判断是静摩擦力还是滑动摩擦力。用70 N的水平力推木箱时，推力小于最大静摩擦力，木箱不动，由二力平衡得此时木箱受的静摩擦力大小为70 N。
>
> 当用150 N的水平力推木箱时，推力大于最大静摩擦力，物体相对地面运动，此时的滑动摩擦力为 $f = \mu N = \mu mg = 0.25 \times 400 \text{ N} = 100 \text{ N}$。

滚动摩擦

一个物体在另一个物体表面上滚动时所产生的摩擦叫作滚动摩擦。当压力相同时，滚动摩擦比滑动摩擦小得多，滚动轴承就是利用滚动摩擦小的特点制成的。

力的合成

（1）力的合成：若一个力作用在物体上所产生的效果跟几个力共同作用产生的效果相同，则这个力叫那几个力的合力，而那几个力叫这个力的分力，求几个力的合力叫作力的合成。

（2）共点力：几个力如果都作用在物体的同一点或它们的作用线（延长线）相交于同一点，这几个力叫共点力。

（3）力的平行四边形定则：实验表明，力的合成遵循平行四边形定则，求两个互成角度的力的合成，可以用表示这两个力的线段为邻边作平行四边形，它的对角线就表示合力的大小和方向，求两个以上力的合成时，可依次进行。

【说明】
① 力的合成是唯一的。
② 不同性质的力也可以合成。
③ 只有同一个物体或系统所受的力才可合成。
④ 合力与分力是等效替换的关系，不是重复受力。

力的合成求解方法

（1）作图法：要选取统一标度，严格作出力的合成图示，由图示求出合力的大小和方向（与某一个分力的夹角）。

注意：合力和分力的作用点相同，实线与虚线要分清。

（2）计算法：先作出力的合成示意图，然后运用数学知识（如正弦定理、余弦定理、相似三角形或直角三角形知识）求解。

合力与分力的关系

（1）共点的两个力（F_1、F_2）的合力（F）的大小，与它们的夹角（θ）有关：θ 越

大，合力越小；θ 越小，合力越大。合力可能比分力大，也可能比分力小，F_1 与 F_2 同向时合力最大，F_1 与 F_2 反向时合力最小，合力的取值范围是 $|F_1-F_2|\leq F\leq F_1+F_2$。

（2）共点的三个力，如果任意两个力的合力最小值小于或等于第三个力，那么这三个共点力的合力可能等于零。

（3）合力可能比分力大，也可能比分力小，也可能等于某一个分力。

【说明】 若力 F_1、F_2 的夹角为 θ，则合力的大小可由余弦定理求得 $F=\sqrt{F_1^2+F_2^2+2F_1F_2\cos\theta}$，式中 θ 为 F_1 与 F_2 间的夹角。由上式可知：

a. 当 $\theta=0°$ 时，$F=F_1+F_2$；

b. 当 $\theta=180°$ 时，$F=|F_1-F_2|$；

c. 当 $\theta=90°$ 时，$F=\sqrt{F_1^2+F_2^2}$；

d. 当 $\theta=120°$，且 $F_1=F_2$ 时，$F=F_1=F_2$；

e. 若 θ 在 $0\sim180°$ 内变化，当 θ 增大（减小）时，F 随之减小（增大）。

力的分解

求一个力的分力叫作力的分解。

力的分解方法

力的分解是力的合成的逆运算，同样遵守平行四边形定则，把一个已知力 F 作为平行四边形的对角线，画平行四边形，与力 F 共点的平行四边形的两条邻边就表示两个力分力的大小与方向。

（1）按力的作用效果分解。

（2）正交分解：把一个力分解为相互垂直的分力。

其步骤是：

① 正确选择坐标系，通常选取共点力的作用点为坐标原点 O，直角坐标系的选取应使尽可能多的力表示在坐标轴上。

② 将各力沿 x、y 轴分解。

③ 求 x、y 轴上的合力 F_x、F_y：
$$F_x=F_{x1}+F_{x2}+\cdots, \quad F_y=F_{y1}+F_{y2}+\cdots。$$

④ 求合力 $F_合$：$F_合=\sqrt{F_x^2+F_y^2}$，

合力的方向与 x 轴夹角 θ：$\tan\theta=\dfrac{F_y}{F_x}$。

力的分解情况

（1）已知两分力求合力有唯一解，而求一个力的两个分力，如不限制条件则有无数组解。如图图 1-83（a）所示，力 F 可在不同方向上进行分解。

（2）已知合力和两个分力的方向，可求得两个分力的大小。如图 1-83（b）所示。

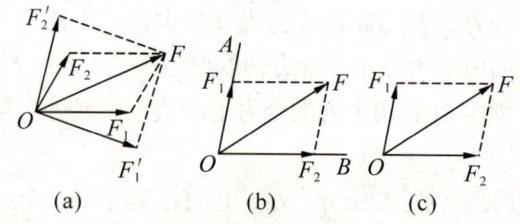

(a)　　　　　(b)　　　　　(c)

图 1-83

（3）已知合力和一个分力的大小和方向，可求得另一个分力的大小和方向。

如图 1-83（c）所示，已知合力 F，分力 F_1，则连接合力 F 和分力 F_1 的矢端，即可作出力的平行四边形得另一分力 F_2。

（4）已知合力、一个分力 F_1 的大小与另一分力 F_2 的方向，求 F_1 的方向和 F_2 的大小（有一组解或两组解）。

如图 1-84 所示，若 $F_1 = F\sin\theta$，有一组解；若 $F > F_1 > F\sin\theta$，有两组解；若 $F_1 \geqslant F$，有一组解。

图 1-84　　　　　　　　　　图 1-85

【说明】　在实际问题中，一般根据力的作用效果或处理问题的方便需要进行分解。

如何准确地进行力的分解？

要想准确地进行力的分解，关键是按力的作用效果进行分解，在图 1-85 中，重力有两个作用效果，一是使物体沿斜面下滑，二是使物体压紧斜面，故可将重力沿平行于斜面和垂直于斜面两个方向分解。

作用力和反作用力跟平衡力的区别

（1）作用物体不同。作用力和反作用力是作用在两个不同的物体上，而平衡力只作用在同一物体上。

（2）力的性质不同。作用力和反作用力必是同性质的力，而平衡力可以是性质不同的一对力。

（3）力的作用时间不同。作用力和反作用力同时产生、同时变化、同时消失，而一对平衡力中的一个力消失时另一个力可以存在。

（4）作用的效果不同。作用力与反作用力作用在两个不同物体上，效果可以不同，作用力和反作用力不存在平衡问题。而一对平衡力的作用效果是使物体处于平衡状态。

【说明】　作用力和反作用力是"异体（相互作用的两物体）、共线（作用在同一直线上）、等值（大小相等）、反向（方向相反）、同性（同种性质的力）、同存（同时存在同时消失）"，平衡力是"同体（作用在同一物体上）、共线、等值、反向"。

第二章 机械能

牛顿第二运动定律研究的是力与物体运动状态的改变（即加速度）之间的关系，力对于运动，难道仅仅只有推动和阻碍的效果吗？不，力作用于物体的过程，不仅和速度的变化有联系，还与其他物理量的变化紧密联系在一起，下面我们将要讨论，当力持续作用于物体上，并使物体发生一段位移，物体的运动状态将发生怎样的变化呢？本章将在初中学过的有关功与能的初步知识的基础上，进一步介绍功、功率、动能和重力势能的概念及定量关系，讨论功和能量转化之间的关系，并学习和应用动能定理和机械能守恒定律来解决有关问题。

1. 认识功和功率的概念，学会计算功和功率。
2. 了解并掌握动能定理的内容及应用。
3. 学习掌握势能和机械能守恒定律的内容及应用。

第一节 功 功率

一、功

1. 功的概念

一个物体受到力的作用，如果在力的方向上发生一段位移，人们就说这个力对物体做了功，例如：一个煤矿工人用水平推力推着矿车在水平地面上移动时，工人就对矿车做了功；又如起重机吊起重物时，使重物上升了一段距离也对重物做了功；人拉着一个物体，并使物体移动一段位移，拉力对物体做了功。但是，如果一个人提着一物体在水平路上走了一段位移，我们说他没有做功，原因是在力的方向（竖直方向）上物体没有发生位移。

由此可知，力和物体在力的方向上发生的位移是做功的两个必不可少的因素。

2. 功的计算

力学中规定：如果力的方向与物体运动的方向一致，功就等于力的大小和位移大小的乘积，如图2-1所示。用 F 表示力的大小，用 s 表示位移的大小，用 W 表示力 F 所做的功，则有

$$W = Fs \tag{2-1}$$

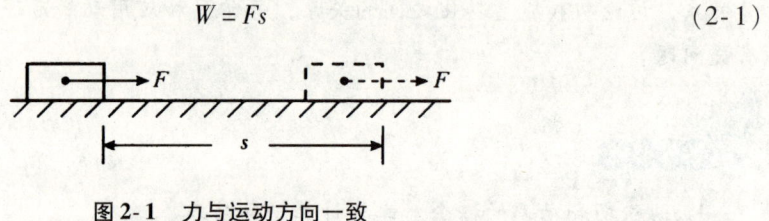

图2-1 力与运动方向一致

上式只适用于 F 和 s 的方向一致的情况。但在实际中，作用力 F 的方向不一定与物体运动的方向一致，而是力的方向与物体运动方向成某一角度（图2-2）。这种情况通常可以把力 F 分解为两个力：跟位移方向一致的分力 F_1，跟位移方向垂直的分力 F_2。设物体在力 F 作用下发生的位移的大小是 s，则分力 F_1 所做的功为 F_1s；分力 F_2 的方向跟位移的方向垂直，物体在 F_2 的方向上没有发生位移，F_2 所做的功为零。因此，力 F 对物体做的功 W 等于 F_1s，而 $F_1 = F\cos\alpha$，所以

$$W = Fs\cos\alpha \tag{2-2}$$

这就是说，力对物体所做的功，等于力的大小、位移的大小、力和位移的夹角的余弦三者的乘积。

在国际单位制中，功的单位是焦耳，简称焦，用符号 J 表示。1 J 等于 1 N 的力使物体在力的方向上发生 1 m 的位移时所做的功，即

$$1\text{ J} = 1\text{ N} \times 1\text{ m} = 1\text{ N} \cdot \text{m}$$

功的计算公式 $W = Fs\cos\alpha$ 只适用于大小和方向均不变的恒力做功。

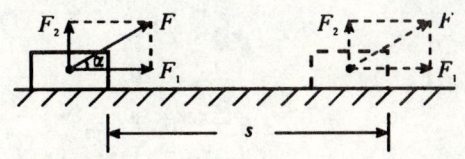

图 2-2　力与运动方向成角度

3. 正功和负功

功是标量，没有方向，但有正、负，其运算遵循代数运算法则。

对公式 $W = Fs\cos\alpha$ 讨论可知：

（1）当 $\alpha = 90°$ 时，$\cos\alpha = 0$，$W = 0$。这表明力 F 的方向跟位移 s 的方向垂直时，力 F 不做功。例如物体在水平面上运动时，支持力和重力不做功，因为支持力和重力跟位移方向垂直，如图 2-3 所示。

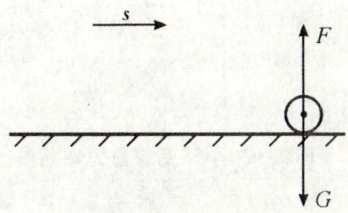

图 2-3　支持力和重力不做功

（2）当 $\alpha < 90°$ 时，$\cos\alpha > 0$，$W > 0$，这表示力 F 对物体做正功（图 2-4）。例如，人用力推车前进时，人的推力 F 做正功。

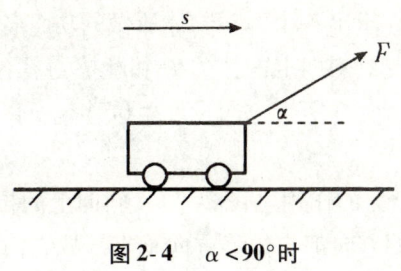

图 2-4　$\alpha < 90°$ 时

（3）当 $90° < \alpha \leqslant 180°$ 时，$\cos\alpha < 0$，$W < 0$。这表示力对物体做负功（图 2-5）。例如人推车时，摩擦力对车做负功。

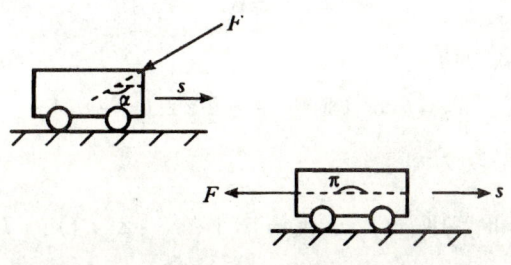

图 2-5　$90° < \alpha \leqslant 180°$ 时

负功的另一种说法

一个力作用于物体，可以对物体做正功、做负功，也可能不做功，功的正负并不表示功有方向，而是"谁对谁做功"的问题。一个力对物体做负功，往往说成物体克服这个力做了正功，这两种说法在意义上是等同的。

例如竖直向上抛出的球，在向上运动的过程中，重力对球做了 –6 J 的功，可以说成球克服重力做了 6 J 的功（图 2-6）。可以证明，当物体在几个力的共同作用下发生一段位移时，这几个力对物体所做的总功等于这几个力所做的功的代数和。

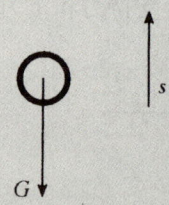

图 2-6 小球克服重力做功

[例题1] 一个质量 $m = 2$ kg 的物体受到与水平方向成 37°角斜向上的拉力 $F = 10$ N，在水平地面上移动的距离 $s = 2$ m，如图 2-7 所示。物体与地面间的滑动摩擦力 $f = 4.2$ N。求：(1) 外力对物体所做的总功；(2) 合力对物体所做的功。($\cos 37° = 0.8$)

分析 分析物体的受力，求出各个力对物体所做的功，各个力所做功的代数和即为总功。由题意可知，物体本身受到斜向上的拉力 F 和摩擦力 f 不在同一直线上，所以，把 F 分解在水平和竖直方向上，因为在竖直方向没发生位移，所以竖直方向的分力不做功，只有水平方向的分力做了功。

解 (1) 物体共受四个力的作用（图 2-7）：斜向上的拉力 F、摩擦力 f、支持力 N、重力 G。由于重力和支持力的方向都与位移方向垂直，故它们不做功。即

$$W_G = 0 \qquad W_N = 0$$

拉力 F 对物体做的功为

$$W_1 = Fs\cos 37° = 16 \text{ J}$$

摩擦力 f 对物体所做的功为

$$W_2 = fs\cos 180° = -4.2 \times 2 \text{ J} = -8.4 \text{ J}$$

外力对物体所做的总功为

$$W = W_G + W_N + W_F + W_f = 16 \text{ J} + (-8.4 \text{ J}) = 7.6 \text{ J}$$

(2) 物体所受的合力为 $F_合 = F\cos 37° - f$，其方向与运动方向相同。因此

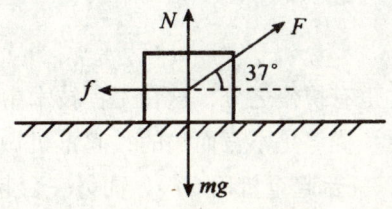

图 2-7 例题 1 图

$$W = F_合 s = (F\cos 37° - f)s = (10 \times \cos 37° - 4.2) \times 2 \text{ J} = 7.6 \text{ J}$$

由上题可以看出，物体所受的几个力对物体所做的总功等于这几个力的合力对物体所做的功。可见，总功的计算方法有两种：一种是先求出这几个力的合力 $F_合$，再根据 $W_合 = F_合 s\cos \alpha$ 计算总功；另一种方法是先分别求出各力对物体做的功，再求和。

[**例题 2**] 如图 2-8 所示，升降机以速度 v 向上匀速运动，物体 m 相对斜面静止。试分析物体所受的各个力的做功情况。

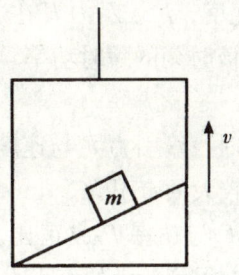

图 2-8 例题 2 图（一）

分析 物体共受三个力的作用（图 2-9）：竖直向下的重力 G，垂直斜面向上的支持力 N，平行于斜面向上的静摩擦力 f。由于重力的方向与位移方向相反，故做负功；支持力的方向与位移方向的夹角小于 90°，支持力做正功；静摩擦力的方向与位移方向的夹角也小于 90°，所以静摩擦力做正功。

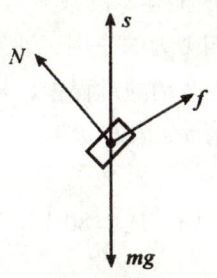

图 2-9 例题 2 图（二）

二、功率

工作有效率的问题，做功也有快慢之分，这在工程技术中更有实际意义。在煤矿开采时，矿山机械和人工开采相比，优势是不言而喻的；起重机做功也有快慢之分，例如：把 1 t 重的货物提高一定的距离，一台起重机用 60 s，而另一台起重机只用 10 s 就可以完成。

在物理学中，功 W 跟完成这些功所用的时间 t 的比值叫作功率。功率是表示物体做功快慢的物理量。用 P 表示功率，则有

$$P = W/t \tag{2-3}$$

在国际单位制中，功率的单位是瓦特，简称瓦，符号是 W。1 W = 1 J/s。瓦这个单位比较小，工程上常用千瓦（kW）作功率的单位。1 kW = 1 000 W。

功率也可以用力和速度来表示，在作用力方向和位移方向相同的情况下 $W = Fs$。把此式代入功率的公式中可得 $P = F \cdot (s/t)$，而 $s/t = v$，所以

$$P = Fv \tag{2-4}$$

这就是说，力 F 的功率等于力 F 和物体运动速度 v 的乘积。物体做变速直线运动时，上式中的 v 表示在时间 t 内的平均速度，P 表示力 F 在这段时间 t 内的平均功率。如果 v 表示某一时刻的瞬时速度，则 P 表示该时刻的瞬时功率。

现在我们讨论 $P = F \cdot v$ 的意义。

①当发动机的输出功率 P 一定时，牵引力 F 与速度成反比，例如汽车上坡时，司机常用换挡的办法减小速度，才能得到较大的牵引力。

②速度 v 保持一定时，牵引力 F 与功率 P 成正比。例如汽车上坡时，要保持速度不变，必须加大油门，增大输出功率，得到较大的牵引力。

③保持牵引力 F 不变时，速度 v 与功率成正比，例如起重机在竖直方向匀速吊起某一重物时，牵引力与重物的重量相等，牵引力保持不变，发动机的输出功率越大，起吊的速度就越大。

[**例题 3**] 质量为 $m = 4.0$ t，额定功率 $P_m = 80$ kW 的汽车，从静止出发沿平直公路行驶，所受阻力 $f = 4.0 \times 10^3$ N。已知启动的前 10 s 内，牵引力恒定为 $F = 8.0 \times 10^3$ N，求：（1）第 5 s 末的功率 P_1；（2）汽车所能达到的最大行驶速度 v_m。

分析 汽车行驶过程中，共受四个力的作用，即发电机牵引力 F、阻力 f、重力 G、地面的支持力 N。在汽车做匀加速直线运动的过程中，根据受力情况可求出其加速度，再由运动学公式得到末速度，就可求出第 5 s 末的功率。而要汽车以最大速度行驶，则牵引力与阻力相等。

解 已知：$m = 4.0$ t $= 4.0 \times 10^3$ kg，$P_m = 80$ kW $= 8.0 \times 10^4$ W，$t = 5$ s，$F = 8.0 \times 10^3$ N，$f = 4.0 \times 10^3$ N，求 P_1，v_m。

卡车在前 5 s 内做匀加速直线运动，其加速度为

$$a = \frac{F - f}{m} = 1.0 \text{ m/s}^2$$

卡车的初速度 $v_0 = 0$，第 5 s 末的速度为

$v = at = 5.0 \text{ m/s}$

(1) $P_1 = Fv = 4.0 \times 10^4 \text{ W}$。

(2) 当卡车在额定功率下行驶而牵引力最小，即等于阻力时，卡车达到最大速度，所以 $v_m = P_m/f = 20 \text{ m/s}$。

习题 2.1

1. 填空题

(1) 做功的两个必不可少的因素是_____和_____。

(2) 一辆汽车的功率为 2 kW，如果汽车此时运动的速度为 20 m/s。若不计阻力，则此时车的牵引力 F 的大小为_____N。

2. 选择题

(1) 某人从梯子底端走到梯子顶端，第一次用了 30 s。第二次用了 1 min。他前后两次克服重力做的功（　　）

A. 功相同，功率相同　　　　　　B. 功不同，功率不同

C. 功相同，功率不同　　　　　　D. 功不同，功率相同

(2) 正功和负功决定于（　　）

A. 力的方向　　　　　　　　　　B. 位移的方向

C. 力和位移方向间的夹角　　　　D. 力的性质

(3) 下述关于功率的说法中正确的是（　　）

A. 由 $P = W/t$ 知，只要知道 W 和 t，就可以求出任意时刻的功率

B. 由 $F = P/v$ 知，牵引力与其运动速度成反比

C. 由 $P = Fv$ 知，汽车的功率一定与其速度成正比

D. 汽车的发动机达到额定功率时，牵引力等于阻力，汽车的速度为最大

3. 计算题

(1) 马拉着质量为 500 kg 的雪橇在水平的冰道上匀速前进，雪橇与冰的摩擦系数为 0.035。求雪橇前进 500 m 时，马对雪橇做的功和摩擦力对雪橇做的功。

(2) 如图 2-10 所示，物体在力 F 的作用下、在水平面上发生一段位移 s，试分别计算在这三种情况下力 F 对物体所做的功，设在这三种情况下力、位移的大小都相同：$F = 10 \text{ N}$，$s = 2 \text{ m}$。角 θ 如图 2-10 所示其大小分别为 120°，30°，60°。

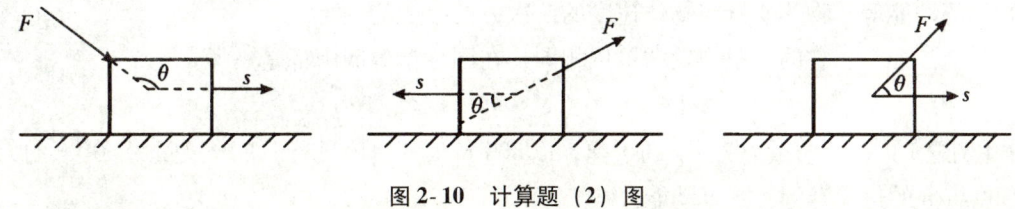

图 2-10　计算题（2）图

(3) 质量为 2 kg 的物体，受到 24 N 竖直向上的拉力作用，由静止开始向上运动（$g = 10 \text{ m/s}^2$），在 5 s 末时，求：①拉力对物体做了多少功？②重力对物体做了多少功？③5 s 末拉力做功的瞬时功率？

第二节 动能 动能定理

一、能

在日常生活中我们会发现，一辆急刹车的汽车，能够克服刹车阻力而做功，从而继续前进一段距离；建筑工地上打桩机落下的重锤，能把水泥桩砸入地下而做功，如果一个物体具有做功的本领，我们就说这个物体具有能量，简称能。例如，流动的河水能够推动水轮做功，流动的河水具有能；举到高处的重物下落时能够把木桩打进地里而做功，举高的物体也具有能量。

能量有多种形式，不同的运动形式对应不同形式的能。如：与机械运动有关的机械能、与热运动有关的内能、与电磁运动有关的电能等。不同形式的能可以互相转化，但在能量转化的过程中，必然伴随着做功。

做功的过程就是能量转化的过程，做了多少功，就有多少能量发生转化，例如：举重运动员能举起杠铃、对杠铃做功，就是将运动员的化学能转化为杠铃的势能。所以，功是能量转化的量度。能量是状态量，由物体的状态决定。

能和功的单位相同，在国际单位制中都是焦耳（J）。

二、动能

任何一个运动着的物体都具有对外做功的本领，例如风推动风车做功，锤子砸钉子做功等。

物体由于运动而具有的能量叫作动能。实验表明，物体的质量越大，速度越大，它的动能就越大。

在物理学中用 $\frac{1}{2}mv^2$ 表示物体的动能，用 E_k 表示，则

$$E_k = \frac{1}{2}mv^2 \tag{2-5}$$

即物体的动能等于物体质量与物体速度的二次方的乘积的一半。

动能是标量，它的单位与功的单位相同，在国际单位制中都是焦耳。

$$1 \text{ J} = 1 \text{ kg/(m}^2 \cdot \text{s}^{-2}) = 1 \text{ N} \cdot \text{m}$$

[**例题 1**] 一个质量为 7.8 g 的子弹，以 800 m/s 的速度飞行。一个质量为 60 kg 的人，以 3.0 m/s 的速度奔跑，哪个动能大？

解 子弹的动能为

$$E_{k1} = \frac{1}{2}m_1v_1^2 \times 7.8 \times 10^{-3} \times 800^2 \text{ J} = 2.5 \times 10^3 \text{ J}$$

人的动能为

$$E_{k2} = \frac{1}{2}m_2v_2^2 = \frac{1}{2} \times 60 \times 3^2 \text{ J} = 2.7 \times 10^2 \text{ J}$$

由计算结果可知，子弹的动能比人的动能大。

三、动能定理

下面我们思考以下两个问题：

（1）小球在自由落体过程中，重力对它做正功还是负功？其动能如何变化？

（2）木块被弹簧弹出后沿水平桌面滑动，木块受哪些力的作用？这些力做功的情况如何？木块的动能又如何变化？

显然小球在自由下落过程中，重力做正功，使小球的速度越来越大，动能是增加的，被弹簧弹出后沿水平桌面运动的木块，受三个力的作用，重力和支持力都不做功，且相互抵消，摩擦力对木块做负功，使其速度减小而动能越来越小直到为零。现在我们用数学推导的方法来研究合外力做功与物体动能的变化关系。

设质量为 m 的物体，初速度为 v_1，在水平恒力 F 的作用下，沿水平方向向右运动，经过位移 s 后，速度为 v_2（图 2-11）。

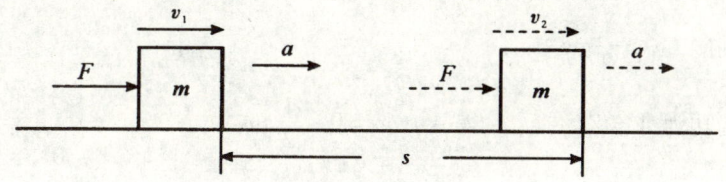

图 2-11 合外力做功与动能的关系

在这一过程中，外力 F 所做的功

$$W = Fs \quad (2\text{-}6)$$

根据牛顿第二运动定律有

$$F = ma \quad (2\text{-}7)$$

又由运动学公式

$$s = \frac{v_2^2 - v_1^2}{2a} \quad (2\text{-}8)$$

由式（2-6），式（2-7），式（2-8）可得到

$$Fs = \frac{1}{2}mv_2^2 - \frac{1}{2}mv_1^2$$

即

$$W = \frac{1}{2}mv_2^2 - \frac{1}{2}mv_1^2$$

$$W = E_{k2} - E_{k1}$$

上式中 $\frac{1}{2}mv_2^2$ 为物体的末动能 E_{k2}，$\frac{1}{2}mv_1^2$ 为物体的初动能 E_{k1}，所以有

$$W = E_{k2} - E_{k1} \qquad (2\text{-}9)$$

这表明合外力对物体所做的功等于物体动能的增量，这个结论就叫作动能定理。

对动能定理的分析

由动能定理可知：当合外力对物体做正功时，物体的动能就增加；当合外力对物体做负功时，物体的动能就减小；当合外力为零或合外力对物体不做功时，物体的动能不变。

这一定理也适用于曲线运动和变力做功的情况。

[**例题 2**] 质量为 m 的木块被压缩的弹簧弹出，在水平桌面上滑行了 s 距离后停止，若木块与桌面间动摩擦系数为 μ，求木块刚被弹出时的速度？

分析 木块在桌面阻力的作用下做匀速直线运动最后停止下来，根据动能定理，便可求出木块被弹簧弹出时的速度。

解 物体的末动能 $E_{k2} = 0$

物体的初动能 $E_{k1} = \dfrac{1}{2} m v_1^2$

合外力做的功为 $W = E_{k2} - E_{k1}$ 得 $-\mu m g s = 0 - \dfrac{1}{2} m v_1^2$

即 $2\mu g s = v_1^2$

所以 $v_1 = \sqrt{2\mu g s}$

[**例题 3**] 质量为 0.5 kg 的小球，从离地面 20 m 高处落下，着地时，小球的速度为 18 m/s，求下落过程中空气对小球的平均阻力？

分析 小球从静止开始下落 h 高度的过程中，只受重力 G 和空气阻力 f 作用，重力做正功，阻力做负功，合外力的功为 $(mg - f)h$。小球的初速度为零，初动能 E_{k1} 也为零。小球着地时的动能 $E_{k2} = \dfrac{1}{2} m v_2^2$。

解 根据动能定理得 $(mg - f)h = \dfrac{1}{2} m v_2^2 - 0$

所以 $f = mg - \dfrac{1}{2h} m v_2^2 = \left(0.5 \times 9.8 - \dfrac{0.5 \times 18^2}{2 \times 20}\right)$ N $= 0.85$ N

动能定理指出了外力对物体所做的总功与物体动能变化之间的关系，应用动能定理解题比牛顿第二运动定律结合运动学公式解题适用条件更加宽泛，且不涉及中间的物理状态。因此更加简捷方便。

习题 2.2

1. 填空题

（1）当能量从一种形式转化为另一种形式时，所转化的能量可以用_____度量，运动员推铅球的过程中，_____力对铅球做功，_____能转化成铅球的动能，子弹穿入墙壁的过程中，子弹克服_____做功，子弹的动能转化成_____能。

(2) 合外力对物体做正功时，物体的动能_____，物体克服阻力做功时，物体的动能_____，物体动能的_____与合外力对它做的功在数值上相等。

2. 选择题

(1) 以下说法正确的是（ ）

A. 如果甲物体的速度是乙物体的2倍，那么甲物体的动能一定是乙物体的2倍

B. 如果甲物体的质量是乙物体的2倍，那么甲物体的动能一定是乙物体的2倍

C. 如果甲、乙两物体质量相同，甲的速度是乙的2倍，则甲的动能是乙的2倍

D. 甲、乙两物体质量不同、速度也不同，两物体的动能有可能相同

(2) 关于物体的动能，下列说法中正确的是（ ）

A. 两物体的质量相同，速度大小相等，方向不同，则两物体的动能不相等

B. 摩擦力做功，一定使物体的动能减小

C. 只要牵引力对物体做功，一定使物体的动能增加

D. 只要外力对物体做功为零，则物体的动能就不变化

(3) 如图 2-12 所示，子弹穿过一块固定的木板后速度为 600 m/s，比原来少 400 m/s，则下列说法正确的是（ ）

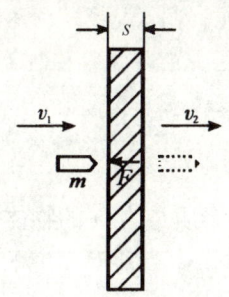

图 2-12 选择题（3）图

A. 子弹穿过同样的第二块木板后，速度减小到 200 m/s

B. 子弹刚好能穿过第二块木板

C. 子弹不能穿过第二块木板

D. 不知子弹的质量而无法计算

3. 计算题

(1) 质量为 800 kg 的矿车，在水平牵引力 $F = 1\,000$ N 的作用下前进 50 m，其运动速度由 5 m/s 增加到 10 m/s，求矿车运动过程中阻力对它做的功是多少？

(2) 质量为 4.0 t 的载重汽车，在大小为 5.0×10^3 N 的力牵引下做水平直线运动，速度由 10 m/s 增加到 20 m/s，若汽车运动过程中受到的平均阻力为 2.0×10^3 N。求汽车在这段时间内发生的位移。

第三节 势能 机械能守恒定律

一、重力势能

1. 重力势能

被举高的物体落下时，可以将地面打实，甚至砸一个坑，楼上掉下的重物若击中人是非常危险的。飞泻的流水可以带动发电机发电。这说明处在高处的物体有做功的本领，即具有能量，这些处于高处的物体所具有的能量叫作重力势能，例如聚集在大坝内的水。

与重力势能大小有关的因素分析

那么重力势能的大小与什么有关呢？

让一个物体从高处自由落下并打在一沙地上的木桩上。可以看到轻、重不同的物体从同一高度下落，物体越重，木桩下陷得越深；同一物体从不同高度下落，下落的高度越大，使物体下陷得越深。这就说明：物体越重，高度越高，物体做功的本领越大，重力势能越大。

在相同高度下，一片树叶掉落在头顶时，我们可能不会有什么感觉；但当一个苹果掉落在头顶的时候，我们就会感觉疼痛，原因就在于两者的质量不同，所具有的重力势能也不同。

理论和实验证明（图2-13），一个质量为 m 的物体位于高度 h 处，此时，物体的重力势能等于物体的质量、重力加速度和物体距地面高度的乘积，若用 E_p 表示物体在 h 高处的重力势能，则有：

$$E_\text{p} = mgh \tag{2-10}$$

重力势能也是标量，它的单位也和功的单位相同，在国际单位制中都是 J。

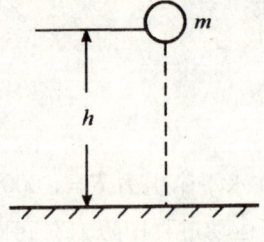

图2-13 重力势能

2. 重力势能的相对性

我们知道，高度是一个相对的量。因此，物体的重力势能也是相对的，要确定物体在某位置处的重力势能，必须选定一个零势能面，通常把地面选作零势能面，如图 2-14（a）所示，当然，也可以取任何一个平面作为零势能面，如图 2-14（b）所示。

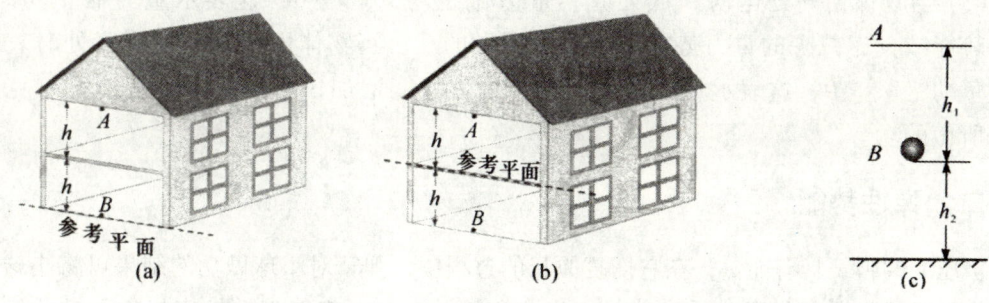

图 2-14　不同零势能面所具有的势能

例如，如图 2-14（c）所示，质量为 m 的物体位于 B 面上，其重力势能的大小：
若以地面为零势能面，它的高度为 h_2，则
$$E_p = mgh_2$$
以 A 面为零势能面，它的高度为 $-h_1$，则
$$E_p = -mgh_1$$
因此，重力势能不仅是相对的，而且它可以为正值，也可以为负值。物体处在零势能面之上，E_p 取正值；物体处在零势能面之下，E_p 取负值。通常选地面为零势能面。

势能是被储存起来的能量，在需要时可以释放出来。例如储存在水库中的水，当向下流动时，就可以推动水轮机，然后带动发电机发电。

3. 重力势能的变化与重力做功的关系

如图 2-15 所示，将质量为 m 的物体分别沿两条不同的路径 ABC，AC 从 A 位置移动到 C 位置，重力所做的功都是
$$W_{AC} = mg(h_1 - h_2) = mgh_1 - mgh_2$$

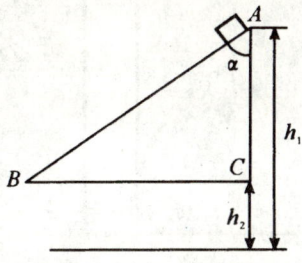

图 2-15　重力做功与路径无关

由此可见：
$$W_G = E_{p1} - E_{p2} \tag{2-11}$$

这就说明：

（1）重力所做的功只跟初位置的高度 h_1 和末位置的高度 h_2 有关，跟物体运动的路径

无关。

(2)重力所做的功等于起点的重力势能和终点的重力势能的差。

(3)当物体由高处运动到低处时,重力做正功,$W_G>0$,这表示重力做正功时,重力势能减少,减少的重力势能等于重力所做的功。当物体由低处运动到高处时,重力做负功,$W_G<0$,这表示重力做负功时,重力势能增加,增加的重力势能等于克服重力所做的功。

二、弹性势能

被压缩的弹簧具有能量,在它恢复原长的过程中,弹簧对小球做功的结果可将小球弹出去;钟表里卷紧的发条,具有能量。当它逐渐放开时,它能带动钟表机件做功。像这样,物体由于弹性形变所具有的能量称为弹性势能。

弹性势能也是一种被储存的能量,在适当的时候,可以释放出来,以获得期望的效果。例如:拉紧的弓能够把箭射出去从而释放能量,如图2-16所示。撑杆跳高运动员靠变形的杆释放的能量支持他跳过横杆(图2-17)。变形的球拍把球击起而释放能量等。这些都是弹性势能的巧妙应用。

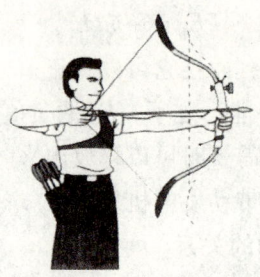

图2-16 拉紧的弓

图2-17 撑杆跳高

弹性势能的大小与物体的弹性形变有关,形变越大,物体具有的弹性势能越大。

三、机械能守恒定律

1. 机械能守恒定律

我们前面学习了两种不同形式的能:动能和势能,他们都和机械运动有关,在物理学中，动能、势能（包括重力势能和弹性势能）统称为机械能。物体的机械能等于物体的动能和势能的和。

重力势能和动能之间可以互相转化，例如，当物体自由下落时，随着高度的减小，速度增大，高度减小，表示重力势能减小；速度增大，表示动能增大。这时重力势能转化为动能。竖直上抛的物体，随着高度的增加，速度减小，表示动能减小。高度增加，表示重力势能增加，这时动能转化为重力势能。

现在，以自由落体运动为例来研究一下在动能和重力势能相互转化的过程中所存在的关系。

如图 2-18 所示。设一个质量为 m 的物体自由下落，经过高度为 h_1 的 A 点时的速度为 v_1，下落到高度为 h_2 的 B 点时的速度为 v_2。在自由落体运动中，物体只受重力 $G = mg$ 的作用，重力做正功，设重力所做的功为 W_G，则由动能定理可得

$$W_G = \frac{1}{2}mv_2^2 - \frac{1}{2}mv_1^2 \tag{2-12}$$

式（2-12）表示重力所做的功等于动能的增加。

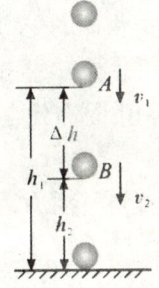

图 2-18 物体自由下落

另外，重力做功 $W_G = mg(h_1 - h_2) = mgh_1 - mgh_2$ (2-13)

由（2-12）式和（2-13）式可得

$$\frac{1}{2}mv_2^2 - \frac{1}{2}mv_1^2 = mgh_1 - mgh_2$$

可见，在自由落体运动中，重力做了多少功，就有多少重力势能转化为等量的动能。整理可得

$$\frac{1}{2}mv_2^2 + mgh_2 = \frac{1}{2}mv_1^2 + mgh_1$$

或者

$$E_{k2} + E_{p2} = E_{k1} + E_{p1} \tag{2-14}$$

式（2-14）表示，在自由落体运动中，动能和重力势能之和不变，即机械能保持不变。

上述结论不仅对自由落体运动是正确的，可以证明，在只有重力做功的情况下，不论物体做直线运动还是曲线运动，上述结论都是正确的。

因此得到一条很重要的结论：

在只有重力做功的情况下，物体的动能和重力势能发生相互转化，但机械能的总量保持不变，我们把这个结论就叫作机械能守恒定律。

不仅重力势能和动能可以互相转化，弹性势能和动能也可以互相转化，而且只有弹力做功的情况下，物体的动能和弹性势能之和也将保持不变。

重力做功的两种情况

所谓只有重力做功，有两种情况：一是物体只受重力作用，如不考虑空气阻力作用的抛体运动；二是物体除了受重力作用之外，还受其他力的作用，但其他力都不做功，或做功之和为零。

2. 机械能守恒定律的应用

从能量的观点出发，应用机械能守恒定律求解某些力学问题，往往比较方便。但应用机械能守恒定律解决力学问题时，要分析物体的受力情况，如果在动能和重力势能的相互转化中，只有重力做功，就可用机械能守恒定律求解。

[例题 1] 质量是 10 kg 的铁块，从 10 m 高处自由落下，求铁块落到距地面 2 m 处的动能。

分析 铁块做自由落体运动时，不计空气阻力，因此铁块只受重力的作用，即只有重力做功，所以机械能守恒。

解 铁块在 10 m 高处时，$E_{p1} = mgh_1$，$E_{k1} = 0$

铁块在 2 m 高处时，$E_{p2} = mgh_2$

由机械能守恒定律得 $E_{p2} + E_{k2} = E_{p1} + E_{k1}$

$$E_{k2} = mgh_1 - mgh_2 = 10 \times 9.8 \times (10 - 2) \text{ J} = 784 \text{ J}$$

[例题 2] 一个物体从光滑斜面顶端由静止开始滑下，斜面高 1 m，长 2 m。不计空气阻力，求物体滑到斜面底端的速度有多大？

分析 斜面是光滑的，不计摩擦，又不计空气阻力，物体所受的力有重力和斜面的支持力，支持力与物体的运动方向垂直，不做功，物体在下滑过程中只有重力做功，所以可用机械能守恒定律求解。

解 设物体的质量 m，物体在开始下滑时 $E_{p1} = mgh_1$，$E_{k1} = 0$，初状态的机械能为 $E_{p1} + E_{k1} = mgh$。设物体到达斜面底端的速度为 v_2，则有 $E_{p2} = 0$，$E_{k2} = \frac{1}{2}mv_2^2$，末状态的机械能 $E_{p2} + E_{k2} = \frac{1}{2}mv_2^2$。根据机械能守恒定律 $E_{p2} + E_{k2} = E_{p1} + E_{k1}$ 有 $\frac{1}{2}mv_2^2 = mgh$。

所以 $v_2 = \sqrt{2gh} = \sqrt{2 \times 9.8 \times 1}$ m/s = 4.4 m/s

[例题 3] 用细线悬挂一个质量为 m 的小球，绳的另一端固定在 O 点，绳长为 l，如图 2-19 所示。将细线连同小球一起拉到与竖直方向成 θ 角的位置，然后释放。求小球到达最

低点时的速度是多少?

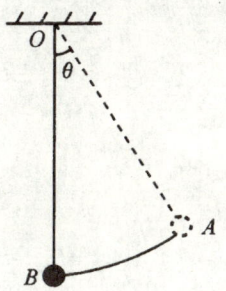

图 2-19 例题 3 图

分析 本题中的小球做曲线运动,因此,无法用牛顿第二运动定律和运动学公式求解,应考虑用机械能守恒定律,小球运动过程中受重力和拉力两个力的作用,其中拉力方向与运动方向垂直,因而拉力不做功,所以小球的机械能守恒。

解 根据机械能守恒定律可得

$$E_{kB} + E_{pB} = E_{kA} + E_{pA}$$

代入数据得

$$\frac{1}{2}mv_B^2 + 0 = 0 + mgl(1 - \cos\theta)$$

解得

$$v_B = \sqrt{2gl(1 - \cos\theta)}$$

由以上例题可以看出,应用机械能守恒定律解题,有两个优点:一是不需考虑运动过程中的细节;二是它不仅可以解决恒力作用下的直线运动,也可解决变力作用和曲线运动情形,只要满足机械能守恒的条件,应用机械能守恒定律都能迎刃而解。

用功能关系研究动力学问题

动力学主要研究的是物体运动状态的变化与其所受作用力之间的关系,用功能关系解答动力学问题是力学中常用的方法之一。

由于机械能守恒定律的应用是有条件限制的,因此,在学习中我们经常会遇到一些机械能不守恒的动力学问题。例如,起重机把货物加速提升时,货物的动能和重力势能逐渐增大,机械能不断增加;跳伞员张开伞后匀速下降时,他的动能不变,重力势能逐渐减少,机械能不断减少,引起物体的机械能发生变化的原因就是除了重力以外还有其他力对物体做功。那么,这些力对物体所做的功与物体机械能的变化的关系怎样?

以起重机加速提升货物为例,货物在上升过程中受到三个力的作用:拉力 F、空气阻力 f、重力 G。由动能定理得

$$W_F + W_f + W_G = E_{k2} - E_{k1}$$

由于

$$W_G = E_{p1} - E_{p2}$$

所以

$$W_F + W_f = (E_{k2} - E_{k1}) - (E_{p1} - E_{p2}) = (E_{k2} + E_{p2}) - (E_{k1} + E_{p1}) = E_2 - E_1$$

上式表明:除重力外,其他力对物体所做功的总和等于物体机械能的改变量。这一规律叫作功能原理。

由此可见,外力对物体做多少功,物体的机械能增加多少;反之物体克服外力做多少功,机械能减少多少;外力对物体不做功,物体的机械能不变,所以我们可以通过外力(不包括重力)对物体做功的多少来度量物体机械能的变化量;相反,还可以通过能量的变化量来知道外力做的功,这一方法经常用于求变力做功的计算。

上述结论是在动能定理的基础上推导出来的,所以,在处理功和能的实际问题时,可以用动能定理,也可以用功能原理,得出的结果都是一致的,动能定理和功能原理的差别在于:前者研究的是动能的变化,要考虑重力所做的功;后者研究的是机械能的变化,不考虑重力所做的功,这是由于重力能引起动能的改变,却不会引起机械能的改变。

习题 2.3

1. 填空题

(1) 质量为 10 kg 的物体位于离地面 0.8 m 高的桌面上,这个物体相对于地面和桌面的重力势能分别是_____J 和_____J。

(2) 如图 2-20 所示,被压缩的弹簧具有_____。

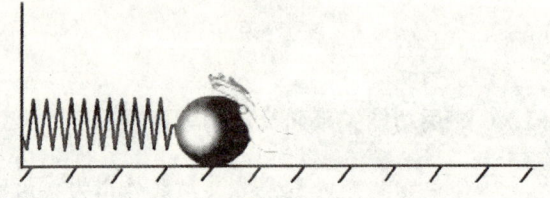

图 2-20 被压缩的弹簧

(3) A,B 两个物体的质量之比 $m_A : m_B = 2:1$,速度之比为 $v_A : v_B = 1:2$,则两物体的动能之比 $E_{kA} : E_{kB} = $_____。

(4) 竖直上抛物体的初速度是 30 m/s,物体上升的最大高度是_____m。

2. 选择题

(1) 下列各种运动中,机械能不守恒的过程(   )

A. 不计空气阻力,抛出的物体在空中的运动

B. 物块沿光滑斜面下滑
C. 跳伞运动员张开伞后在空中匀速下落
D. 人造地球卫星绕地球做匀速圆周运动

（2）下列关于机械能守恒说法正确的是（   ）

A. 做匀速直线运动的物体，机械能一定守恒
B. 做匀速直线运动的物体，机械能一定不守恒
C. 外力对物体做功为零时，物体的机械能一定守恒
D. 如果只有重力对物体做功，物体的机械能一定守恒

3. 计算题

（1）举重运动员把一个质量为 125 kg 的杠铃举高 2 m，杠铃获得的重力势能是多少？

（2）质量为 2.5 kg 的砖块，从 10 m 高处自由下落 1.0 s 后，它的重力势能减少了多少？

（3）如图 2-21 所示，一个质量为 5 kg 的小球，沿着一个从 $h=20$ m 高的 A 点运动到 B 点。（1）重力对小球做的功是多少？（2）小球的重力势能如何变化？变化了多少？

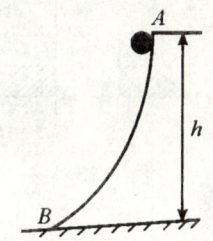

图 2-21　计算题（3）图

（4）一物体由 h 高处做自由落体运动，已知下落 2 s 后，物体的动能和重力势能相等，该物体开始下落时的高度是多少？

（5）如图 2-22 所示，一物体从静止开始，沿着 1/4 的光滑圆弧轨道从 A 点滑到最低点 B 点，已知圆的半径 $R=4$ cm，物体滑到 B 点的速度是多少？

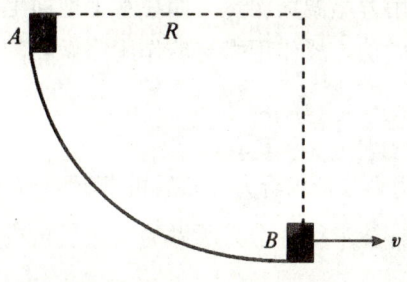

图 2-22　计算题（5）图

本章重点知识拓展及梳理

变力做功的求法

（1）$W = Fs\cos\alpha$ 只能用来计算恒力的功，若是变力，应先将变力转化为恒力，再用 $W = Fs\cos\alpha$ 计算。

（2）有两类不同的力：一类是与势能相关联的力，比如重力、弹簧的弹力以及电场力等，它们的功与路径无关，只与位移有关或者说只与始末点的位置有关；另一类是滑动摩擦力、空气阻力等，在物体做曲线运动或往返运动时，这类力的功等于力和路程（不是位移）的积。

（3）根据功和能的关系求变力的功。如根据势能的变化求对应的力做的功，根据动能定理求变力做的功，等等。

（4）根据恒定功率求变力的功，$W = Pt$。

（5）根据 F-s 图像计算功。如图 2-23 中阴影部分面积的数值等于功的大小。

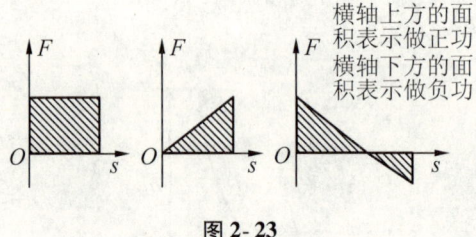

图 2-23

作用力与反作用力做功的关系

一对作用力与反作用力，虽然两者大小相等，方向相反，但分别作用在两个不同物体上（对方物体），所以，即使在同样时间内，力的作用点的位移也不一定相等（如子弹穿入木块过程中的一对摩擦力），故做功大小不一定相等，而且功的正负号也不一定相反。如静止于水面上的小船，人水平跳离船时，作用力与反作用力都做正功；又如两个同种电荷相向运动，作用力和反作用力均做负功；又如在水平地面上滑行的物体，相互作用的摩擦力，一个做功，另一个不做功。故作用力与反作用力做功的各种关系均存在。

合力的功

（1）合力的功可先通过受力分析求合力，然后再求 $W_合 = F_合 s\cos\alpha$。

（2）合力的功可先通过计算求得各个力所做的功然后再进行代数加和：$W_合 = W_1 + W_2 + \cdots + W_n$。

静摩擦力做功的特点

（1）静摩擦力可以做正功，也可以做负功，还可以不做功。

（2）在静摩擦力做功的过程中，只有机械能的相互转移（静摩擦力起着传递机械能的作用），而没有机械能转化为其他形式的能。

（3）相互摩擦的系统内，一对静摩擦力所做功的和总是等于零。

动能定理

（1）推导：设一个质量为 m 的物体，原来的速度是 v_1，动能是 $\frac{1}{2}mv_1^2$，在与运动方向相同的恒定外力 F 的作用下，发生一段位移 s，速度增加到 v_2，动能增加到 $\frac{1}{2}mv_2^2$，如图 2-24 所示。

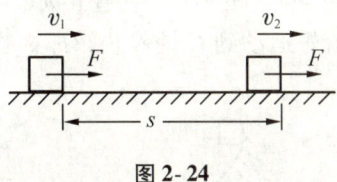

图 2-24

在这一过程中外力 F 对物体所做的功：$W = Fs$。

根据运动学公式：$v_2^2 - v_1^2 = 2as$

得 $s = \dfrac{v_2^2 - v_1^2}{2a}$

根据牛顿第二运动定律：$F = ma$

得 $Fs = ma \times \dfrac{v_2^2 - v_1^2}{2a} = \dfrac{1}{2}mv_2^2 - \dfrac{1}{2}mv_1^2$

（2）内容：外力对物体做功的代数和等于物体动能的变化量。

（3）公式：$\sum W = \Delta E_k$ 即 $W_1 + W_2 + W_3 + \cdots = \dfrac{1}{2}mv_2^2 - \dfrac{1}{2}mv_1^2$（$v_1$ 表示初速度，v_2 表示末速度）。

【说明】

① 等式的左边为各个力做功的代数和，正功代正值，负功代负值，等式右边动能的变化指末动能 $E_{k2} = \dfrac{1}{2}mv_2^2$ 与初动能 $E_{k1} = \dfrac{1}{2}mv_1^2$ 之差。动能定理中的外力，既可以是重力、弹力、摩擦力，也可以是电场力、磁场力或其他的力。

② 动能定理对于恒力的功和变力的功均适用，同样对于直线运动和曲线运动也都适用。由于动能定理中涉及的位移、速度均与参照物的选取有关。因此功、动能的大小也与参照物的选取有关，运用动能定理解决问题时，应选取同一惯性参照物，无特别说明时，均以地面为参照物。

③ 整个公式反映了一个过程，即力对位移的积累效果引起物体动能的改变。

④ 功和能均为标量，单位都是焦耳，但功为过程量，能为状态量，功是能量改变的量度。

理解动能定理的基本思路

（1）选取研究对象，明确它的运动过程。

（2）分析研究对象的受力情况和各个力做功情况：受哪些力？每个力是否做功？做正功还是做负功？做多少功？然后求各个外力做功的代数和。

（3）明确物体在过程始末状态的动能 E_{k1} 和 E_{k2}。

（4）列出动能定理的方程 $W_合 = E_{k2} - E_{k1}$，及其他必要的解题方程，进行求解。

【例题讲解1】 如图 2-25 所示，AB 为 $\frac{1}{4}$ 圆弧轨道，BC 为水平直轨道，圆弧的半径为 R，BC 的长度也是 R。一质量为 m 的物体，与两个轨道间的动摩擦因数都为 μ，当它由轨道顶端 A 从静止开始下落，恰好运动到 C 处停止，那么物体在 AB 段克服摩擦力所做的功为（　　）

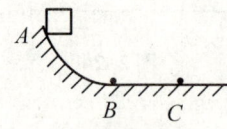

图 2-25

A. $\frac{1}{2}\mu mgR$　　　　　　　B. $\frac{1}{2}mgR$

C. mgR　　　　　　　　　D. $(1-\mu)mgR$

> 【讲解】
> 物体从 A 运动到 B 所受的弹力要发生变化，摩擦力大小也要随之变化，所以克服摩擦力所做的功不能直接由做功的公式求得。而在 BC 段克服摩擦力所做的功，可直接求得，对从 A 到 C 全过程运用动能定理即可求出物体在 AB 段克服摩擦力所做的功。
>
> 设物体在 AB 段克服摩擦力所做的功为 W_{AB}，物体从 A 到 C 的全过程，根据动能定理，有
>
> $$mgR - W_{AB} - \mu mgR = 0$$
>
> 所以有 $W_{AB} = mgR - \mu mgR = (1-\mu)mgR$
>
> 故本题正确答案为 D。

【答案】 D

【例题讲解2】 在光滑水平面上有一静止的物体，现用水平恒力甲推该物体，作用一段时间后，换成相反方向的水平恒力乙推该物体。当恒力乙作用时间与恒力甲作用时间相同时，物体恰好回到原处，此时物体的动能为 32 J，则整个过程中恒力甲所做的功等于_____J，恒力乙所做的功等于_____J。

> [讲解]
>
> 物体在 $F_甲$ 作用下做初速度为零的匀加速直线运动，与 $F_乙$ 作用下的匀减速直线运动的位移大小相等，又因两次运动的时间相等，用平均速度及位移公式 $s = \frac{1}{2}(v_0 + v_t)t$，可直接求解 v_1 与 v_2 比值，进而求得动能比。
>
> 物体在 $F_甲$ 作用下位移 s_1：$s_1 = \frac{1}{2}(0 + v_1)t$
>
> 物体在 $F_乙$ 作用下位移 s_2：$s_2 = \frac{1}{2}(v_1 - v_2)t$
>
> $\because s_1 = -s_2$
>
> $\therefore \frac{1}{2}v_1 t = \frac{1}{2}(v_2 - v_1)t$
>
> 解得 $\frac{v_1}{v_2} = \frac{1}{2}$，则 $\frac{\frac{1}{2}mv_1^2}{\frac{1}{2}mv_2^2} = \frac{1}{4}$
>
> 又 $\because W_甲 = \frac{1}{2}mv_1^2$，$W_乙 = \frac{1}{2}mv_2^2 - \frac{1}{2}mv_1^2$，$\frac{1}{2}mv_2^2 = 32 \text{ J}$
>
> $\therefore \frac{1}{2}mv_1^2 = 8 \text{ J}$，$W_甲 = 8 \text{ J}$，$W_乙 = 24 \text{ J}$

重力做功的特点

$W_G = mgh$。

【说明】

① 重力做功与路径无关，只与始、末位置的高度差有关。

② 重力做功的大小 $W_G = mgh$，h 为始、末位置的高度差，若物体从高处下降，重力做正功；反之，物体克服重力做负功。

③ 重力做功不引起物体机械能的变化。

④ 重力做的功总等于物体重力势能的减小，若物体克服重力做功 W，则物体重力势能增加量 $E_p = W$。

重力势能

物体由于受到重力而具有的能量，$E_p = mgh$。

【说明】

重力势能 $E_p = mgh$ 是相对的，式中的 h 是物体的重心到参考平面（零重力势能面）的高度。若物体在参考平面以上，则重力势能为正；若物体在参考平面以下，则重力势能取负值。通常，选择地面作为零重力势能面。

我们所关心的往往不是物体具有多少重力势能,而是重力势能的变化量。重力势能的变化量与零重力势能面的选取无关。

重力势能的变化与重力做功的关系

重力对物体做多少正功,物体的重力势能就减少多少。重力对物体做多少负功,物体的重力势能就增加多少。

重力对物体所做的功,等于物体重力势能变化量的负值,即 $W_G = -(E_{p2} - E_{p1}) = E_{p1} - E_{p2}$。

判断机械能守恒的方法

(1) 对某一物体,若只有重力(或弹簧的弹力)做功,其他力不做功(或其他力做功的代数和为零),则该物体的机械能守恒。

(2) 对某一系统,物体间只有动能和重力势能及弹性势能相互转化,系统跟外界没有发生机械能的传递,且机械能也没有转变成其他形式的能(如没有内能产生),则系统的机械能守恒。

应用机械能守恒定律解题的基本步骤

(1) 根据题意,选取研究对象(物体或系统)。

(2) 明确研究对象的运动过程,分析对象在过程中的受力情况,弄清各力做功情况,判断是否符合机械能守恒的条件。

(3) 恰当地选取参考平面,确定研究对象在过程的起始状态和末了状态的机械能(包括动能和重力势能)。

(4) 根据机械能守恒定律列方程,进行求解。

【例题讲解3】 一个实心铁球与一实心木球质量相等,将它们放在同一水平地面上,下列结论中正确的是(选地面为参考平面)( )

A. 铁球的重力势能大于木球的重力势能

B. 铁球的重力势能等于木球的重力势能

C. 铁球的重力势能小于木球的重力势能

D. 上述三种情况都有可能

讲解

由于铁球和木球的密度不同,质量相等的铁球和木球,木球的体积较大,放在同一水平地面上时,木球的重心高,因此,木球的重力势能大于铁球的重力势能。

【答案】 C

【说明】 由于重力势能 $E_p = mgh$,所以,比较重力势能大小时要比较重力的大小和重心的高度,在重力相等的情况下,只要相对同一参考面,重心高的物体的重力势能一定大。

【例题讲解4】 光滑桌面上有总长为 L 的链条，其中 $1/4$ 垂在桌边，如图 2-26 所示，松手后链条由静止开始沿桌边下滑。求链条滑至刚离开桌边时的速度大小。

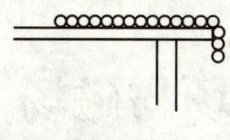

图 2-26

> **讲解**
>
> 取链条刚离开桌边时势能为零，则原有势能为
>
> $$\frac{3}{4}mg \cdot \frac{L}{2} + \frac{1}{4}mg \cdot \left(\frac{L}{2} - \frac{L}{8}\right) = \frac{15mgL}{32}$$
>
> 离开桌边时动能为 $\frac{1}{2}mv^2$
>
> 根据机械能守恒知 $\frac{1}{2}mv^2 + 0 = \frac{15mgL}{32}$ ∴ $v = \frac{\sqrt{15gl}}{4}$

第三章 电场与磁场 电磁感应

人类对电的认识是从静电开始的。公元前500多年人们就发现摩擦过的琥珀能吸引轻小物体；下雨时的闪电雷鸣也是由电造成的，今天人们对静电有了很深的了解，掌握了它所遵循的基本规律，静电在电力、机械、轻工、纺织、航空航天以及高技术领域有着广泛的应用。场，作为一种特殊形式的物质，它的概念和研究方法已经渗透了许多领域，例如力学中学习的引力场，电磁学中将要学习的电场和磁场等，场的应用为物理学的发展开辟了广阔天地，也为人们认识自然界的统一性奠定了坚实的基础。

1. 了解电场的概念，理解电场强度和电场线的概念。
2. 学习并掌握电势能和电势差的概念及计算。
3. 理解并掌握磁场的相关概念，学会应用安培定则及磁感应强度的计算。
4. 了解电磁感应定律并学会应用。

第一节　电场　电场强度

一、电荷　电荷守恒定律

1. 电荷

自然界中存在两种性质不同的电荷，即正电荷和负电荷。电荷与电荷之间有相互作用力，同种电荷互相排斥，异种电荷互相吸引。物体所带电荷的量值叫电量，常用符号 Q 或 q 表示，在国际单位制中，电量的单位为库仑，用符号 C 表示。

摩擦起电，大家都很熟悉。让丝绸和玻璃棒相互摩擦几下，摩擦后的玻璃棒能够吸引纸屑、羽毛等轻小物体（图 3-1）。

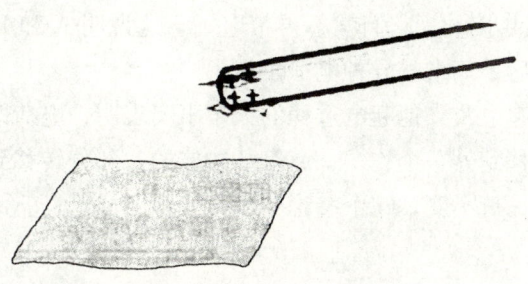

图 3-1　玻璃棒与丝绸摩擦

如果将摩擦后的玻璃棒与验电器的金属球接触，我们会看到验电器的金箔立即张开，如图 3-2 所示。用丝绸摩擦过的玻璃棒带正电荷，用毛皮摩擦过的硬橡胶棒带负电荷。再如天气干燥的时候，走在路上，用化纤材料做成的裤子特别容易吸附灰尘，这也是物质经过摩擦带电的实例。

图 3-2　验电器的金箔张开

2. 静电感应

除了摩擦起电能够使物体带上电荷之外，如果把电荷移近不带电的导体，可以使导体带电，这种现象叫静电感应。利用静电感应使物体带电，叫作感应起电，取一对用绝缘支柱支持的金属导体 A 和 B，使它们上部彼此接触。起初导体不带电，贴在它们下部的金属箔是闭合的。现在把带正电的球 C 移近导体 A，可以看到 A，B 上的金属箔张开了，这表明 A，B 都带上了电荷，如图 3-3（a）所示。实验表明：导体 A 上带负电荷，与 C 上的电荷异号；导体 B 上带正电荷，与 C 上的电荷同号。

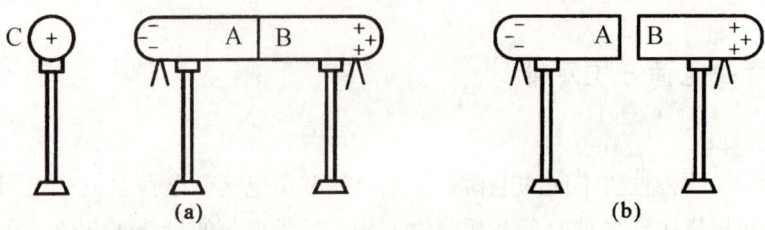

图 3-3　感应起电现象

3. 电荷守恒定律

如果先把 A 和 B 分开，然后移去 C，可以看到 A 和 B 仍带有电荷，如图 3-3（b）所示。如果此时再让 A 和 B 接触，它们就不再带电了。这说明 A 和 B 分开后所带的异种电荷是等量的，重新接触后，等量的异种电荷发生了中和。

由摩擦起电和感应起电及其他起电过程的大量事实表明：电荷既不能消灭，也不会创生，只能从一个物体转移到另一个物体，或者从物体的一部分转移到物体的另一部分，在转移过程中电荷的总量保持不变，这个结论叫电荷守恒定律。

> **元电荷 e**
>
> 电子和质子带有等量的异种电荷，电荷量 $e = 1.60 \times 10^{-19}$ C，所有带电体的电荷量都是电荷量 e 的整数倍，因此我们把电荷量 e 叫作元电荷。

二、电场

在力学中学过，两个物体之间的相互作用，是直接接触或者通过其他物质作为媒介而进行。例如人推小车时，人对车施加的作用力是通过手和小车的直接接触来实现的。地球是通过一种特殊物质叫重力场而对落向地面的物体施加力的作用的。同样，电荷之间也没有直接接触，那它们之间的相互作用力是否也是通过一种特殊物质来产生的呢？大量实验表明，电荷的周围存在一种特殊的物质，叫作电场，电场对处于其中的电荷有力的作用。如图 3-4 所示，在电荷 Q 产生的电场中放入一个电量很小的微小电荷 q，可以发现电荷 q 受到力的作用。

电荷间的相互作用是通过电场发生的，也就是说，两个电荷 Q_1 和 Q_2 间的相互作用，是由于电荷 Q_1（作为场源电荷）周围存在的电场对电荷 Q_2 有力的作用；同时，电荷 Q_2 周围存在的电场对电荷 Q_1 也有力的作用。这种作用可以表示如下：

电荷 ⇌ 场 ⇌ 电荷

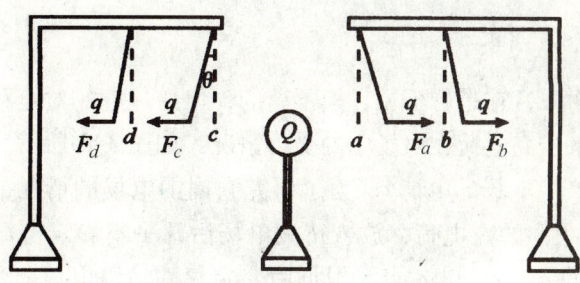

图 3-4　点电荷在电场中受力

所以把电荷间的相互作用力又叫电场力，存在于静止电荷周围的电场称为静电场。

库仑定律

带电物体间有力的作用，这是电荷的一种性质。人们经过研究发现，带电体之间的相互作用力的大小，与带电体所带电量有关，与带电体的大小和形状有关，还与带电体之间的距离等因素有关。但是如果带电体的大小远小于与其他带电体之间的距离时，这个带电体的大小和形状的影响可忽略不计，而将带电体看成只带有电荷量的点，即把带电体看成一个**点电荷**：点电荷是带电体的理想模型，就跟我们在力学中引入质点的模型一样。

实验表明：电荷之间的相互作用力随着电荷量的增大而增大，随着两电荷间距离的减小而增大。

1785 年法国物理学家库仑做了个实验，首先将两个点电荷保持一定的距离，分别改变两个点电荷的电量。实验发现，两个点电荷的电量越大，电荷之间的作用力越强；然后在保持两个点电荷电量不变的情况下，改变点电荷间的距离，实验发现距离越大，点电荷间的作用力越小。库仑根据精确的测定，总结出真空中两个静止的点电荷之间的相互作用规律：

在真空中两个点电荷 Q_1 和 Q_2 之间相互作用力的大小和 Q_1，Q_2 的乘积成正比，和它们之间的距离的平方 r^2 成反比，作用力的方向沿着两个点电荷的连线。这个规律叫作**真空中的库仑定律**。

它的数学表达式为

$$F = k\frac{Q_1 Q_2}{r^2}$$

其中比例系数 k 叫静电力恒量，实验测得 $k = 9.0 \times 10^9 \text{ N} \cdot \text{m}^2/\text{C}^2$。电荷间的这种相互作用力也叫作**静电力**或**库仑力**。在运用库仑定律公式计算时，一般电量取绝对值。库仑力的方向可根据"同种电荷相互排斥，异种电荷相互吸引"的规律来判断。

三、电场强度

电场是一种特殊物质,它是看不见、摸不着的,但通过电场对电荷的作用,表现了它的存在。因此我们先来研究电荷在电场中的受力情况,如图3-5所示,正电荷 Q 为形成电场的场源电荷(能够产生电场的电荷)。为了研究它周围电场的情况,引入一个检验电荷 q,检验电荷是电荷量很小的点电荷,放入待测电场后几乎不影响电场的性质。先后把它放在 Q 形成的电场中的 a,b,c,d 点,根据库仑定律,检验电荷 q 受到的电场力为 F_a,F_b,F_c,F_d。可见,检验电荷 q 在电场不同的地方受到的电场力的大小和方向一般是不同的,这说明电场中不同的点,其电场有强弱不同或方向不同的性质。

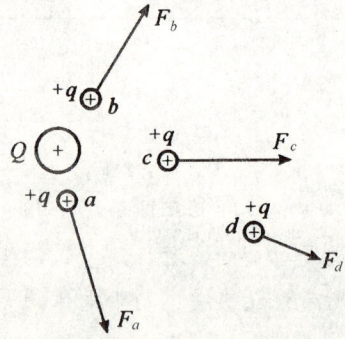

图3-5 电荷在电场中的受力情况

在 a 点分别放一检验电荷 q,$2q$,$3q$,由库仑定律可知,它们在 a 点受到的电场力分别为 F_a,$2F_a$,$3F_a$,即各检验电荷在电场中同一点受到电场力的方向相同,而大小则与检验电荷的电量成正比。可以看出,力 F 与检验电荷 q 的比值与检验电荷的电量无关,只与该点电场的性质有关。对于电场中不同的点,除电场力的方向一般不同外,F/q 的比值一般也不相同。对同一检验电荷,在比值大的点,电荷 q 受到的电场力也大,表明该点的电场强,反之,电场则弱。因此,这个比值的大小能够反映电场中不同点的电场的强弱。

为了表示电场中各点电场的强弱和方向,我们引入一个物理量叫电场强度,放入电场中某一点的电荷所受到的电场力 F 跟它的电量 q 的比值叫作该点的电场强度,简称场强。用符号 E 表示电场强度,则有

$$E = \frac{F}{q} \tag{3-1}$$

在国际单位制中电场强度的单位是 N/C(牛/库)。电场强度是矢量,人们规定:电场中某点的电场强度方向跟正电荷在该点所受力的方向相同,与负电荷受力的方向刚好相反。

电场强度的大小和方向是由电场本身的客观性质决定,与是否有检验电荷以及检验电荷的电量多少无关。

如果把电场强度的定义式变形,可以得到:$F = qE$,这样在已知电场强度的情况下可以求出电荷 q 受到的电场力。

四、点电荷电场的场强

由电场强度的定义和库仑定律可以得出点电荷电场的场强公式，点电荷 Q 形成的电场中，距 Q 为 r 处的 P 点场强 E 的大小为

$$E = k\frac{Q}{r^2} \tag{3-2}$$

如图 3-6 所示，如果 Q 是正电荷，E 的方向就是沿着 PQ 的连线并背离 Q；如果 Q 是负电荷，E 的方向就是沿着 PQ 的连线并指向 Q。从点电荷的场强公式可以看出：场强的大小及其方向只决定于电场本身的性质，因此，$E = k\dfrac{Q}{r^2}$ 为点电荷在真空中的场强公式，而 $E = \dfrac{F}{q}$ 是电场的定义式，它适用各种电场。

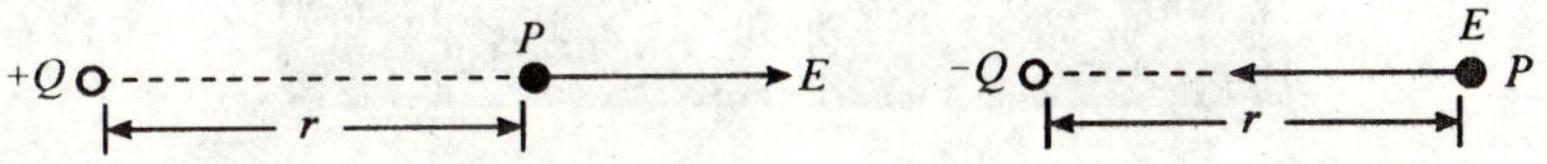

图 3-6 点电荷的场强方向

[例题1] 在点电荷 Q 的电场中，距 Q 为 $r = 30$ cm 的 P 点处的场强 $E = 5.0 \times 10^4$ N/C，方向指向 Q。（1）求场源电荷 Q 的电荷量及电荷种类；（2）在 P 点处放一电荷量 $q = -2.0 \times 10^{-8}$ C 的点电荷，求该点电荷所受电场力的大小和方向。

解　（1）由点电荷的场强公式 $E = k\dfrac{Q}{r^2}$ 可得

$$Q = E\frac{r^2}{k} = 5.0 \times 10^4 \times 0.30^2 / 9.0 \times 10^9 \text{ N/C} = 5.0 \times 10^{-7} \text{ N/C}$$

因场强方向指向 Q，由图 3-6 可知，Q 是负电荷。

（2）点电荷 q 所受电场力的大小为

$$F = qE = 2.0 \times 10^{-8} \times 5.0 \times 10^4 \text{ N} = 1.0 \times 10^{-3} \text{ N}$$

F 的方向与场强 E 的方向相反，即在两电荷的连线上远离 Q。

五、电场线

为了形象地描绘电场在空间的分布，英国物理学家法拉第提出了用电场线表示电场的方法。如图 3-7 所示，我们可以在电场中画一系列带箭头的曲线，使曲线上每一点的切线方向和该点的场强方向一致，这些曲线叫电场线。电场线是一种理想化的模拟式物理模型，电场线的形状可以用实验来观察。把奎宁的针状结晶或头发屑悬浮在蓖麻油里，再放入电场中，就可以看到微屑按照场强的方向排列起来，形成电场线，如图 3-8 所示。

图 3-9，图 3-10，图 3-11，图 3-12 分别是单个电荷、等量异种电荷和等量同种电荷、点电荷与带电平行板、两块带电平行板的电场线的分布。

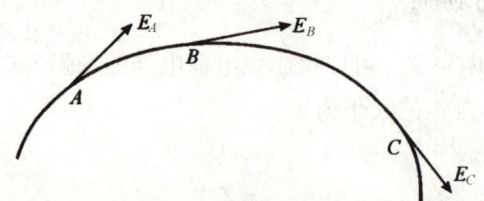

图 3-7　电场线的方向

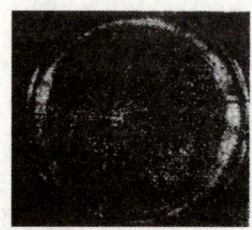 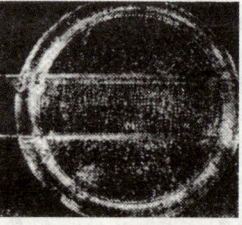

图 3-8　电场线分布

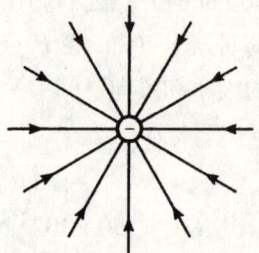 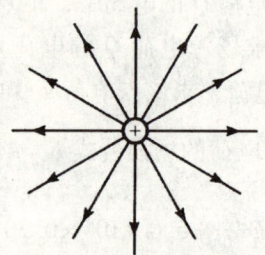

图 3-9　单个电荷的电场线的分布

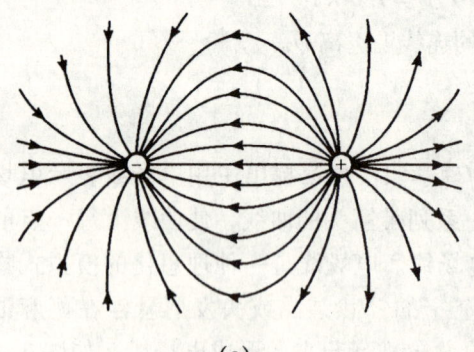　　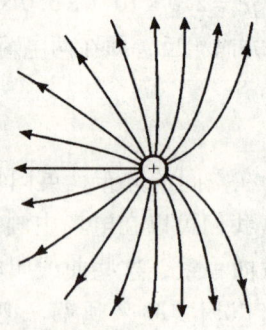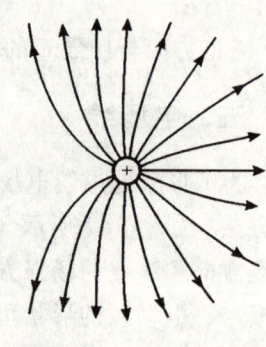

（a）　　　　　　　　　　　　　　　　（b）

图 3-10　等量电荷的电场线分布

（a）异种电荷；（b）同种电荷

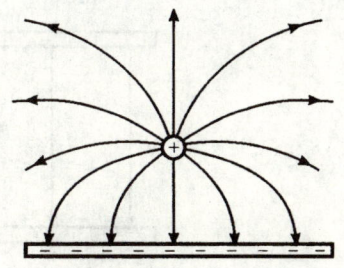

图 3-11　点电荷与带电平行板之间的电场线分布

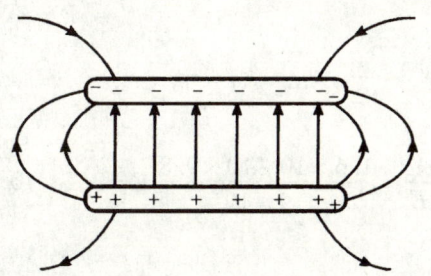

图 3-12　两块带电平行板（带等量异种电荷）的电场线分布

从这些电场线可以概括出电场线的以下几个特点：

(1) 在静电场中，电场线是始于正电荷（或无限远处）、终于负电荷（或无限远处）的不闭合曲线。

(2) 电场线不能相交，否则一点将有两个场强方向。

(3) 电场线不是电场里实际存在的线，是为了使电场形象化的假想线。

(4) 电场线的疏密程度表示电场的强弱。

六、匀强电场

在电场的某一区域里，如果各点场强的大小和方向都相同，这个区域的电场叫匀强电场，两块等大、相互平行且靠得较近的金属板，分别带上等量异种的电荷之后，除边缘附近外，在两板间的电场就是匀强电场，如图 3-13（a）所示。匀强电场的电场线是一组等间距的相互平行的直线。

[**例题 2**]　如图 3-13（b）所示，设平行板间均匀电场的场强 $E = 4.9 \times 10^5$ N/C，一质量为 1.6×10^{-10} kg 的带电油滴在电场中能保持静止。问：

(1) 小油滴带何种电荷？

(2) 小油滴带多少电荷？

解　(1) 小油滴（重力为 G）能在匀强电场中静止，说明它处于平衡状态，因此，其所受电场力方向向上。又因为匀强电场的场强方向向下，所以，小油滴应带负电荷。

(2) 由二力平衡条件有

$$F = G$$

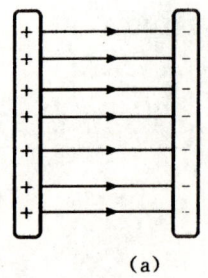
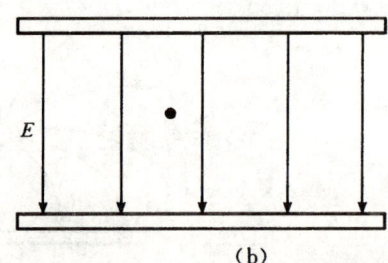

(a)　　　　　　　　　　　　(b)

图 3-13　匀强电场

即
$$Eq = mg$$

所以
$$q = \frac{mg}{E} = \frac{1.6 \times 10 - 10 \times 9.8}{4.9 \times 10^5}\ \text{C} = 3.2 \times 10^{-15}\ \text{C}$$

习题 4.1

1. 填空题

（1）电场是电荷周围的一种_____物质；电场看不见，摸不着，但对处在其中的电荷有力的作用，这种作用力叫作_____。

（2）放入电场中某一点的电荷所受到的_____跟它的_____的比值叫作该点的电场强度。场强的单位为_____。

（3）匀强电场的电场线是一组_____，_____的直线。

2. 选择题

（1）下列关于电场的说法不正确的是（　　）

A. 两个未接触的电荷发生相互作用，一定是电场引起的

B. 只有电荷发生相互作用时才产生电场

C. 只要电荷存在，其周围就存在电场

D. A 电荷受到 B 电荷的作用，是指 B 电荷的电场对 A 电荷的作用

（2）下列说法正确的是（　　）

A. 沿电场线的方向电场逐渐减弱

B. 沿电场线的方向电场逐渐增强

C. 电场中某点的电场强度方向跟正电荷在该点所受力方向相同

D. 电场中某点的电场强度方向跟负电荷在该点所受力方向相同

3. 计算题

（1）在电场中，一个 3×10^{-9} C 的点电荷受到的电场力为 3×10^{-7} N。求该点的电场强度。

（2）在点电荷 $Q = 3 \times 10^{-7}$ C 的电场中，求距离 Q 10 cm 的 A 点的电场强度大小和方向。如在 A 点放置一个 q 为 3×10^{-8} C 的电荷。则受到的电场力的大小有多大？方向如何？

第二节 电势能 电势 电势差

一、电势能

1. 电荷的电势能

我们知道，由于物体在地球的重力场中要受到重力的作用，所以处在一定高度的物体具有重力势能。与此类似，由于电荷在电场中受到电场力的作用，所以电荷在电场中运动时，电场力就要对它做功，说明电场具有做功的本领，也就是说电场具有能量。电场中电荷由于受到电场力的作用而具有的能量叫电势能。电荷在电场中具有的电势能，不仅与电荷所处的位置有关，还与电荷的电量有关。

> **对电荷电势能的规定**
>
> 电势能是标量，常用符号 E_v 表示，在国际单位制中它的单位是 J（焦）。电势能跟重力势能一样，具有相对意义。只有选择了参考位置后才有确定的数值。我们一般规定电荷在无限远处的电势能为零。

2. 电势能变化与电场力做功的关系

在力学中我们学过，重力对物体做正功，则物体的重力势能减少；重力对物体做负功则物体的重力势能增加，重力对物体做功的多少等于物体重力势能的变化量；同样，电场力对电荷做正功，则电荷的电势能减少；电场力对电荷做负功，则电荷的电势能增加，电场力对电荷做多少功，电荷的电势能就变化多少，设 E_{va} 和 E_{vb} 分别表示电荷在电场中 a，b 两点的电势能，W_{ab} 表示把点电荷从 a 点移至 b 点时电场力做的功，则有

$$W_{ab} = E_{va} - E_{vb} \tag{3-3}$$

二、电势

在重力场中，物体所具有的重力势能 mgh 与所受重力 mg 的比值 h，仅与物体所处的位置有关，与物体的质量无关。当选定零电势能位置后，对电场中一个确定的点，放在该点的电荷具有的电势能 E_v 与电荷的电荷量 q 的比值也是一个常量，这个常量是由电场本身的性质决定的，与电荷的电荷量无关，反映了该点电场本身的一种性质，把这个比值定义为电势，用符号 V 来表示，即

$$V = \frac{E_v}{q} \tag{3-4}$$

电势是一个标量，但有相对高低，它和电势能一样具有相对性，只有选定了某处的电势为零以后，才能确定电场中各点的电势值。零电势的选取是任意的，一般选取大地或仪

器的公共地线的电势为零。在电场中可以借助电场线判断电势的高低,沿着电场线的方向是电势降落的方向。

三、电势差

1. 电势差的含义

电场中任意两点的电势之差,叫作这两点的电势差,也叫电压,用 U 来表示。设 a, b 两点的电势分别为 V_a 和 V_b,则这两点间的电势差为

$$U_{ab} = V_a - V_b \tag{3-5}$$

电场中电势的大小与零电势点的选取有关,其值是相对的,但任意两点之间的电势差与零电势点的选取无关。

由于 $V_a = \dfrac{E_{va}}{q}$,$V_b = \dfrac{E_{vb}}{q}$,$W_{ab} = E_{va} - E_{vb}$,所以推出

$$W_{ab} = qU_{ab} \tag{3-6}$$

式 3-6 表明,电荷从电场中的一点移到另一点时,电场力做的功等于电荷的带电量与这两点间电势差的乘积,电场强度是跟电场对电荷的作用力相联系,从式(3-6)可以看出电势差是跟电场力移动电荷做功相联系。所以电场强度和电势差也是有联系的。

2. 电势差与电场强度的关系

在匀强电场中,同一个电荷受到的电场力是一个恒力。如图 3-14 所示,某一匀强电场中,沿电场线有 A, B 两点,距离为 d,电势差为 U,电场强度为 E。把正电荷 q 从 A 移到 B,电场力做的功 $W_{AB} = qU_{AB}$。

根据功的定义又有 $W_{AB} = Fd = qEd$,可得

$$U_{AB} = Ed \tag{3-7}$$

这说明,在匀强电场中,沿电场线方向的两点间的电势差等于电场强度和这两点间距离的乘积。如果把上式写成

$$E = \dfrac{U_{AB}}{d} \tag{3-8}$$

该式说明,在匀强电场中,电场强度在数值上等于沿电场强度方向单位距离上的电势差。

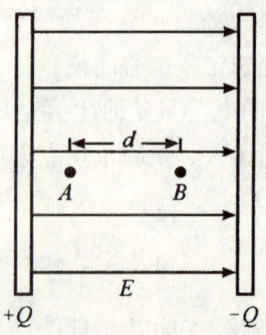

图 3-14 匀强电场中的两点

等势面

在地理上常用等高线表示地形的高低,如图 3-15 所示。

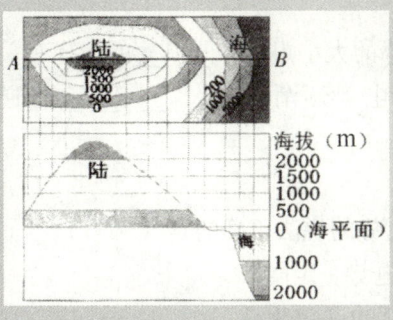

图 3-15 等高线表示地形

与此相似,在电场中常用等势面表示电势的高低。电势相等的点构成的面叫作等势面。常见的几种等势面如图 3-16 所示。

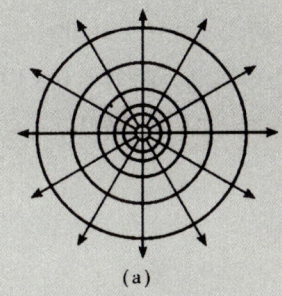
(a)

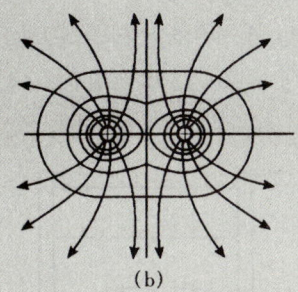
(b)

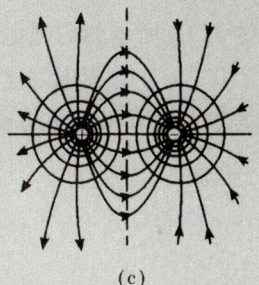
(c)

图 3-16 常见的几种等势面

匀强电场中的等势面是垂直于电场线的平面(图 3-17)。

图 3-17 匀强电场中的等势面

由等势面我们可以看出:在同一个等势面上任意两点的电势相等,所以,任意两点的电势差为零。从而可以推出,在同一个等势面上移动电荷时,电场力不做功,或者说电场力做的功为零。电场中所描绘的等势面和电场线垂直。

习题 4.2

1. 填空题

（1）电场中电荷由于受到电场力的作用而具有的能量叫_____。当两个同种电荷的距离增大时，它们的电势能_____；若把两个异种电荷的距离增大一些，它们的电势能_____。

（2）与电势能一样，电势的大小跟_____的选择有关，具有_____性。

（3）沿电场线的方向，电势逐渐_____；逆着电场线的方向，电势逐渐_____。

2. 选择题

在电场中，关于场强和电势的说法正确的是（   ）

A. 电场强度大的地方，电势一定高

B. 电势为零的地方，场强也一定为零

C. 电场强度为零的地方，电势一定为零

D. 场强大小相同的地方，电势不一定为零

3. 计算题

在图 3-18 所示的匀强电场中，A，B 是沿电场线方向上的两点，相距 $d = 10 \text{ cm}$。把一个 1.0×10^{-8} C 的电荷从 A 点移到 B 点，已知该电荷在 A 点具有的电势能为 2.0×10^{-6} J，在 B 点具有的电势能为 6.0×10^{-7} J。求：

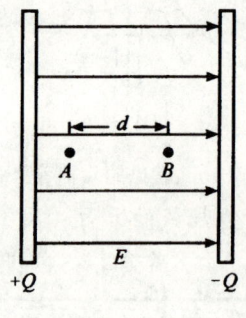

图 3-18

（1）A，B 两点的电势各是多大？

（2）A，B 两点的电势差 U 是多大？

（3）电场强度是多大？

第三节　磁场　磁感强度

一、磁场

当把两块磁铁的磁极互相靠近时，它们之间会产生相互作用的磁力。同名磁极互相排斥，异名磁极互相吸引。通过静电场的学习知道，两个电荷之间相互作用的电力，不是在电荷之间直接发生的，而是以电场作为媒介发生的。与此类似，磁极之间相互作用的磁力，也不是在磁极之间直接发生的，而是通过磁场发生的。磁铁在周围的空间里产生磁场，磁场对处在它里面的磁极有磁场力的作用。

研究发现，磁铁并不是磁场的唯一来源。1820年丹麦物理学家奥斯特（1777—1851）通过实验发现，把一条导线平行地放在磁针的上方，给导线通电时，磁针就发生偏转，如图3-19所示。这说明不仅磁铁能产生磁场，电流也能产生磁场。

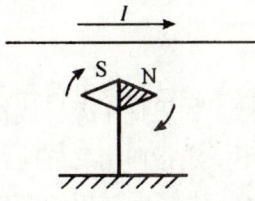

图3-19　电流产生磁场

就像电荷能够产生电场，电场对电荷能够产生力的作用一样，电流也能够产生磁场，磁场对电流也产生力的作用。如图3-20所示，如果把一段直导线放在磁铁的磁场里，当导线中有电流通过时，可以看到导线因受力而发生运动，可见，磁场不仅对磁极产生力的作用，磁场对电流也有力的作用。

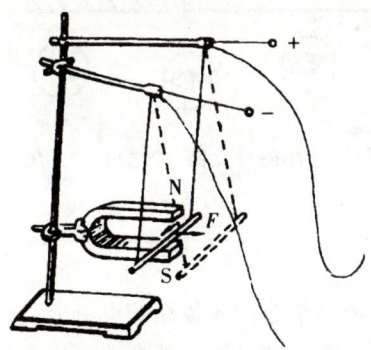

图3-20　磁场对电流发生作用

实际上，电流和电流之间也能够通过磁场发生作用，如图3-21所示，两条平行直导线，当通以相同方向的电流时，它们相互吸引；当通以相反方向的电流时，它们相互排斥。这时每个电流都处在另一个电流的磁场里，因而受到磁场力的作用，也就是说，电流和电流之间，就像磁极和磁极之间一样，也会通过磁场发生相互作用。

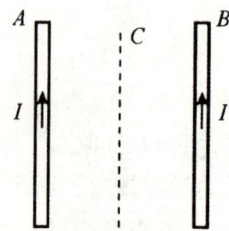

图 3-21　电流间通过磁场发生相互作用

通过上面的讨论我们认识到，磁极或电流在其周围空间里产生磁场，而磁场对处在它里面的磁极或电流有磁场力的作用。

这样，我们对磁极和磁极之间，磁极和电流之间，电流和电流之间的相互作用获得了统一认识，所有这些相互作用都是通过磁场来传递的。

二、磁场的方向

磁场和电场一样，也具有方向性。如果把小磁针放在磁体或电流的磁场中，小磁针因受磁场力的作用，它的两极静止时不一定指向南北方向，而是指向另外某一个方向，如图 3-22 所示。在磁场中的不同点，小磁针静止时指的方向一般并不相同。这个事实说明，磁场是有方向性的。物理学中规定，在磁场中的任一点，小磁针北极（N 极）受力的方向，亦即小磁针静止时北极（N 极）所指的方向就是那一点的磁场方向。

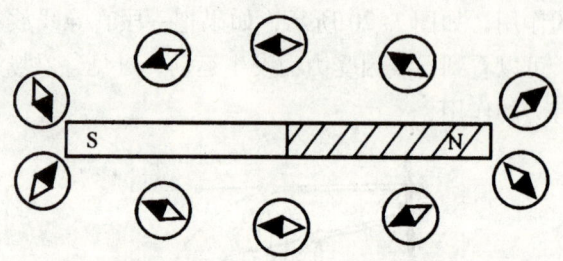

图 3-22　小磁针北极（N 极）受力的方向

三、磁感线

在电场中可以利用电场线来形象地描述各点的电场方向，在磁场中也可以利用磁感线来形象地描述各点的磁场方向。所谓磁感线，是在磁场中画出的一些有方向的曲线，使曲线上每一点的切线方向都在该点的磁场方向上，如图 3-23 所示。

磁感线也是人为引入的描述磁场的一种工具，实际上是不存在的，但是可以通过实验来显示出磁感线的形状。在磁场中放一块玻璃板，在玻璃板上均匀地撒一层细铁屑，利用

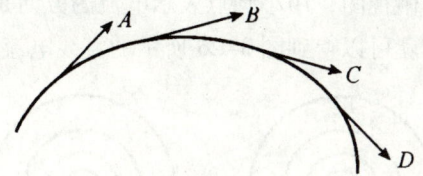

图 3-23 磁感线的画法

铁屑在磁场中被磁化的性质，细铁屑在磁场里被磁化成"小磁针"。轻敲玻璃板使铁屑能在磁场作用下转动，铁屑静止时有规则地排列起来，就显示出磁感线的形状。

图 3-24 表示条形磁铁和蹄形磁铁的磁感线分布情况。可以看出，磁铁外部的磁感线是从磁铁的 N 极出来，然后进入磁铁的 S 极。

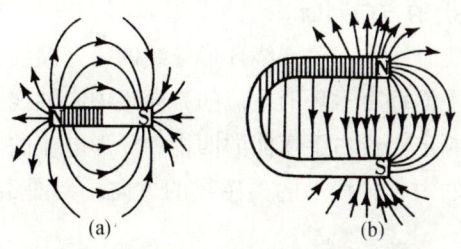

图 3-24 磁铁的磁感线分布

四、安培定则

在 1820 年 9 月 4 日，法国科学家安培（1775—1836）听取了奥斯特发现电流的磁效应的报告后，经过研究，总结出了电流周围磁场与电流方向关系的规律，即安培定则。

1. 直线电流磁场与电流的方向判断

图 3-25（a）所示是直线电流磁场的磁感线分布情况。由图可知，直线电流磁场的磁感线是一些以导线上各点为圆心的同心圆，这些同心圆都在与导线垂直的平面上。实验表明，改变电流的方向，各点的磁场方向都变成相反的方向，即磁感线的方向随着改变，直线电流的方向跟它的磁感线方向之间的关系可以用安培定则（也叫右手螺旋定则）来判定：用右手握住导线，让伸直的大拇指所指的方向跟电流的方向一致，弯曲的四指所指的方向就是磁感线的环绕方向，如图 3-25（b）所示。

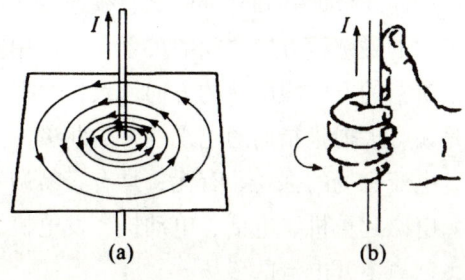

图 3-25 直线电流的磁场

如果画出通电直导线的俯视图，用小圆点表示电流的方向是由里向外的，用小叉表示电流的方向是由外向里的，就可以得到图 3-26 所示的直线电流磁场的磁感线分布情况。

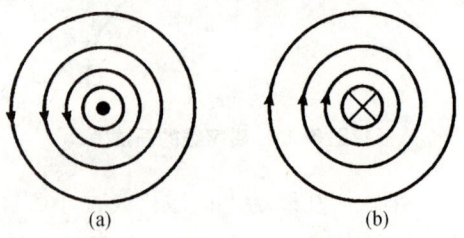

图 3-26　直线电流磁场俯视图

（a）电流方向由里向外；（b）电流方向由外向里

2. 环形电流磁场与电流的方向判断

环形电流周围磁场的磁感线是一些围绕环形导线的闭合曲线，在环形导线的中心轴线上，磁感线与环形导线的平面垂直。环形电流的方向跟中心轴线上的磁感线方向之间的关系，也可以用安培定则来判定：让右手弯曲的四指和环形电流的方向一致，伸直的大拇指所指的方向就是环形导线的中心轴线上的磁感线的方向。如图 3-27 所示就是环形电流磁场的磁感线分布情况。

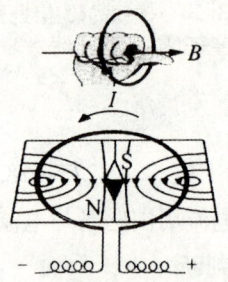

图 3-27　环行电流磁场的磁感线

3. 通电螺线管内磁场与电流的方向判断

通电螺线管表现出来的磁性，很像是一根条形磁铁，一端相当于北极，另一端相当于南极。改变电流的方向，它的南北极就对调，通电螺线管外部的磁感线和条形磁铁外部的磁感线相似，也是从北极出来，进入南极。通电螺线管内部具有磁场，内部的磁感线跟螺线管轴线平行，方向由南极指向北极，并和外部的磁感线连接，形成一些环绕电流的闭合曲线，螺线管的电流方向跟它的磁感线方向之间的关系，也可用安培定则来判定：用右手握住螺线管，让弯曲的四指所指的方向跟电流的方向一致，大拇指所指的方向就是螺线管内部磁感线的方向，也就是说，大拇指指向通电螺线管的北极，如图 3-28 所示。

相对天然磁铁的磁场，电流磁场的强弱、有无，具有容易调节和控制的特点，因而在实际中有很多重要的应用。电磁起重机、电话、电动机、发电机，以及在自动控制中得到普遍应用的电磁继电器等，都离不开电流的磁场。

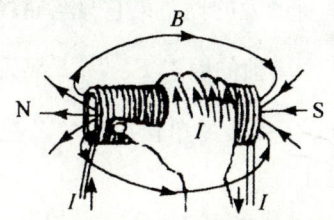

图 3-28 通电螺线管的磁场

五、磁感应强度

1. 磁感应强度

在日常经验中我们发现，巨大的电磁铁能够吸引成吨的钢铁，小的磁铁只能吸引起小铁钉。磁场不仅有方向性，而且有强弱的不同。我们怎样来表示磁场的强弱呢？

在研究电场强弱的时候，根据电场对其中的电荷有电场力的作用，引入了电场强度来表示电场的强弱；类似地，为了反映磁场的强弱，也可以根据磁场对其中的电流有磁场力的作用，引入表示磁场强弱的物理量。

（1）磁感应强度的定义 磁场对通电导线有力的作用。如图 3-29 所示，把一段通电导线放在磁场里，当导线方向与磁场方向垂直时，电流所受的磁场力最大；当导线方向与磁场方向一致，电流所受的磁场力等于零；当导线方向与磁场方向斜交时，所受的磁场力介于最大值和最小值之间。进一步研究发现：当通电导线跟磁场垂直时，磁场对电流的作用力 F，跟电流 I 和通电导线的长度 L 的乘积成正比。在磁场中的同一地点，当电流 I 和通电导线的长度 L 的乘积改变时，磁场对电流的作用力 F 也随之变化，但是比值 $\frac{F}{IL}$ 保持不变，而在磁场中的不同地方，这个比值一般不同。这表明，比值 $\frac{F}{IL}$ 是一个与磁场中的位置有关的物理量，它反映了磁场的一种力的性质。

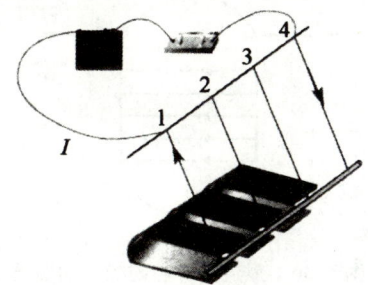

图 3-29 磁场力

在磁场中垂直于磁场方向的通电导线所受的磁场力 F 与电流 I 和导线长度 L 乘积的比值叫作通电导线所在处的磁感应强度。如果用 B 表示磁感应强度，那么

$$B = \frac{F}{IL}$$

(3-9)

磁感应强度 B 反映了磁场本身的力的性质，它只与磁场中某点的位置有关，其数值大小由比值 $\dfrac{F}{IL}$ 决定，而与其中任一个单独的因素 F，I，L 都无关。

磁感应强度 B 的单位是由 F，I 和 L 的单位决定的。在国际单位制中，磁感应强度的单位是特斯拉，简称特，符号是 T。

$$1\ \text{T} = 1\ \text{N}/(\text{A}\cdot\text{m}^{-1})$$

几种磁感应强度常量

地面附近地磁场的磁感应强度大约是 $0.3\times10^{-4} \sim 0.7\times10^{-4}\text{T}$，永久磁铁的磁极附近的磁感应强度大约是 $0.3 \sim 1\ \text{T}$，在电机和变压器的铁芯中，磁感应强度可达 $0.8 \sim 1.4\ \text{T}$。

（2）磁感应强度的方向　磁感应强度是矢量，它不仅有大小，而且还有方向。我们把磁场中某一点的磁场方向定义为该点磁感应强度的方向。

正像在电场中可以用电场线的疏密程度大致表示电场强度的大小一样，在磁场中也可以用磁感线的疏密程度大致表示磁感应强度的大小。在同一个磁场的磁感线的分布图上，磁感线越密的地方，表示那里的磁感应强度越大，这样，从磁感线的分布就可以形象地表示出磁场的强弱和方向。离磁体或电流越远的地方，磁感应强度就越小。

（3）匀强磁场　如果磁场的某一区域里，磁感应强度的大小和方向处处相同，这个区域的磁场叫作匀强磁场。匀强磁场是最简单但又是很重要的磁场，在电磁仪器和科学实验中有重要的应用。如图 3-30 所示，距离很近的两个异名磁极之间的磁场可认为是匀强磁场，通电螺线管内部的磁场（除边缘部分外）也可认为是匀强磁场。

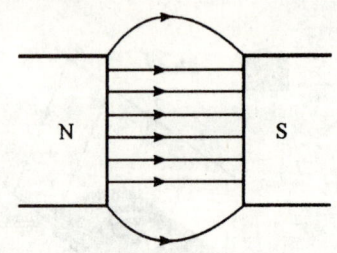

图 3-30　靠近的异名磁极间的磁场

2. 磁通量

在电磁学中，经常要讨论穿过某一面积的磁场。设在匀强磁场中有一个与磁场方向垂直的平面，磁场的磁感应强度为 B，平面的面积为 S，我们把磁感应强度 B 与面积 S 的乘积，叫作穿过这个面积的磁通量，简称磁通。如果用 Φ 表示磁通量，则有

$$\Phi = BS \tag{3-10}$$

磁通量的意义可以用磁感线形象地加以说明。我们知道在同一磁场的图示中，磁感线越密的地方，也就是穿过单位面积的磁感线条数越多的地方，磁感应强度 B 也就越大。因此，B 越大，S 越大，穿过这个面的磁感线的条数就越多，磁通量就越大。如果平面跟磁场方向不垂直，我们可以作出它在垂直于磁场方向上的投影平面，如图 3-31 所示，穿过斜面和投影面的磁感线条数相等，即磁通量相等。因此同一个平面，当它跟磁场方向垂直时，穿过它的磁感线条数最多，磁通量最大；当它跟磁场方向平行时，没有磁感线穿过它，即穿过的磁通量为零。

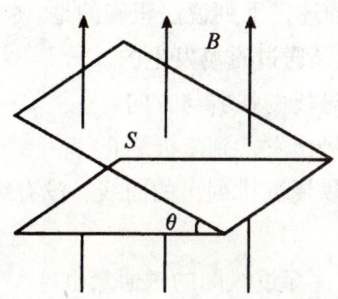

图 3-31　平面与磁场方向不垂直

在国际单位制中，磁通量的单位是韦伯，简称韦，符号是 Wb。

$$1 \text{ Wb} = 1 \text{ T} \cdot 1 \text{ m}^2$$

由公式 $\Phi = BS$，我们可以得出

$$B = \frac{\Phi}{S}$$

此公式表明，磁感应强度在数值上等于单位面积上的磁通量，因此，我们也可以把磁感应强度叫作磁通密度，其单位是 Wb/m^2。

$$1\text{T} = 1 \text{ Wb/m}^2 = 1 \text{ N/} (\text{A} \cdot \text{m})$$

[**例题**]　已知某匀强磁场的磁感应强度为 0.6 T，在该磁场中有一个面积为 0.02 m^2 的矩形线圈。求当线圈平面与磁感线垂直和平行时穿过线圈的磁通量。

分析　这是一道关于磁通量概念的题目，只要我们理解了磁通量的定义并记住其计算公式，就可顺利地解出。

解　线圈平面与磁感线垂直时穿过线圈的磁通量为

$$\Phi = BS = 0.6 \times 0.02 \text{ Wb} = 1.2 \times 10^{-2} \text{ Wb}$$

当线圈平面与磁感线平行时，穿过线圈平面的磁通量为零。

习题 4.3

1. 填空题

(1) 磁体或电流在其周围空间里产生＿＿＿＿。

(2) ＿＿＿＿对处在它里面的磁极或电流有磁场力的作用。

(3) 物理学规定，在磁场中小磁针静止时＿＿＿＿所指的方向就是该点的磁场方向。

（4）在磁场中画出一些有方向的曲线，使曲线上每一点的切线方向都在该点的磁场方向上，这样的曲线叫作_____。

（5）磁感线的疏密表示磁场的强弱：磁感线分布密集的地方，磁场_____；反之，磁感线分布稀疏的地方，磁场_____。

（6）_____是用来描述磁场强弱和方向的物理量，它既有大小，又有_____，是矢量，它的单位是_____。

2. 选择题

（1）关于磁场和磁感线的描述，下列说法正确的是（　　）

A. 磁极之间的相互作用不是通过磁场发生的

B. 磁感线可以形象地描述磁场的强弱与方向

C. 磁感线总是从磁铁的北极出发，到南极终止

D. 磁感线就是细铁屑在磁铁周围排列出的曲线，没有细铁屑的地方就没有磁感线

（2）下列说法正确的是（　　）

A. 磁感应强度越大的地方，穿过线圈的磁通量也越大

B. 磁感应强度越大的地方，线圈面积越大，则穿过线圈的磁通量越大

C. 穿过线圈的磁通量为零的地方，磁感应强度一定为零

D. 匀强磁场中，穿过线圈的磁感线越多，则磁通量越大

（3）当线圈在匀强磁场中转动时（转动轴垂直于磁感线），通过线圈的磁通量在不断变化，当线圈平面平行于磁感线时，磁通量（　　）

A. 等于零　　　　　　　　B. 最大

C. 最小但不等于零　　　　D. 无法判断

3. 画图题

（1）如图 3-32 所示，把小磁针放在磁场中，磁场方向如图中箭头所示。说明小磁针将怎样转动以及停在哪个方向。

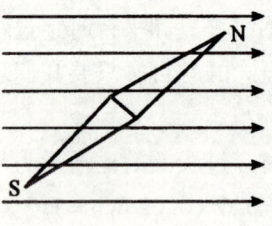

图 3-32　画图题（1）图

（2）在图 3-33 中，当电流通过线圈时，磁针的南极指向读者，试确定线圈中电流的方向。

4. 计算题

（1）把长 10 cm 的直导线放入匀强磁场中，它与磁场的方向垂直，如果导线中通过的电流是 3.0 A，它受到的作用力为 1.5×10^{-3} N，该磁场的磁感应强度是多大？

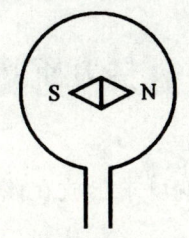

图 3-33　画图题（2）图

（2）面积是 0.5 m² 的导线环处于磁感应强度是 2.5×10^{-2} T 的匀强磁场中，环面与磁场垂直。穿过导线环的磁通量是多少？

（3）通电螺线管内部的磁感应强度大，还是螺线管外部的磁感应强度大？为什么？

第四节　磁场对电流的作用

在电场中，如果已知某处的场强就可求出放在该处的点电荷所受的电场力，与此类似，在匀强磁场中，如果知道某处的磁感应强度，把公式 $B=\dfrac{F}{IL}$ 变形，可得

$$F = BIL \qquad (3-11)$$

该公式表示，在匀强磁场中，当通电直导线与磁场方向垂直，电流所受的磁场力 F 等于磁感应强度 B、电流 I 和导线长度 L 三者的乘积。

在非匀强磁场中，公式 $F=BIL$ 适用于很短的一段通电导线。这是因为导线很短时，它所在处各点的磁感应强度的变化很小，可近似认为磁场是匀强磁场。因为这个规律最初是由法国物理学家安培（1775—1836）经过实验归纳出来的，所以人们就把它叫作安培定律，把通电导线在磁场中所受到的作用力叫作安培力。

一、磁场对电流的作用力方向判断

在国际单位制中，安培定律公式中的各个物理量依次分别用 N，A，m，T 做单位。

由公式 $F=BIL$ 可知 F 的大小，因为安培力是矢量，它的方向可以根据如图 3-34 所示的实验来确定。在实验中发现，如果改变磁场中通电导线的电流方向，导线运动的方向就随着改变；如果调换磁铁两极的位置，也就改变了磁场的方向，导线运动的方向也随着改变。可见通电导线在磁场中的受力方向跟磁场方向、导线中的电流方向都有关。

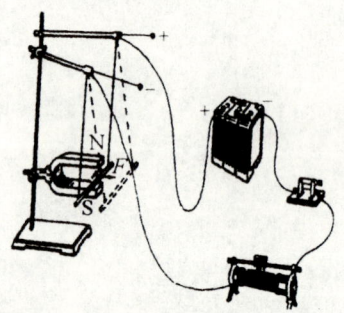

图 3-34　通电导线所受的安培力

通过大量的实验，人们归纳出通电导线所受安培力的方向和磁场的方向、电流方向之间的关系，可以用左手定则来判定，如图 3-35 所示，伸开左手，使大拇指跟其余四个手指垂直，并且都与手掌在同一平面内，把左手放入磁场中，让磁感线垂直穿入手心，并使伸开的四指指向电流方向，那么，大拇指所指的方向就是通电导线在磁场中所受安培力的方向。

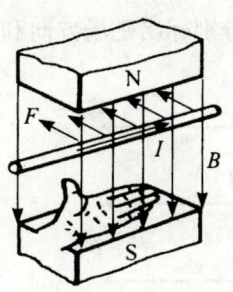

图 3-35　左手定则

二、电流与电流间的相互作用

前面讨论了磁场对电流的作用力的方向，那么电流与电流之间的相互作用又是怎样发生的呢？当两根平行的直导线通以方向相同的电流时，它们相互吸引；当通以方向相反的电流时，它们相互排斥。

这个实验结果产生的原因是这样的：每一根载流导线都会在其周围空间产生环形磁场，环形磁场的方向可以用右手螺旋定则来判定，如图 3-36 所示。右手握住其中一根导线，让伸直的大拇指所指的方向跟电流的方向一致，弯曲的四指所指的方向就是环形磁场的方向。另一根载流导线处在这个磁场中，且电流方向恰好与磁场方向垂直，利用左手定则，我们就可以判断出它所受的安培力的方向。

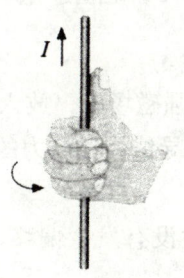

图 3-36　右手螺旋定则

习题 4.4

1. 填空题

（1）在磁场中，当通电导线垂直于磁场方向时，它所受到的安培力的大小等于_____、_____、_____三者的乘积，这个规律就是安培定则。

（2）左手定则：伸开左手，使大拇指与其余四指垂直，并且在同一个平面内，让磁感线垂直进入手心，并使四指指向_____方向，那么大拇指所指的方向就是通电导线在磁场中所受_____的方向。

（3）两根平行的通电导线，当电流方向相同时，它们互相_____；当电流方向相反时，它们互相_____。

2. 画图题

（1）在图 4-37（a），（b）中分别标出磁场方向和导体的电流方向，试标出导体的受力方向。

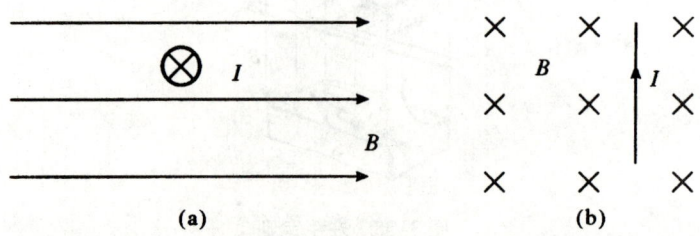

图 3-37　画图题（1）图

（2）在图 3-38（a），（b）中分别标出在匀强磁场中，带电粒子所受洛伦兹力的方向。

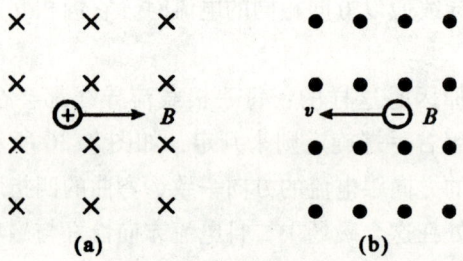

图 3-38　画图题（2）图

3. 计算题

（1）在磁感应强度为 1.2 T 的匀强磁场中，放入一根与磁场方向垂直、长度为 0.5 m 的通电导体，导线中的电流为 10 A，导线沿磁场力的方向移动 20 cm。求磁场力对通电导体做的功。

（2）一个带电粒子在空间运动时没有发生偏移，能不能说这个空间中没有磁场？为什么？

第五节 电磁感应

一、电磁感应现象

由磁场产生电流的这种现象被称为电磁感应现象。在电磁感应现象中形成的电流叫作感应电流。在什么条件下才能产生电磁感应现象呢？

法拉第开始研究时设想把绕在磁铁上的导线和电流表连接起来组成一个闭合电路，看能不能产生电流。结果电流表的指针不偏转。即使用磁性极强的磁铁或者用非常灵敏的电流表，也没有产生电流。

下面让我们通过几个实验来说明产生电磁感应现象并形成感应电流的条件。

1. 直导体做切割磁感线运动的实验

如图 3-39 所示，把导体 AB 和电流表连接起来组成一个闭合电路，当导体 AB 在磁场中向左或向右做切割磁感线运动时，电流表的指针就发生偏转，表明电路中产生了电流。如果导体 AB 在磁场中向上或向下运动时，电流表的指针不会发生偏转。

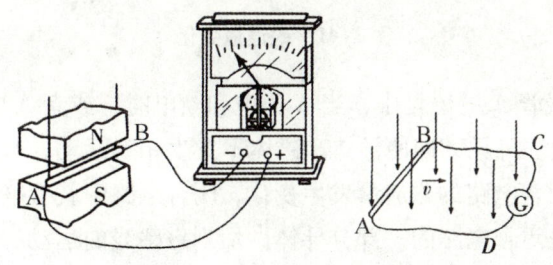

图 3-39　导体做切割磁感线运动

2. 闭合线圈与磁铁之间相对运动的实验

如图 3-40 所示，把磁铁插入或拔出螺线管 B 时可以看到，电流表的指针发生偏转，表明螺线管所在电路中有了电流。如果保持磁铁在螺线管中不动，或者让二者以同一速度运动，即保持相对静止，螺线管中就没有电流。

磁铁相对于螺线管运动时，螺线管的导线切割磁感线，不论是导体运动，还是磁体运动，只要闭合电路的一部分导体切割磁感线，电路中就有电流产生。

还可以从另一个角度来分析上面两个实验的现象：闭合电路的一部分导体切割磁感线时，穿过闭合电路的磁通量也发生了变化。图 3-39 中闭合导线的一部分 AB 向左（或向右）运动时，穿过这一闭合电路的磁通量增加（或减少）。图 3-40 中所示的磁铁插入（或拔

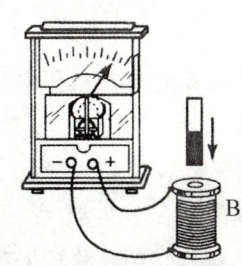

图 3-40　磁铁与螺线管做相对运动

出）螺线管时，穿过螺线管的磁通量就增加（或减少）。由此提示我们：如果导体和磁体不发生相对运动，而让穿过闭合电路的磁场发生变化，从而引起闭合电路中磁通量发生变化，会不会也在闭合电路中产生电流呢？

3. 闭合线圈与载有变化电流的线圈的实验

如图3-41所示，把螺线管B套在螺线管A的外面，螺线管B的两端接在电流表上。合上开关给螺线管A通电的瞬间，电流表的指针发生偏转，螺线管B中有了电流。当螺线管A中的电流达到稳定时，螺线管B中的电流消失。断开开关使螺线管A断电时，螺线管B中也有电流产生。如果用变阻器来改变电路中的电阻，使螺线管A中的电流发生变化，螺线管B中也有电流产生。

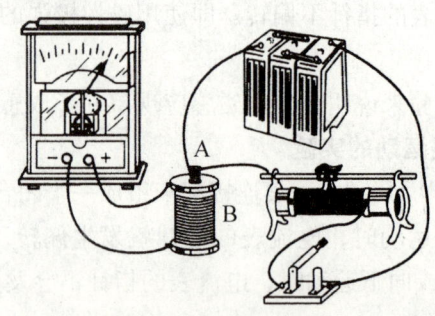

图3-41 磁通量变化

螺线管B处在螺线管A的磁场中，当A通电和断电时，或者A中的电流发生变化时，A的磁场随着发生变化。可见，即使导体和磁体不发生相对运动，只要闭合电路中的磁场发生变化，使得穿过闭合电路的磁通量发生变化，闭合电路中就有电流产生。

由此可见，不论是闭合电路的一部分导体做切割磁感线的运动，还是闭合电路中的磁场发生变化，穿过闭合电路的磁通量都发生变化。这样，就可以总结出如下结论：

不论用什么方法，只要穿过闭合电路的磁通量发生变化，闭合电路中就有电流产生。这便是发生电磁感应现象并产生感应电流的条件。

电磁感应现象中的能量守恒定律

值得注意的是，能量守恒定律是一个普遍适用的定律，同样适用于电磁感应现象。当电路闭合时，感应电流做功，消耗了电能。图3-39和图3-40中，外力移动导体AB或磁铁时做功，消耗机械能，产生的电能是从机械能转化而来的，发电机就是应用这个原理制成的。在图3-41中，电能是由螺线管A转移给螺线管B的，变压器就是利用这个原理制成的。在这种转化和转移中能量保持不变。

二、楞次定律

在前面的实验中我们发现,电流表的指针有时向右偏转,有时向左偏转,表示在不同情况下感应电流的方向是不同的。那么,怎样确定感应电流的方向呢?

1. 右手定则

如果磁通量的变化是由导体切割磁感线引起的,感应电流的方向与磁感线的方向、导体运动方向三者之间有一个便于记忆的关系,这就是右手定则:伸开右手让大拇指跟其余四个手指垂直,并且处于同一平面内,让磁感线垂直穿入手心,拇指指向导体运动的方向,其余四指所指的方向就是感应电流的方向,如图 3-42 所示。

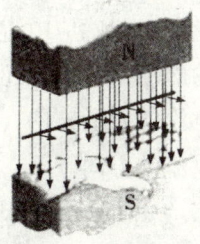

图 3-42 右手定则示意图

2. 楞次定律

(1) 楞次定律的含义 如果仔细观察,就会发现如图 3-43 所示的规律:当磁铁移近或插入线圈时,穿过线圈的磁通量增加,线圈中感应电流的磁场方向跟磁铁的磁场方向相反,阻碍磁通量的增加,如图 3-43(a),(d)所示;当磁铁离开线圈或从线圈中拔出时,穿过线圈的磁通量减少,线圈中感应电流的磁场方向跟磁铁的磁场方向相同,阻碍磁通量的减少,如图 3-43(b),(c)所示。

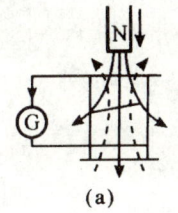 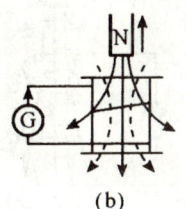 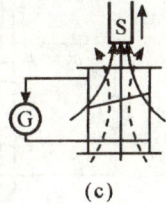 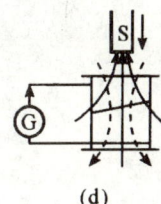

(a)　　　　　　　(b)　　　　　　　(c)　　　　　　　(d)

图 3-43 楞次定律

在其他电磁感应现象中也有相同的规律。凡是由磁通量的增加引起的感应电流,感应电流激发的磁场就阻碍原来磁通量的增加;凡是由磁通量的减少引起的感应电流,感应电流激发的磁场就阻碍原来磁通量的减少。

俄国物理学家楞次(1804—1865)概括了各种实验结果,在 1834 年得到如下结论:闭合导体回路中,感应电流的磁场总是要阻碍引起感应电流的磁通量的变化。这个结论叫作楞次定律。

楞次定律还可以从另一个角度来理解。如图 3-43（a）所示，当磁铁的 N 极插入螺线管时，螺线管的上端是 N 极，因而磁铁受到排斥，阻碍磁铁相对于螺线管的运动。如图 3-43（b）所示，当磁铁的 N 极离开螺线管时，螺线管的上端是 S 极，因而磁铁受到吸引，也要阻碍磁铁相对于螺线管的运动。总之，楞次定律的意义是：从磁通量变化的角度来看，感应电流总要阻碍磁通量的变化；从导体和磁体的相对运动的角度来看，感应电流总要阻碍相对运动。

（2）楞次定律的应用　利用楞次定律可以判断各种情况下感应电流的方向。由于感应电流的方向跟感应电动势的方向是一致的；所以，判断出感应电流的方向也就判断出感应电动势的方向了。

具体应用楞次定律来判断感应电流的方向时，应遵从如下步骤：

① 首先要明确原来磁场的方向，即引起感应电流的磁场方向；
② 其次，要明确穿过闭合电路的磁通量是增加还是减少；
③ 然后根据楞次定律确定感应电流的磁场方向；
④ 最后利用安培定则确定感应电流的方向。

[**例题 1**] 试确定磁铁的 S 极移近或离开螺线管时感应电流的方向。

分析　如图 3-44（a）所示，原来的磁场方向是向上的。当把磁铁的 S 极移近螺线管时，穿过螺线管的磁通量增加。由楞次定律可知，感应电流的磁场要阻碍磁通量的增加，因此感应电流的磁场方向跟原来的磁场方向相反，即感应电流的磁场方向是向下的。知道了感应电流的磁场方向，利用安培定则就可以确定感应电流的方向。

如图 3-44（b）所示，当使磁铁的 S 极离开螺线管时，情况与上面的刚好相反，请同学们自己分析一下。

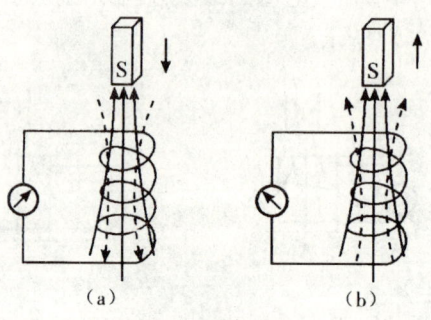

图 3-44

三、电磁感应定律

在恒定电流的学习中我们知道，在闭合电路中要有电流通过，必须要有电源，电源的电动势维持了持续的电流。在电磁感应现象中，既然闭合电路中有感应电流，这个电路中就一定有电动势。电路断开时，虽然没有感应电流，电动势应该依然存在。我们把在电磁感应现象中产生的电动势叫作感应电动势。产生感应电动势的那部分导体或线圈就相当于电源。感应电流的强弱仍然由感应电动势的大小和闭合回路的电阻决定，可以用闭合电路的欧姆定律算出。

1. 法拉第电磁感应定律

研究图3-43所示的实验，大家就会发现，将条形磁铁插入或拔出线圈的速度越快，电流计的指针偏转就越大，表明感应电流越大。因闭合导体回路的总电阻恒定，感应电流越大就表示感应电动势也越大。

再将两个条形磁铁的同名磁极并在一起和只用一个条形磁铁比较，让它们分别以相同的速度插入线圈中，可以看到用两个磁铁时电流计指针偏转的角度比用一个磁铁时大。

那么，感应电动势的大小与哪些因素有关呢？

实验表明：感应电动势的大小与磁通量变化的快慢有关。磁通量变化的快慢可以用单位时间内磁通量的变化来表示。这就是说，感应电动势的大小与磁通量的变化率有关。

英国物理学家法拉第通过精确的实验表明：电路中感应电动势的大小，跟穿过这一电路的磁通量的变化率成正比。这就是法拉第电磁感应定律。

设在某时刻 t_1 时，穿过闭合线圈的磁通量为 Φ_1，时刻 t_2 时穿过闭合线圈的磁通量为 Φ_2，则在 $\Delta t = t_2 - t_1$ 的时间内，磁通量的改变量为 $\Delta \Phi = \Phi_2 - \Phi_1$，磁通量的变化率为 $\dfrac{\Delta \Phi}{\Delta t}$。根据法拉第电磁感应定律，设 E 为感应电动势，则有

$$E = k \frac{\Delta \Phi}{\Delta t}$$

式中，k 为比例常量，它的数值决定于式中各量的单位选取。在国际单位制中，Φ 的单位是韦伯（Wb），t 的单位是秒（s），那么

$$1 \text{ Wb/s} = 1 \text{ T} \cdot \text{m}^2/\text{s} = 1 \text{ M/}(\text{A} \cdot \text{m}) \cdot (\text{m}^2/\text{s}) = 1 \text{ J/C} = 1 \text{ V}$$

取 $k=1$ 时，公式 $E = k\dfrac{\Delta \Phi}{\Delta t}$ 可以简化为

$$E = \frac{\Delta \Phi}{\Delta t} \tag{3-12}$$

对于 n 匝线圈组成的电路，感应电动势为

$$E = n \frac{\Delta \Phi}{\Delta t} \tag{3-13}$$

在实际工作中，为了获得较大的感应电动势，常常采用多匝线圈。

[例题2] 在一个 $B = 0.01$ T 的匀强磁场中，放一个面积为 0.001 m^2 的线圈，其匝数为500匝。在0.1 s内把线圈平面从平行于磁感线的方向转过90°，变为与磁感线的方向垂直。求感应电动势的平均值。

分析 求解感应电动势，关键要求出磁通变化率。

解 当线圈平面垂直于磁感线的方向时，穿过线圈的磁通量为

$$\Phi = BS = 0.01 \times 0.001 \text{ Wb} = 1 \times 10^{-5} \text{ Wb}$$

当线圈平面平行于磁感线的方向时，穿过线圈的磁通量等于零。

在 0.1 s 内穿过线圈的磁通变化率为

$$\frac{\Delta \Phi}{\Delta t} = \frac{1 \times 10^{-5} - 0}{0.1} \text{Wb/s} = 1 \times 10^{-4} \text{Wb/s}$$

由法拉第电磁感应定律得

$$E = n \frac{\Delta \Phi}{\Delta t} = 500 \times 1 \times 10^{-4} \text{V} = 0.05 \text{ V}$$

2. 切割磁感线的导体中的感应电动势

如图 3-45 所示，把矩形线框 abcd 放在磁感应强度为 B 的匀强磁场里，线框平面跟磁感线垂直。设线框可动部分 ab 的长度是 L，以速度 v 向右运动，在 Δt 时间内线框的面积变化量 $\Delta S = Lv\Delta t$，穿过闭合电路的磁通量的变化量 $\Delta \Phi = B\Delta S = BLv\Delta t$。代入公式 $E = \frac{\Delta \Phi}{\Delta t}$ 中，得到

$$E = BLv \tag{3-14}$$

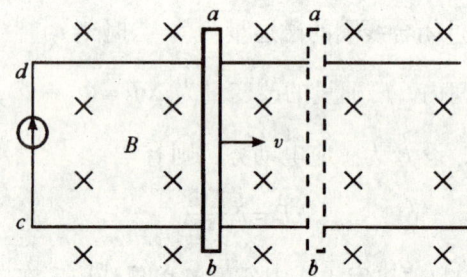

图 3-45　直导体垂直切割磁感线

导线切割磁感线时产生的感应电动势的大小，等于磁感应强度 B、导线长度 L、运动速度 v 三者的乘积。

在国际单位制中，上式中的 E，B，L，v 的单位分别用 V，T，m，m/s，可以证明，公式两边的单位是一致的，即 1 V = 1 T × 1 m × 1 m/s。

四、自感现象

1. 自感现象

自感现象是电磁感应现象的特殊情形，自感现象在各种电器设备和无线电技术中有广泛的应用。如图 3-46 所示，先闭合开关 S，调节变阻器 R 的电阻，使同样规格的两个灯泡 H_1 和 H_2 的明亮程度相同。再调节变阻器 R_1 使两个灯泡都正常发光。然后断开开关 S。重新接通电路时可以看到，跟变阻器 R 串联的灯泡 H_2 立刻正常发光，而跟有铁芯的线圈 L 串联的灯泡 H_1 却是逐渐亮起来的。原来，在接通电路的瞬间，电路中的电流增大，穿过线圈的磁通量也随着增加，因而线圈中必然会产生感应电动势，这个感应电动势阻碍线圈中电流的增大。所以通过 H_1 的电流只能逐渐增大，灯泡 H_1 只能逐渐亮起来。

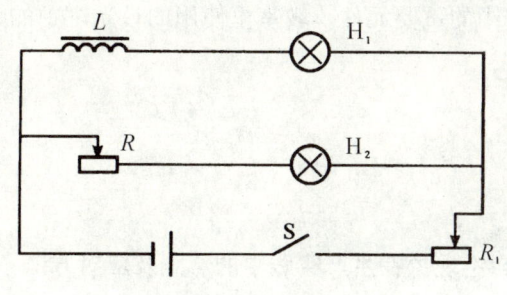

图 3-46 自感现象的观察

如果按照图 3-47 的连接方式把灯泡 H 和带铁芯的线圈 L 并联在直流电路中。接通电路，灯泡 H 正常发光。断开电路，这时可以看到，灯泡 H 没有立即熄灭，相反它会很亮地闪一下。这是由于电路断开的瞬间，通过线圈的电流减弱，穿过线圈的磁通量减少，因而线圈中产生了感应电动势，阻碍电流的减小。虽然这时电源已经断开，但线圈 L 和灯泡 H 组成了闭合电路，在这个电路中有感应电流通过，甚至可能在瞬间使小灯泡闪亮。

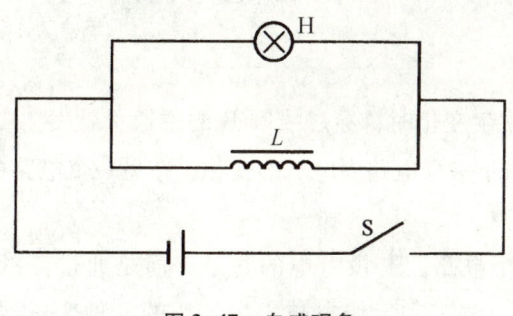

图 3-47 自感现象

从上述两个实验可以看出，当导体中的电流发生变化时，导体本身就产生感应电动势，这个电动势总是阻碍导体中原来电流的变化的。这种由于导体本身电流发生变化而产生的电磁感应现象，叫作自感现象。在自感现象中产生的感应电动势，叫作自感电动势。

2. 自感电动势

自感电动势的大小与通过线圈的电流变化的快慢有关系。对于同一个线圈来说，电流变化得越快，穿过线圈的磁通量变化得也越快，线圈中产生的自感电动势就大；反之，电流变化得越慢，产生的自感电动势就越小。对于不同的线圈，在电流变化快慢相同的情况下，产生的自感电动势是不同的。精确实验表明，自感电动势的大小与电流变化率成正比，$E = L \cdot \dfrac{\Delta I}{\Delta t}$，$L$ 是自感系数，简称电感。线圈的电感跟线圈的形状、长短、匝数和构成线圈的材料有关。相同材料的线圈横截面积越大、线圈越长、匝数越多，它的电感就越大。另外，有铁心的线圈的电感比没有铁芯的大得多。

自感线圈是交流电路中的重要元件。教室里使用的日光灯中的镇流器，就是利用自感现象制成的。

自感现象在生产实践中的影响及应对方法

自感现象得到了广泛应用，但它也有不利的一面。在电感很大而电流又很强的电路（如大型电动机的定子绕组）中，在切断电路的瞬间，由于电流在很短的时间内发生很大的变化，会产生很高的自感电动势，使开关的闸刀和固定夹片之间的空气电离而变成导体，从而形成电弧。这会烧坏开关，甚至危及工作人员的安全。因此，切断这类电路时必须采用特制的安全开关。常见的安全开关是将开关放在绝缘性能良好的油中，防止电弧的产生，保证安全。

在制造精密电阻时，为了消除在使用过程中因电流变化引起的自感现象，往往采用双线绕法。由于两根平行导线中的电流方向相反，它们的磁场相互抵消，从而可以使自感现象的影响减弱到可以忽略的程度。

3. 互感

当线圈 A 中的电流发生变化时，穿过线圈 B 的磁通量就发生变化，在线圈 B 中就会产生感应电动势。这种由于一个电路中电流的变化，在另一个电路中产生感应电动热的电磁感应现象称为互感。

在互感现象中，两个电路间并没有电的联系，而是通过磁的联系把电能从一个电路办理送到另一个电路。电工和无线电技术中使用的各种变压器，都是根据互感的原理制造的。

4. 变压器的工作原理

变压器是利用互感原理工作的电磁装置，主要由铁芯和绕在铁芯上的两个线圈组成。常见的变压器结构如图 3-48 所示，一个线圈跟电源连接，叫作原线圈（初级线圈）；另一个线圈跟负载连接，叫作副线圈（次级线圈）。两个线圈都是用绝缘导线绕制成的，铁芯是由涂有绝缘漆的硅钢片等磁性材料叠合而成的。

如果把变压器的原线圈接在交流电源上，在原线圈中就有交变电流流过。交变电流在铁芯中产生交变的磁通量，这个交变的磁通量经过闭合磁路同时穿过原线圈和副线圈。在原、副线圈中都要产生感应电动势。

在理想情况下，可以认为穿过这两个线圈的交变磁通量相同，这两个线圈的每匝产生的感应电动势相等。因此理想变压器原、副线圈的端电压之比等于这两个线圈的匝数比。设理想变压器原线圈两端的电压是 U_1，副线圈两端的电压是 U_2，原线圈的匝数是 n_1，副线圈的匝数是 n_2，则

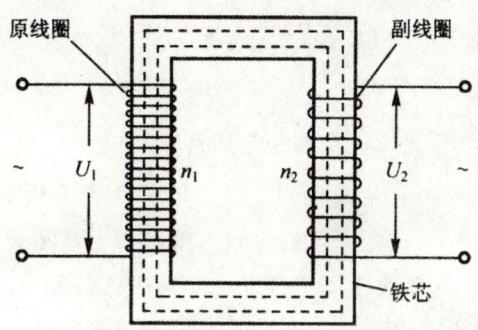

图3-48 常见的变压器结构

$$\frac{U_1}{U_2} = \frac{n_1}{n_2}$$

当 $n_2 > n_1$ 时，$U_2 > U_1$，变压器使电压升高，这种变压器叫作升压变压器；当 $n_2 < n_1$ 时，$U_2 < U_1$，变压器使电压降低，这种变压器叫作降压变压器。常见的变压器如图3-49所示。

图3-49 常见的变压器

我国的电压传输

目前我国远距离输电采用的电压有 110 kV、220 kV 和 330 kV，有的线路已经开始采用 550 kV 的超高压送电。一般大型发电机组输出的电压等级分别为 10.5 kV、13.8 kV、15.75 kV、18.0 kV。这样的电压不符合远距离输电的要求，所以要用变压器升压。发电厂发电机发出的电，经过升压站升高电压，由高压输电线向外输送，到达用户一方时，先在一次高压变电所降到 110 kV，再由二次高压变电所降到 10 kV，其中一部分送到需要高电压的工厂，另一部分送到低压变电所降到 220 V 或 380 V 送给一般用户。

习题 4.5

1. 填空题

（1）由磁场产生电流的这种现象被称为_____。在电磁感应现象中形成的电流叫作_____。

（2）从磁通量变化的角度来看，感应电流总要阻碍_____的变化。

（3）如图 3-50 所示，当导线 ab 向左运动时，电流计中的感应电流方向由_____到_____（填上或下）。

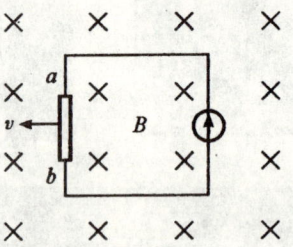

图 3-50 填空题（3）图

（4）导体在做切割磁感线运动时，产生的感应电动势的大小等于_____、_____、_____三者的乘积，用公式表示为_____。

（5）由于导体本身的_____发生变化而产生的电磁感应现象，叫作自感现象。在自感现象中产生的感应电动势叫作_____。

（6）自感系数只与线圈本身的_____及周围的_____有关，而与线圈是否流过电流或者电流大小_____。一般而言，线圈的_____越大，_____越长，_____越多，它的自感系数越大。有_____的线圈的自感系数比没有_____时大得多。

2. 选择题

（1）判断下列说法是正确的（　　）

A. 无论在什么情况下，只要闭合导体回路中有磁通量，回路中就一定产生感应电流

B. 只要穿过闭合导体回路的磁通量发生变化，回路中就一定产生感应电流

C. 闭合导体回路中的一部分导体在磁场中运动时，回路中就一定产生感应电流

D. 闭合导体回路中的一部分导体在磁场中做切割磁感线的运动时，回路中就一定产生感应电流

（2）在电磁感应现象中，下列说法正确的是（ ）

A. 感应电流的磁场总是与原来磁场的方向相反

B. 闭合线圈放在变化的磁场中一定能产生感应电流

C. 闭合线圈的各边在匀强磁场内做切割磁感线运动，一定能产生感应电流

D. 感应电流的磁场总是阻碍原来磁场的变化

（3）关于感应电动势的大小，下列说法正确的是（ ）

A. 与穿过闭合电路的磁通量有关

B. 与穿过闭合电路的磁通量的变化量有关

C. 与穿过闭合电路的磁通量的变化快慢程度有关

D. 与电路是否闭合有关

（4）在电磁感应现象中，下列几种说法中正确的是（ ）

A. 感应电流的磁场方向总是跟原来的磁场方向相反

B. 感应电动势的大小，跟穿过线圈的磁通量变化率成正比

C. 感应电动势的大小跟穿过线圈的磁通量成正比

D. 穿过线圈的磁通量越多，产生的感应电动势也一定越大

3. 作图题

（1）图 3-51 中的 *cdef* 是金属框，当导体 *ab* 向右移动时，试应用楞次定律确定 *abcd* 和 *abfe* 两个电路感应电流的方向。

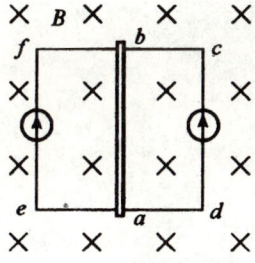

图 3-51 作图题（1）图

（2）如图 3-52 所示，把一条形磁铁从闭合螺线管的右端插入，并由左端抽出，试判断，在整个过程中，螺线管里产生感应电流的方向是否改变？

4. 计算题

（1）一个 100 匝的线圈，在 0.1 s 内穿过它的磁通量从 0.01 Wb 增加到 0.05 Wb。求线圈中的感应电动势。

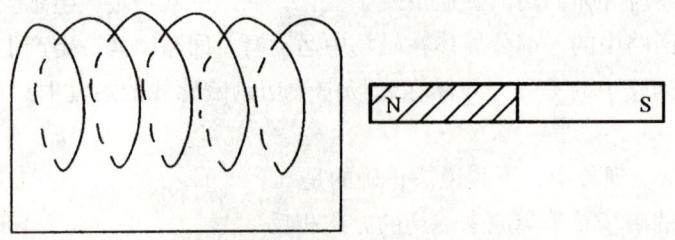

图 3-52　作图题（2）图

（2）有一个 50 匝的线圈，如果穿过它的磁通量变化率为 0.5 Wb/s，求感应电动势。

（3）在地球磁场里由东向西移动一根竖直导线，导线里有没有感应电动势？如果有，哪一端电势高？

（4）一个 100 匝的线圈，在 0.5 s 内穿过它的磁通量从 0.01 Wb 增加到 0.09 Wb。求线圈中的感应电动势。

本章重点知识拓展及梳理

几种典型的电场线分布

（1）孤立正、负点电荷周围的电场（如图3-53所示）：电场线是一系列的直线，越靠近电荷，电场线越密集，场强越强。

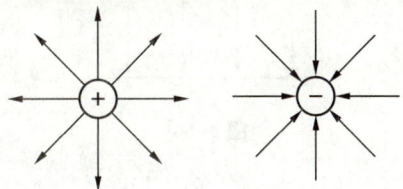

图3-53

（2）等量异种电荷周围的电场（如图3-54所示）：

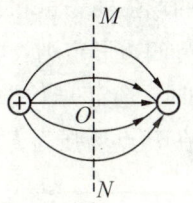

图3-54

① 两点电荷连线上各点的场强方向从正电荷指向负电荷，沿电场线方向场强先变小再变大。

② 两点电荷连线的中垂面（线）上，电场线的方向均相同，即场强方向相同，且与中垂面（线）垂直。

③ 在两点电荷连线的中垂线上，与两点电荷连线中点 O 等距离的各点场强相等。

（3）等量同种点电荷周围的电场（如图3-55所示）：

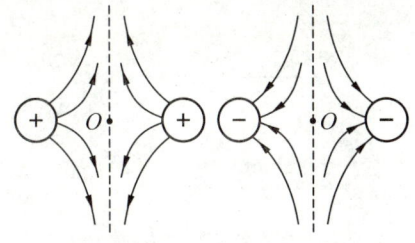

图3-55

① 两点电荷连线中点 O 处的场强为零，此处无电场线。

② 两点电荷连线中点 O 附近电场线非常稀疏，但场强不为零。

③ 从两点电荷连线中点 O 沿中垂面（线）到无限远，电场线先变密后变疏，即场强

先变大后变小。

④ 两点电荷连线中垂线上各点的场强方向和该直线平行。

（4）匀强电场（如图3-56所示）：电场线是一组平行线。

图 3-56

电场的叠加原理

如果有几个点电荷同时存在，它们的电场就互相叠加，形成合电场。这时某点的场强等于各个电荷单独存在时在该点产生的场强的矢量和，这叫作电场的叠加原理。电场叠加时某点场强的合成遵守矢量运算的平行四边形定则：

（1）当两场强方向在同一直线上时，选定一个方向为正方向后可作代数运算。如图3-57所示，$+q$ 在 P 点场强为 E_1，$-q$ 在 P 点场强为 E_2，则 $E_P = E_1 + E_2$，方向向右。

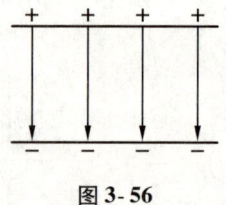

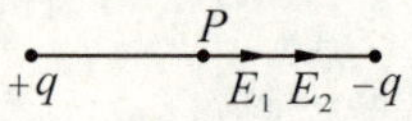

图 3-57

（2）当两场强方向不在同一直线上时，应求出各电荷在该点的场强大小，然后判断其方向进行矢量合成。如图3-58所示，在空中两个等量异种电荷，相距为 r，求到两点电荷距离均为 r 的 P 点的电场强度。因为 $E_1 = k\dfrac{q}{r^2}$，$E_2 = k\dfrac{q}{r^2}$，E_1、E_2 的方向所成夹角为 $2 \times 60°$，依平行四边形定则作出 E_1、E_2 的合场强 E_P，由于 $\triangle PE_2E_P$ 为等边三角形，故 $E_P = E_1 = E_2 = k\dfrac{q}{r^2}$，方向向右。

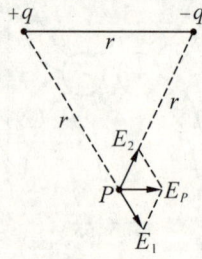

图 3-58

讨论一：两个等量异种电荷连线的中垂线上合场分布如图3-59所示，可见合场方向都垂直中垂线指向负电荷一边，大小随离 O 点的距离增大而减小。

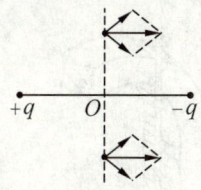

图 3-59

讨论二：两等量负电荷连线的中垂线上合场分布如图 3-60 所示，可见合场强方向都是沿中垂线指向 O 点，大小随着离 O 点距离增大先从零增到最大，然后又逐渐减小（在 O 点时 $E=0$，在距 O 点无限远时 $E=0$，说明 O 点至无限远之间肯定存在最大值）。

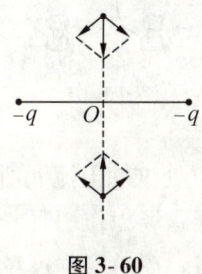

图 3-60

【说明】

① 电场中某处的电场强度的大小和方向取决于电场本身的性质和该处的位置，与放入电场中的试探电荷的电量及电荷的性质无关。

② 公式 $E=\dfrac{F}{q}$ 是场强的定义式，适用于一切电场，而 $E=k\dfrac{Q}{r^2}$ 是推导式，只适用于点电荷在真空中的电场。

③ 要特别注意公式 $E=k\dfrac{Q}{r^2}$ 的适用条件，不能随意应用数学推导。如当 $r\to 0$ 时，$E\to\infty$，但这是不成立的。因为当 $r\to 0$ 时，电荷 Q 就不能看作是点电荷，因而公式 $E=k\dfrac{Q}{r^2}$ 根本就不成立。

④ 电场强度和电场力是两个不同的物理概念。电场强度是针对电场中某点而言的，反映电场的力的性质；而电场力是针对电荷而言的，是电荷受的力。

电流计的工作原理

电流计是利用磁场对电流的作用制成的，叫作磁电式仪表。其构造如图 3-61 所示。

当有电流经弹簧流经线圈时，安培力的力矩 M_1 使铝框及指针转动，螺旋弹簧由于被扭动而产生一个阻碍铝框转动的力矩 M_2，指针最终指在由 $M_1=M_2$ 所确定的位置。所以，电流大小不同，安培力的力矩 M_1 大小就不同，指针偏转角度也不同，因此可根据指针偏转角度的大小，来测电流的强弱。

【例题讲解 1】 关于磁感应强度 B，下列说法中正确的是（　　）。

A. 磁场中某点 B 的大小，跟放在该点的试探电流元的情况有关

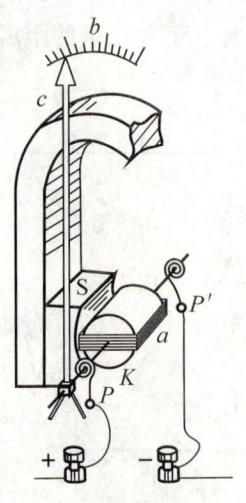

图 3-61

B. 磁场中某点 B 的方向，跟该点处试探电流元所受磁场力方向一致

C. 在磁场中某点试探电流元不受磁场力作用时，该点 B 值大小为零

D. 在磁场中磁感线越密集的地方，磁感应强度越大

> **讲解**
>
> 磁感应强度是磁场的本身属性，在磁场中某处为一恒量，其大小可由 $B=F/IL$ 计算，但与试探电流元的 F、I、L 诸情况无关；B 的方向规定为磁针 N 极受磁场力的方向，与放在该处电流元受力方向并不一致；当试探电流元的方向与磁场方向平行时，虽磁感应强度不为零，但电流元受磁场力却为零；据磁感应强度大小等于磁通密度即 $B=\Phi/S$ 可知，D 选项正确。

【答案】 D

【说明】 磁场中某点磁感线强度的大小与通电导线的受力无关，由磁场本身决定。

【例题讲解 2】 如图 3-62 相距 20 cm 的两根光滑平行铜导轨，导轨平面倾角为 $\alpha=37°$，上面放着质量为 80 g 的金属杆 ab，整个装置放在 $B=0.2$ T 的匀强磁场中。

(1) 若磁场方向竖直向下，要使金属杆静止在导轨上，必须通以多大的电流？

(2) 若磁场方向垂直斜面向下，要使金属杆静止在导轨上，必须通以多大的电流？

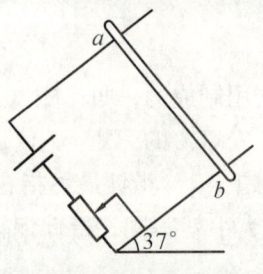

图 3-62

| 讲解 |

　　为准确方便地画出受力图示,应将原题中的立体图改画成侧视图。受力分析如图 3-63 所示,由平衡条件得

(1) $F = BIL = mg\tan\alpha$

$I = mg\tan\alpha/BL = 15$ A

(2) 当磁场垂直斜面向下时

$F = BIL = mg\sin\alpha$

$I = mg\sin\alpha/BL = 12$ A

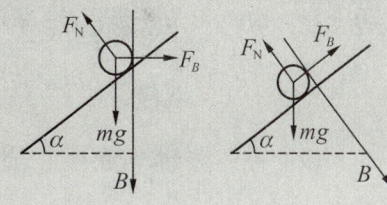

图 3-63

【说明】 该题的最后结果并不是很重要,相比而言,此题中的处理问题的方法却是必须要领悟掌握的,即将立体图示改画成侧视图后再画出受力图,切记。

安培力作用下物体的运动方向的判断

(1) 电流元法:即把整段电流等效为多段直线电流元,先用左手定则判断出每小段电流元所受安培力的方向,从而判断出整段电流所受合力方向,最后确定运动方向。

(2) 特殊位置法:把电流或磁铁转到一个便于分析的特殊位置后再判断安培力方向,从而确定运动方向。

(3) 等效法:环形电流和通电螺线管都可以等效成条形磁铁。

(4) 利用结论法:两电流相互平行无转动趋势,同向电流相吸引,反向电流相排斥;两电流不平行时,有转动到相互平行且电流方向相同的趋势,利用这些结论分析,可以收到事半功倍之效。

【例题讲解 3】 如图 3-64(a)所示,导体杆 ab 的质量为 m,电阻为 R,放置在与水平面夹角为 θ 的倾斜金属导轨上。导轨间距为 d,电阻不计,系统处在竖直向上的匀强磁场中,磁感应强度为 B。电池内阻不计,问:(1) 导轨光滑,电源电动势 ε 为多大时方能使导体杆静止在导轨上?(2) 杆与导轨间的动摩擦因数为 μ,且不通电时导体不能静止在导轨上,要使杆静止在导轨上,电池的电动势为多大?

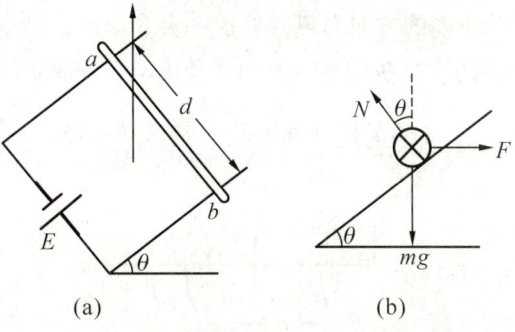

图 3-64

> **讲解**
>
> （1）将原题图所示的空间立体图改画为图3-64（b）所示的侧视图，并对杆进行受力分析。由平衡条件得：$F - N\sin\theta = 0$，$N\cos\theta - mg = 0$。而 $F = BId = B\dfrac{\varepsilon}{R}d$。
>
> 由以上三式解得 $\varepsilon = \dfrac{Rmg\tan\theta}{Bd}$。
>
> （2）导体杆 ab 必受摩擦力作用，当摩擦力沿斜面向上且达最大时，电池电动势最小。由平衡条件得：$F + f\cos\theta - N\sin\theta = 0$，$N\cos\theta + f\sin\theta - mg = 0$，$f = \mu N$，$F = B\dfrac{\varepsilon_{\min}}{R}d$。
>
> 解之得：$\varepsilon_{\min} = \dfrac{mgR(\sin\theta - \mu\cos\theta)}{Bd(\mu\sin\theta + \cos\theta)}$
>
> 当摩擦力沿斜面向下且达最大时，电池电动势最大。由平衡条件得：$F - f\cos\theta - N\sin\theta = 0$，$N\cos\theta - f\sin\theta - mg = 0$，$f = \mu N$，$F = B\dfrac{\varepsilon_{\max}}{R}d$。
>
> 解之得：$\varepsilon_{\max} = \dfrac{mgR(\sin\theta + \mu\cos\theta)}{Bd(\cos\theta - \mu\sin\theta)}$
>
> 故电池电动势应为：
>
> $\dfrac{mgR(\sin\theta - \mu\cos\theta)}{Bd(\mu\sin\theta + \cos\theta)} \leq \varepsilon \leq \dfrac{mgR(\sin\theta + \mu\cos\theta)}{Bd(\cos\theta - \mu\sin\theta)}$

带电粒子在磁场中的运动

（1）沿着磁感线方向射入匀强磁场的带电粒子，所受的洛伦兹力 $F = 0$，带电粒子将在匀强磁场中做匀速直线运动。

（2）带电粒子在磁场中的运动轨迹。垂直磁场方向射入匀强磁场的带电粒子，在磁场中做匀速圆周运动。

带电粒子在磁场中运动的轨道半径和周期。带电粒子做匀速圆周运动的向心力由洛伦兹力提供，由 $qvB = m\dfrac{v^2}{r}$ 可得：轨道半径 $r = \dfrac{mv}{qB}$，运动周期 $T = \dfrac{2\pi m}{qB}$。

（3）当带电粒子运动速度的方向与磁感线成一夹角 θ 时，带电粒子将在匀强磁场中做螺旋线运动（如图3-65所示），在磁感线方向做速度 $v_2 = v\cos\theta$ 的匀速直线运动，在垂直于磁感线方向做速度 $v_1 = v\sin\theta$ 的匀速圆周运动，其运动半径 $r = \dfrac{mv_1}{qB} = \dfrac{mv\sin\theta}{qB}$。

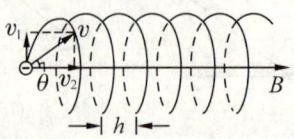

图3-65

运动周期 $T = \dfrac{2\pi m}{qB}$

运动螺距 $h = v_2 t = v\cos\theta \cdot \dfrac{2\pi m}{qB} = \dfrac{2\pi mv\cos\theta}{qB}$。

【说明】 在研究带电粒子在匀强磁场中做匀速圆周运动规律时，着重把握"一找圆心，二找半径 $r = \dfrac{mv}{qB}$，三作轨迹，四找周期 $T = \dfrac{2\pi m}{qB}$ 时间"的规律。

(1) 圆心的确定：因为洛伦兹力 F 指向圆心，根据 $F \perp v$，画出粒子运动轨迹中任意两点（一般是射入和射出磁场两点）的 F 的方向，沿两个洛伦兹力 F 画其延长线，两延长线的交点即为圆心。

(2) 半径的确定和计算：利用平面几何关系，求出该圆的可能半径（或圆心角），并注意以下三个重要的几何特点：

① 粒子速度的偏向角（φ）等于回旋角（α），并等于 AB 弦与切线的夹角（弦切角 θ）的两倍（如图3-66），即 $\varphi = \alpha = 2\theta = \omega t$。

② 相对的弦切角（θ）相等，与相邻的弦切角（θ'）互补，即 $\theta + \theta' = 180°$。

③ 粒子在磁场中运动时间的确定：利用回旋角（即圆心角）与弦切角的关系，或者利用四边形内角和等于 $360°$ 计算出圆心角 α 的大小，由公式 $t = \dfrac{\alpha}{360°} \cdot T$，可求出粒子在磁场中的运动时间。

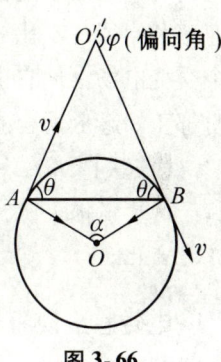

图 3-66

4. 由于洛伦兹力始终与带电粒子运动的方向垂直，故洛伦兹力对粒子不做功。

回旋加速器的加速原理

(1) 带电粒子在匀强电场中被加速，速度越来越大，粒子被引出装置。

(2) 带电粒子在匀强磁场中做匀速圆周运动，轨道半径与速率成正比。

(3) 带电粒子在匀强磁场中做匀速圆周运动，周期跟速率和轨道半径无关，对一定的带电粒子和一定的磁感应强度来说，周期是恒定的。

(4) 高频交变电场的周期与带电粒子的运动周期相同，使带电粒子每次经过电场时都被加速。

如图 3-67 所示，放在 A_0 处的粒子源发出一个带正电的粒子，它以某一速率 v_0 垂直进入匀强磁场，在磁场中做匀速圆周运动。经过半个周期，当它沿着半圆弧 A_0A_1 到达 A_1 时，在 A_1A_1' 处造成一个 $A \to A'$ 的电场，使这个带电粒子在 A_1A_1' 处受到一次电场的加速，速率由 v_0 增大为 v_1 并继续在磁场中做匀速圆周运动，由于粒子的轨道半径跟它的速率成正比，因而粒子将沿着半径增大了的圆周运动。又经过半个周期，当它沿着半圆弧 $A_1'A_2'$ 到达 A_2' 时，在 $A_2'A_2$ 处造成一个 $A' \to A$ 的电场，使粒子又一次受到电场的加速，速率增加到 v_2，如此继续下去，每当粒子运动到 A_1A_1'、A_3A_3' 等处时都使它受到电场的加速，每当粒子运动到 $A_2'A_2$、$A_4'A_4$ 等处时也都使它受到电场的加速，粒子将沿着图示的螺线 $A_0A_1A_1'$

$A_2'A_2$……回旋下去，速率将一步一步地增大。

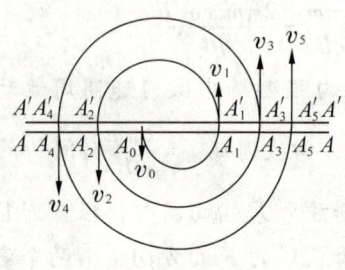

图 3-67

带电粒子在匀强磁场中做匀速圆周运动的周期 $T=2\pi m/qB$ 跟运动速率和轨道半径无关，对一定的带电粒子和一定的磁感应强度来说，这个周期是恒定的。因此，尽管粒子的速率和半径一次比一次增大，运动周期 T 却始终不变，这样，如果直线 AA、$A'A'$ 处造成一个交变电场，使它也以相同的周期 T 往复变化，那就可以保证粒子每经过直线 AA 和 $A'A'$ 时都正好赶上适合的电场方向而被加速。

【注意】用这种周期不变的交变电场使粒子回旋加速，其最大速度是有限的。因为当粒子的速度很大时，其质量的增加不能忽略，因而引起周期变化，其加速电压的周期也要随之变化。

电磁感应现象与感应电流

利用磁场产生电流的现象叫电磁感应现象，产生的电流叫感应电流。

产生感应电流的条件

穿过闭合电路的磁通量发生变化。

【说明】电磁感应现象遵守能量守恒定律。

【例题讲解4】 如图3-68，竖直放置的长直导线通过恒定电流，有一矩形线框与导线在同一平面，在下列情况中线框产生感应电流的是(　　)。

A. 导线中电流强度变大 B. 线框向右平动
C. 线框向下平动 D. 线框以 ab 边为轴转动
E. 线框以直导线为轴转动

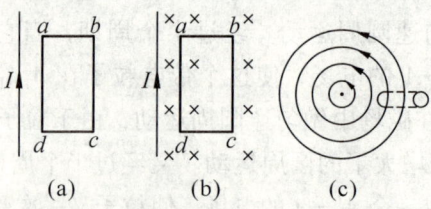

图 3-68

【讲解】

分析是否产生感应电流，关键就是分析穿过闭合线框的磁通量是否变化，而分析磁通量是否有变化，就要搞清楚磁感线的分布，亦即搞清楚磁感线的疏密变化和磁感线方向的变化。

对 A 选项，因 I 增大而引起导线周围的磁场增强，使穿过线框的磁通量增大，故 A 正确；

对 B 选项，因离开直导线方向越远，磁感线分布越疏（如图 3-68（b）），因此线框向右平动时，穿过线框的磁通量变小，故 B 正确。

对 C 选项，由图 3-68（b）可知线框向下平动时穿过线框的磁通量不变，故 C 错。

对 D 选项，可用一些特殊位置来分析，当线框在图 3-68（b）图示位置时，穿过线框的磁通量最大，当线框转过 90°时，穿过线框的磁通量为零，因此可以判定线框以 ab 轴转动时磁通量一定变化，故 D 正确。

对 E 选项，先画出俯视图如图 3-68（c），由图可看出线框绕直导线转动时，在任何一个位置穿过线框的磁感线条数均不变，因此无感应电流，故 E 错。

【答案】 A，B，D

【说明】 A，B 两种情况属于磁场变化而引起磁通量的变化，D 属于夹角 θ 变化而引起磁通量的变化。解决本题的关键是分析清楚通电长直导线周围磁感线的分布情况。

【例题讲解 5】 如图 3-69 所示，在 O 点正下方有一个理想边界的磁场，铜环在 A 点，由静止释放向右摆至最高点 B，不考虑空气阻力，则下列说法正确的是（　　）

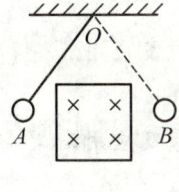

图 3-69

A. A、B 两点在同一水平线上　　B. A 点高于 B 点
C. A 点低于 B 点　　D. 铜环将做等幅摆动

【讲解】

铜环由 A 点向 B 点运动，在进入磁场和离开磁场的过程中，由于穿过环面的磁通量变化，故要产生感应电流，即产生电能，此电能是由环的机械能转化来的，即环由 A 到 B 过程中机械能减少，所以 B 点比 A 点低，只有 B 正确。

【答案】 B

【说明】 在电磁感应现象中，产生感应电流的过程是能的转化或转移的一个过程，遵守能的转化与守恒定律。如本题这类问题从能的转化守恒角度分析判断简捷方便。

第四章　直流电路

 本章概述

人们在掌握了使电荷按照一定规律运动的方法后，就开始了对电的实际应用，电能在生产、生活中的应用极其广泛，电脑、电冰箱、电磁炉等都是靠电流工作的，在现代化矿井生产系统中，采掘、运输、提升机械都是用电动机来驱动的，可以说人类的生活、生产与电能的利用息息相关。本章重点研究恒定电流在简单直流电路中的基本规律，这些规律是同学们将来学习电工与电子技术的基础，希望深刻理解并熟练掌握。

 教学目标

1. 了解并学会电阻定律的应用。
2. 掌握串联电路和并联电路的知识及应用。
3. 学会电功、电功率的计算。
4. 熟练掌握全电路欧姆定律的内容及应用。
5. 了解学习安全用电知识。

第一节 电阻定律

一、电流

大量电荷的定向移动形成电流,因此,要形成电流,首先必须要有大量能够自由移动的电荷——自由电荷,例如,金属中的自由电子,如图 4-1 所示;电解质溶液(酸、碱、盐的水溶液)中的正离子、负离子都是自由电荷。其次,要使导体中的自由电荷发生定向移动,就必须在导体的两端施加恒定的电势差。这样,才能使导体中存在电场,自由电荷在电场力的作用下发生定向移动。通常我们利用干电池、蓄电池、发电机等这类电源装置来保持导体两端的电势差,因此,形成电流的条件,除了要有可以自由移动的电荷外,导体两端必须存在一定的电势差(或电压)。

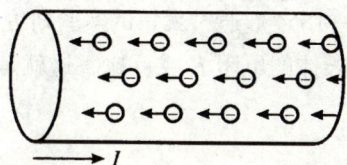

图 4-1 金属中的自由电子

正、负电荷的定向移动都可以形成电流。电场理论告诉我们,正、负电荷在同一电场中所受电场力的方向相反。因此,导体中形成电流时,正、负电荷定向移动的方向相反。习惯上规定正电荷的定向移动方向为电流方向,例如,在金属导体中,电流的方向与自由电子定向移动的方向相反;在电解质溶液中,电流的方向与正离子定向移动的方向相同,与负离子定向移动的方向相反,如图 4-1 所示。

导体中形成的电流有强弱的不同,电流的强弱用电流强度这个物理量来表示。

如图 4-2 所示,通过导体横截面的电荷量 q 跟通过这些电荷量所用的时间 t 的比值称为电流强度,简称电流。用 I 表示电流,则有

$$I = \frac{q}{t} \tag{4-1}$$

在国际单位制中,电流的单位是安培,简称安,符号是 A。如果在 1 s 内通过导体横截面的电荷量是 1 C,导体中的电流就是 1 A。电流的常用单位还有毫安(mA)和微安(μA)。

$$1\text{mA} = 10^{-3}\text{A}$$
$$1\mu\text{A} = 10^{-6}\text{A}$$

方向不随时间而改变的电流叫直流,方向和强弱都不随时间而改变的电流叫恒定电流。本章所说的直流都指恒定电流。

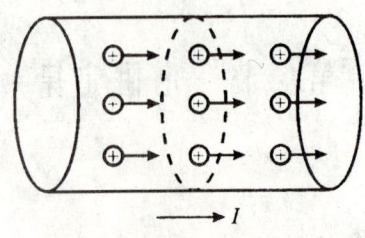

图 4-2 电流

二、欧姆定律 电阻

在导体两端加上电压,导体中形成电流,就有大量自由电荷发生定向移动,但定向移动的自由电荷并非做直线运动,它们要与导体内部的离子、原子发生频繁碰撞而受到阻碍作用,这种阻碍作用就是导体的电阻。电阻是导体本身的一种性质。那么导体中的电流跟导体两端的电压、导体本身的电阻有什么关系呢?

1. 欧姆定律

德国物理学家欧姆(1787—1854)通过大量的实验研究得出结论:导体中的电流 I 与导体两端的电压 U 成正比,跟导体的电阻 R 成反比,这就是欧姆定律。

用公式表示,则为

$$I = \frac{U}{R} \tag{4-2}$$

导体的电阻 R 反映了导体对电流的阻碍作用,仅与导体本身性质有关,与两端的电压和其中的电流无关。对同一个导体,不管电压和电流的大小怎样变化,它们的比值即电阻都是恒定不变的。

电阻的单位是欧姆,简称欧,符号是 Ω。根据欧姆定律,如果在导体两端加上 1 V 的电压,通过的电流是 1 A,这段导体的电阻就是 1 Ω。1 Ω = 1 V/A。常用的电阻单位还有千欧(kΩ)和兆欧(MΩ)。

$$1\ k\Omega = 10^3\ \Omega$$
$$1\ M\Omega = 10^6\ \Omega$$

2. 伏安特性曲线

导体中电流 I 和电压 U 的关系也可以用图线来表示。如果用纵轴表示电流 I,用横轴表示电压 U,画出的 $U-I$ 图线叫作导体的伏安特性曲线。在金属导体中,电流跟电压成正比,伏安特性曲线是通过坐标原点的一条直线,如图 4-3 所示,具有这种伏安特性的元件叫作线性元件。

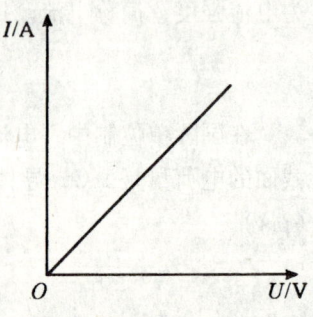

图 4-3 伏安特性曲线

欧姆定律的适用

实验表明，欧姆定律除了适用于金属导体外，也适用于电解质溶液。但欧姆定律不适用于气态导体（如日光灯管中的气体）和某些半导体器件（如晶体二极管、晶体三极管）。半导体器件的伏安特性曲线不是直线，这类元件叫作非线性元件。

三、电阻定律超导

1. 电阻定律

电阻是导体本身的一种性质，它的大小反映了导体对电流阻碍作用的大小。那么，电阻的大小究竟是由导体的哪些因素决定的呢？

我们猜想，金属导体的电阻可能与其长度、形状（如直线形、环形、螺旋形等）、粗细、材料、温度等因素有关。通过实验发现，金属导体的电阻跟它的长度、横截面积（粗细）、材料及温度有关，而与其他因素无关。下面我们应用控制变量实验法定量地研究它们之间的关系。

按照图4-4（a）所示的电路图连接电路，图中A，B之间接入待研究的金属导线，如图4-4（b）所示。

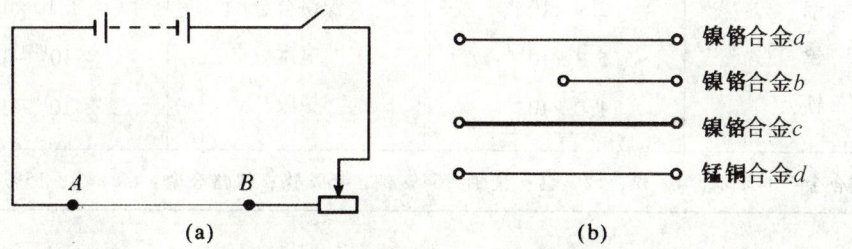

图4-4 电路图与待研究的金属导线

把材料、横截面面积相同，但长度不同的合金导线（a，b）先后接入电路中。调节滑动变阻器，保持导线两端的电压相同，并测出电流。实验表明，电流与导线的长度成反比，这表明导线的电阻与导线的长度成正比，用R表示导线的电阻，用L表示它的长度，则可写成

$$R \propto L$$

把材料、长度相同，但横截面面积不同的合金导线（a，c）先后接入电路中。调节滑动变阻器，保持导线两端的电压相同，并测出电流，实验表明，电流与导线的横截面面积成正比，这表明导线的电阻与横截面面积成反比。用S表示导线的横截面积，则可写成

$$R \propto \frac{1}{S}$$

把长度、横截面面积相同,但不同材料的合金导线(a,b)先后接入电路中。调节滑动变阻器,保持导线两端的电压相同,并测出电流,实验表明,材料不同,导线的电阻也不同。

由以上实验表明,在一定温度下,一段粗细均匀的金属导体的电阻 R 跟它的长度 L 成正比,跟它的横截面面积 S 成反比,这就是电阻定律,用公式表示,则有

$$R = \rho \frac{L}{S} \qquad (4\text{-}3)$$

式中的比例常数 ρ 称为材料的电阻率。对于不同的材料,电阻率 ρ 是不同的。在国际单位制中,R,S,L 的单位分别是 Ω,m^2,m,所以电阻率 ρ 的单位是 $\Omega \cdot m$(欧·米)。表4-1中列出了几种常用材料在 20 ℃时的电阻率。

电阻率是一个反映材料导电性能强弱的物理量。横截面面积和长度都相同而材料不同的导体,材料电阻率 ρ 越小,导体的电阻 R 越小,则这种导体的导电性能越好,从表4-1可以看出,银是导电性最好的材料。虽然铝的导电性不如银和铜,但铝的价格较便宜,因此,在供电系统中大量用铝导线输电。

表4-1 几种常用材料在 20 ℃时的电阻率

材料	$\rho/(\Omega \cdot m)$	材料	$\rho/(\Omega \cdot m)$
银	1.6×10^{-8}	锰铜合金	4.8×10^{-7}
铜	1.7×10^{-8}	康铜(镍铜)	5.0×10^{-7}
铝	2.9×10^{-8}	镍铬合金	1.10×10^{-6}
钨	5.3×10^{-8}	电木	$10^{10} \sim 10^{14}$
铁	1.0×10^{-7}	橡胶	$10^{13} \sim 10^{16}$

注:锰铜合金:84%铜,4%镍,12%锰;康铜:54%铜,46%镍;镍铬合金:60%镍,15%铬,25%铁。

电阻率在实际中的应用

金属(如铂)的电阻率都随温度的升高而增大,利用这种特性可以制作电阻温度计,有些合金(如锰铜合金、镍铜合金)的电阻率受温度变化的影响很小,常用来制作标准电阻。如实验室中的线圈电阻器,其电阻丝就是用合金制作的。

[**例题**] 一条铜丝,截面面积 $S = 0.20 \text{ mm}^2$,长 $L = 2.44$ m,在它的两端加上电压 $U = 0.60$ V 时,通过它的电流 $I = 0.10$ A,求这种铜丝的电阻率。

分析 由电阻定律可知,如果已知 R,L,S,才能求出 ρ,而题目中已知 L,S,电阻

R 未知，因此先要求出电阻 R，才可解决问题。电阻 R 可根据欧姆定律求出，解题时，按分析顺序倒推回去即可。

解 由欧姆定律可得

$$R = \frac{U}{I} = \frac{0.60}{0.10}\ \Omega = 6.0\ \Omega$$

根据电阻定律

$$R = \rho \frac{L}{S}$$

得电阻率 ρ 为

$$\rho = R \cdot \frac{S}{L} = \frac{6.0 \times 0.20 \times 10^{-6}}{2.44}\ \Omega \cdot m = 4.9 \times 10^{-7}\ \Omega \cdot m$$

2. 超导

电阻是导体本身的一种性质，这种性质从能量转换的角度来说就是一种耗能性，因为电流通过导体时会使导体发热，特别在远距离高压输送电过程中，导线电阻不可忽略，这样就有很多电能白白损耗在输电导线上。据统计，目前的铜或铝导线输电，约有15%的电能损耗在输电线路上。仅在我国，每年的电力损失可达 1 000 多亿千瓦时！因此，科学家正在寻找一种在室温（300 K）下电阻很小甚至为零的材料。如果用这种材料做输电导线，那么一年节省的电能相当于新建数十个大型发电厂。

（1）超导现象

1911 年，荷兰科学家昂尼斯（1853—1926）首先在实验中发现，当温度下降到 4.2 K 时，水银的电阻突然变为零，此后，很多科学家发现，大多数金属或合金在温度降到某一数值时，都会出现电阻突然降为零的现象，我们把这种现象称为超导现象。电阻为零的导体叫作超导体，导体由普通状态向超导体转变时的温度称为超导转变温度，或临界温度，用 T_c 表示，例如，铝的转变温度 $T_c = 1.2$ K。显然，在这样低的温度下发生的超导现象在实际中很难应用，因此，很多科学家仍在坚持不懈地寻求转变温度较高甚至室温下的超导材料——高温超导材料。现在世界上已公布的最高转变温度为 135 K。

我国超导材料的研究应用情况

我国从 20 世纪 60 年代初开始了超导的科学研究和应用开发。1987 年 2 月 20 日，我国科学家赵忠贤等发现了转变温度为 78.5 K 的钇钡铜氧陶瓷超导体。1989 年，我国研制出转变温度为 132 K 的超导体。1996 年，我国研制的超导线芯长度已突破 1000 m，世界上目前仅有少数几个发达国家超导线芯可达千米以上，这意味着我国在超导材料方面的研究已处在世界领先水平。

（2）超导材料的特性和应用

超导体的另一重要特性是抗磁性。1933年，迈斯纳和奥克森菲尔德两位科学家发现，如果把超导体放在磁场中冷却，则在材料电阻消失的同时，磁感应线将从超导体中排出，磁场不能穿过超导体，这种现象称为抗磁性。利用超导材料的抗磁性，将超导材料放在一块永久磁体的上方，由于磁体和超导体之间的相互排斥力，超导体将悬浮在磁体上方。利用这种磁悬浮效应可以制作磁悬浮列车。

超导技术已经在电机、输电、磁流体发电、交通运输和医疗等方面得到了广泛的开发和应用。它在电子技术、空间技术等方面也展现了乐观的前景。我们坚信，在不久的将来，超导技术必将在科学技术上引起深刻的革命，更多地造福于人类。

习题 5.1

1. 填空题

（1）电流的方向与负电荷定向移动的方向_____。

（2）一条导线中的电流为 1.6 A，在 4 s 内通过该导线横截面的电量是_____ C。

（3）在温度不变时，导体电阻的大小决定于导体的_____、_____和_____。

（4）电阻率 ρ 是反映材料_____的物理量。

2. 选择题

（1）一段导体的电阻值为 R，先把它拉长到 $2L$，再对折起来，该导体的电阻是（　　）

A. $R/2$　　　　B. $2R$　　　　C. R　　　　D. 无法判断

（2）甲、乙两根均匀电阻丝，它们的材料和粗细都相同，甲的长度是乙的 2 倍，则甲的电阻是乙的（　　）倍。

A. 2　　　　B. 4　　　　C. 1　　　　D. $\dfrac{1}{2}$

3. 判断题

（1）在电解质溶液中，电流的方向与正离子定向移动的方向相反，与负离子定向移动的方向相同。（　　）

（2）在电源外部的电路中，电流的方向是从电源的负极流向正极。（　　）

（3）方向和强弱都不随时间而改变的电流叫恒定电流。（　　）

4. 计算题

（1）在某导体两端加上 50 V 的电压，其中通过的电流是 2 mA，该导体的电阻是多少？

（2）某一合金导线的截面面积 $S = 0.10 \text{ mm}^2$，长 $L = 2.30 \text{ m}$，通过它的电流 $I = 0.10$ A，求这一合金导线两端的电压。（$\rho = 4.9 \times 10^{-7} \Omega \cdot \text{m}$）

第二节 串联电路和并联电路

一、串联电路

在实际应用中，用电器是按一定的连接方式接入电路中的，其中串联和并联是两种基本的连接方式，按不同连接方式构成的电路，在电压、电流、电功率的分配等方面有不同的特点和性质。

把两个或两个以上的电阻一个接一个无分支地依次连接起来，这种连接方式叫串联。把串联电阻的两端接到电源上，就组成串联电路，如图4-5（a）所示。

在串联电路中，电流只有一条通路，所以串联电路中各处的电流相等，如果用伏特表测量各部分电压后会发现，电路两端的总电压等于各部分电路的电压之和。这是串联电路的基本特点，即

$$I_1 = I_2 \tag{4-4}$$

$$U = U_1 + U_2 \tag{4-5}$$

根据串联电路的这两个基本特点，利用欧姆定律，还可以得出串联电路的三个重要性质。

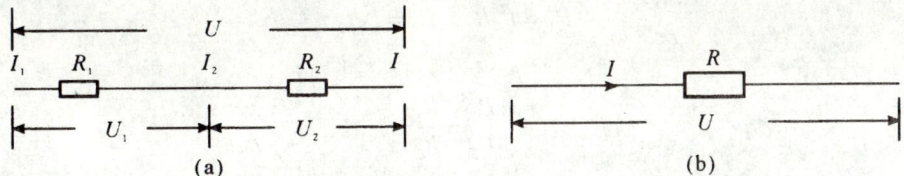

图4-5 串联电路

1. 串联电路的总电阻

在保持电路两端电压和其电流不变的条件下，把多个串联电阻用一个电阻 R 来代替，这个电阻 R 叫作它们的等效电阻或总电阻。

如图4-4（b）所示，在保持电路 U, I 不变的情况下，由欧姆定律可得 $U = IR$，由图4-4（a）可得

$$U = U_1 + U_2 = IR_1 + IR_2$$

所以

$$R = R_1 + R_2 \tag{4-6}$$

这就是说，电阻串联时，总电阻等于各个串联电阻之和。

2. 串联电路的电压分配

由串联电路的电压基本特点 $U = U_1 + U_2$ 可知，在串联电路中，总电压被分配到每个串联电阻上，即每个串联电阻分得总电压的一部分。串联电阻的这种作用叫作分压作用，串联电阻也叫分压电阻，串联电路又叫分压电路。

根据串联电路的电流基本特点（$I = I_1 = I_2$）和欧姆定律（$I_1 = \dfrac{U_1}{R_1}$，$I_2 = \dfrac{U_2}{R_2}$），可得

$$\frac{U_1}{R_1} = \frac{U_2}{R_2} \tag{4-7}$$

这表明，串联电路中各个电阻两端的电压跟它的电阻值成正比，即串联电阻的电阻值越大，它分担的电压就越大，此时，各个电阻分得的电压分别是

$$U_1 = IR_1 = \frac{R_1}{R} U$$

$$U_2 = IR_2 = \frac{R_2}{R} U$$

3. 串联电路的功率分配

根据

$$U = U_1 + U_2$$
$$P = UI$$

可得

$$P = UI = (U_1 + U_2)I = U_1 I + U_2 I = P_1 + P_2 \tag{4-8}$$

这表明，串联电路的总功率等于每个串联电阻消耗的功率之和。

根据 $P = I^2 R$，可得每个电阻所消耗的功率

$$P_1 = I^2 R_1, \quad P_2 = I^2 R_2$$

即

$$\frac{P_1}{P_2} = \frac{R_1}{R_2} \tag{4-9}$$

这表明，串联电路中各个电阻所消耗的功率跟它的电阻值成正比。

[**例题 1**] 仪表的测量范围叫作仪表的量程，如图 4-6 所示，一个量程为 10 V，内阻为 5.0 kΩ 的电压表，要把它的量程扩大到 50 V，应该串联一个多大的电阻？

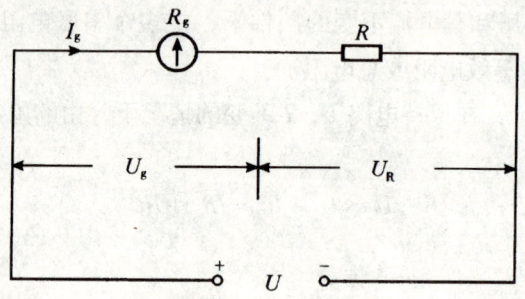

图 4-6　例题 1 图

分析　首先，我们由电压表的量程 U_g 及其内阻 R_g，运用欧姆定律，可计算出通过电压表的满偏电流 I_g，这个电流就是通过分压电阻的电流。然后，比较电压表改装前后的量程，可求得分压电阻必须分担的电压 U_R。

最后运用欧姆定律即可求出分压电阻的大小。

解 根据欧姆定律，电压表的满偏电流 I_g 为

$$I_g = \frac{U_g}{R_g} = \frac{10}{5.0 \times 10^3} \text{A} = 2.0 \times 10^{-3} \text{A}$$

设应串联的电阻为 R，该电阻必须分担的电压为

$$U_R = U - U_g = (50 - 10) \text{ V} = 40 \text{ V}$$

再根据欧姆定律，可得分压电阻的阻值

$$R = \frac{U_R}{I_g} = \frac{40}{2.0 \times 10^{-3}} \Omega = 2.0 \times 10^4 \, \Omega = 20 \text{ k}\Omega$$

[例题2] 把标有"220 V 100 W"和"220 V 40 W"的两个电灯泡串联起来，接在 220 V 的电路上，哪个灯泡更亮些? 它们消耗的电功率各是多少? （假定灯丝电阻不随温度改变）

分析 要想知道哪个灯泡更亮些，就应比较灯泡的实际电功率，实际电功率大者就更亮些，根据额定电压、额定电功率，可计算灯泡的电阻，然后根据串联电路的电功率特点计算它们的实际电功率。

解 根据

$$P = \frac{U^2}{R}$$

可得两个灯泡的电阻

$$R_1 = \frac{U^2}{P_1} = \frac{220^2}{100} \Omega = 484 \, \Omega$$

$$R_2 = \frac{U^2}{P_2} = \frac{220^2}{40} \Omega = 1210 \, \Omega$$

设两个灯泡的实际电压分别为 U_1，U_2，根据串联电路的性质，可得

$$U_1 = \frac{R_1}{R_1 + R_2} U = 63 \text{ V}$$

$$U_2 = \frac{R_2}{R_1 + R_2} U = 157 \text{ V}$$

设两个灯泡的实际电功率分别为 $P_1{}'$ 和 $P_2{}'$，那么

$$P_1{}' = \frac{U_1^2}{R_1} = \frac{63^2}{484} \text{W} = 8.2 \text{ W}$$

$$P_2{}' = \frac{U_2^2}{R_2} = \frac{157^2}{1210} \text{W} = 20.4 \text{ W}$$

可以看出，两个灯泡的实际电功率都远远小于它们的额定电功率，与正常发光相比都变暗，并且额定电功率较小的"220 V 40 W"的灯泡反而比额定电功率较大的"220 V 100 W"的灯泡更亮些。

二、并联电路

把两个或两个以上电阻的两端并列连接在两个共同端点之间，从这两个共同端点看进

去，这些电阻的连接方式叫并联。把并联电阻的两个共同端点接到电源上，这样就组成并联电路，如图4-7（a）所示。

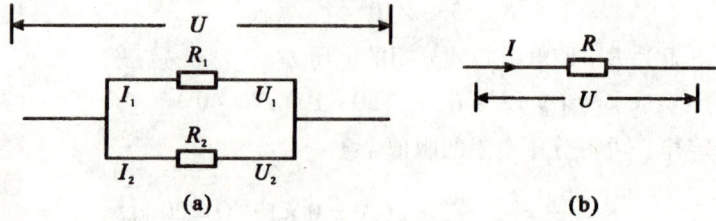

图4-7 并联电路

在并联电路中，有几个电阻并联，就有几条支路。这些支路连接在两个共同端点之间，所以，并联电路中各支路两端的电压相等。用安培表测量各支路电流后发现，电路中的总电流等于各支路电流之和。这是并联电路的基本特点，即

$$U = U_1 = U_2 \tag{4-10}$$

$$I = I_1 + I_2 \tag{4-11}$$

并联电路还有如下3个重要性质。

1. 并联电路的总电阻

如果把几个并联电阻用一个电阻R来代替，并把它接在两个公共点之间，在相同的电压下，通过主电路的电流跟原来的相同；那么，我们把电阻R叫作它们的等效电阻或总电阻。如图4-7（b）所示。

设电路的总电阻为R，由并联电路的电流基本特点和欧姆定律可得

$$\frac{U}{R} = \frac{U}{R_1} + \frac{U}{R_2}$$

即

$$\frac{1}{R} = \frac{1}{R_1} + \frac{1}{R_2} \tag{4-12}$$

这就是说，电阻并联时，总电阻的倒数等于各支路电阻的倒数之和。

2. 并联电路的电流分配

在并联电路中，每条支路都是电流的通路，即每个支路电阻上通过的电流是总电流的一部分。并联电阻的这种作用叫分流作用，并联电阻也叫分流电阻，并联电路又叫分流电路。

由并联电路的电压基本特点和欧姆定律可得

$$I_1 R_1 = I_2 R_2$$

即

$$\frac{I_1}{I_2} = \frac{R_2}{R_1} \tag{4-13}$$

这表明，并联电路中，通过各个电阻的电流跟它的电阻值成反比，即并联电阻的阻值越大，通过它的电流就越小。此时，各个电阻分配到的电流分别是

$$I_1 = \frac{U}{R_1} = \frac{R}{R_1}I = \frac{R_2}{R_1+R_2}I$$

$$I_2 = \frac{U}{R_2} = \frac{R}{R_2}I = \frac{R_1}{R_1+R_2}I$$

3. 并联电路的功率分配

根据
$$I = I_1 + I_2$$
$$P = UI$$

可得
$$P = UI = U(I_1 + I_2) = UI_1 + UI_2 = P_1 + P_2 \tag{4-14}$$

这表明，并联电路的总功率等于每个并联电阻消耗的功率之和。

根据 $P = \dfrac{U^2}{R}$，每个电阻所消耗的功率分别是

$$P_1 = \frac{U^2}{R_1}, \quad P_2 = \frac{U^2}{R_2}$$

即

$$\frac{P_1}{P_2} = \frac{R_2}{R_1} \tag{4-15}$$

这表明，并联电路中各个电阻所消耗的功率跟它的电阻值成反比。

[**例题**3] 电阻 $R_g = 1\,000\,\Omega$，满偏电流 $I_g = 100\,\mu\text{A}$ 的微安表要改装成量程为 $I = 1\,\text{A}$ 的电流表，需要并联多大的分流电阻?

分析 要把量程为 $100\,\mu\text{A}$ 微安表改装成量程为 $1\,\text{A}$ 的电流表，需要进行分流。分流就要利用并联电路。本题已知改装前后电流表的量程，那么，通过分流电阻的电流 I_R 就等于 I 与 I_g 之差。由于已知 R_g，I_g，根据欧姆定律，可计算出电流表两端电压 U_g，分流电阻的电压 $U_R = U_g$，分流电阻的电阻值 R 可以求出。

解 如图 4-8 所示，根据并联电路的电流特点，可知分流电阻需要分担的电流

$$I_R = I - I_g = (1 - 0.000\,1)\,\text{A} = 0.999\,9\,\text{A}$$

分流电阻两端的电压与电流表两端的电压相等，所以

$$U_R = U_g = I_g R_g = 0.000\,1 \times 1\,000\,\text{V} = 0.1\,\text{V}$$

由欧姆定律，得

$$R = \frac{U_R}{I_R} = \frac{0.1}{0.999\,9}\,\Omega = 0.1\,\Omega$$

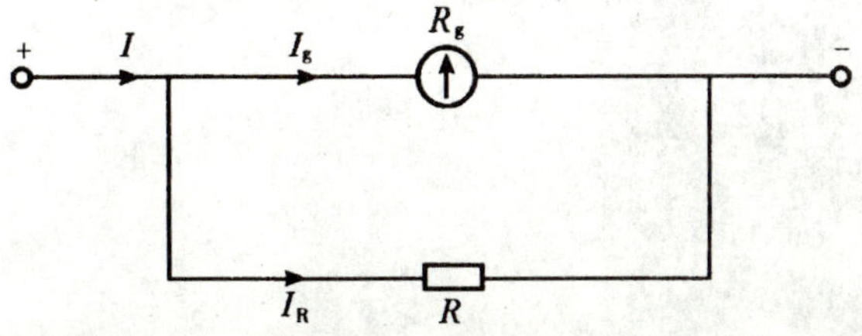

图 4-8 例题 3 图

[例题4] 如图4-9（a）所示，$R_1 = 20\ \Omega$，$R_2 = 30\ \Omega$，$R_3 = 60\ \Omega$。求：当S闭合后，R_3与R_2的电压之比U_3/U_2和通过R_3及R_2的电流之比I_3/I_2。

分析 像这样既有串联、又有并联的电路叫作混联电路，对混联电路，我们需根据串联电路、并联电路的特点和性质，运用等效的方法来简化电路。S闭合后，如图4-9（b）所示，整个电路为R_1，R_2并联后再与R_3串联的混联电路。我们先画出等效电路，如图4-9（c）所示，R_{12}为R_1和R_2的并联等效电阻。根据并联电路的性质可知，R_{12}上的电压就是R_2上的电压。利用串联关系，计算它们的电压之比，再根据欧姆定律，计算它们的电流之比。

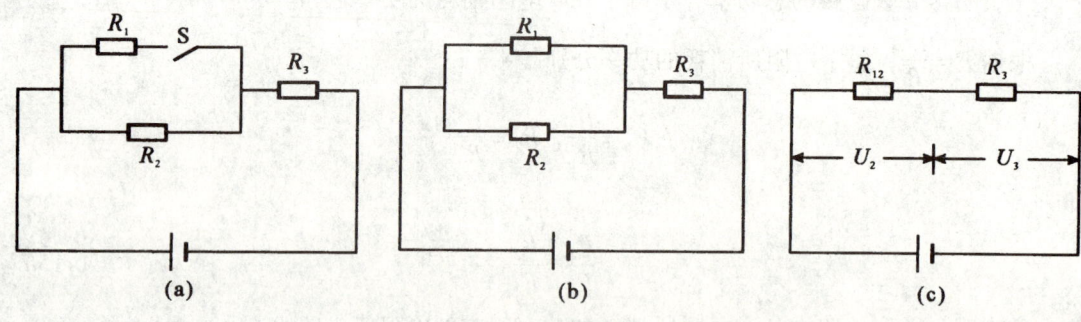

图4-9 例题4图

解 方法一：当S闭合后，R_1，R_2并联后的等效电阻为

$$R_{12} = \frac{R_1 R_2}{R_1 + R_2} = \frac{20 \times 30}{20 + 30}\ \Omega = 12\ \Omega$$

因为R_{12}与R_3串联，所以有

$$U_3/U_2 = R_3/R_{12} = 60/12 = 5/1$$

R_3和R_2的电流之比可以由欧姆定律求出

$$I_3/I_2 = (U_3/R_3)/(U_2/R_2) = (U_3/U_2) \cdot (R_2/R_3) = 5/2$$

方法二：根据并联电路的电流特点，$I_2 = \dfrac{R_1}{R_1 + R_2} I_3$

$$I_3/I_2 = (R_1 + R_2)/R_1 = 50/20 = 5/2$$

根据欧姆定律

$$I_3/I_2 = (U_3/R_3)/(U_2/R_2)$$

得

$$U_3/U_2 = 5/1$$

习题5.2

1. 填空题

（1）如果把串联电路中的几个电阻用一个电阻R来代替，我们把电阻R叫作串联电路的_____。

（2）两个电阻串联组成的电路，两端的电压是 100 V，其中一个的电阻值是 80 Ω，它两端的电压是 40 V，则另一个的电阻值是_____。

（3）既有串联、又有并联的电路叫作_____电路。

（4）两个电阻并联组成的电路，其电阻之比是 1∶2，它们两端的电压为 U，那么两个电阻所消耗的功率之比是_____。

2. 计算题

（1）把标有"220 V 100 W"和"220 V 60 W"的两个电灯泡串联起来，接在 220 V 的电路上，两个灯泡实际消耗的功率分别是多少？

（2）标有额定值"6 V 3 W"的小灯泡，如果接在 24 V 的电源上使用，必须串联一个多大的电阻才能使小灯泡正常发光？

（3）分别标有"220 V 100 W"和"220 V 40 W"的两只灯泡如果并联在 110 V 的电源上使用，它们所消耗的功率是多大？

第三节 电功 电功率

一、电功

在导体的两端加上电压,导体内就形成了电场,导体内的大量自由电荷在电场力的作用下发生定向移动,电场力对大量自由电荷做了功,这个功就是通常所说电流所做的功,简称电功。如果导体两端的电压为 U,通过的电流为 I,在时间 t 内通过导体任一横截面的电荷量为 $q=It$,这相当于在时间 t 内将电荷 q 从导体的一端移动到另一端,如图 4-10 所示。

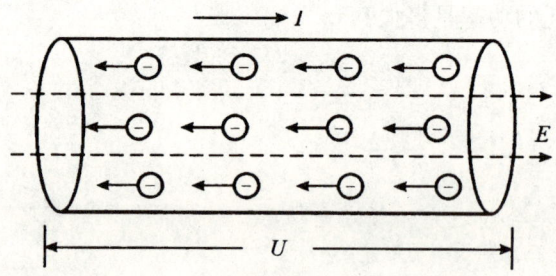

图 4-10 电场力对自由电荷做功

由静电场知识可知电功

$$W = qU$$

把 $q=It$ 代入上式可得

$$W = UIt \tag{4-16}$$

在国际单位制中,W,U,I,t 的单位分别是 J,V,A,s。

上式表明,电流在一段电路(即一段通电导体或用电器)上所做的功等于这段电路两端的电压 U、电路中的电流 I 和通电时间 t 三者的乘积。

电流通过电路做功的过程,就是把电能转化成非电能的过程,即用电的过程,电流在电路中做多少功,就有多少电能发生了转化,即用电器消耗多少电能。在日常生活中,我们用电度表计量用电器消耗的电能,并用"度"作为所消耗电能的单位。消耗电能 1 度,电流做功 3.6×10^6 焦耳。

二、电功率

为了表示电流通过一段电路做功的快慢程度,我们引入电功率的概念。电流所做的功跟完成这些功所用时间的比值叫作电功率。用 P 表示电功率,则

$$P = \frac{W}{t} \tag{4-17}$$

将 $W = UIt$ 代入上式，可得

$$P = UI \tag{4-18}$$

可见，一段电路所消耗的电功率 P 等于这段电路两端的电压 U 和电路中电流 I 的乘积。

在国际单位制中，电功率的单位是瓦特，简称瓦，符号为 W。

$$1 \text{ W} = \frac{1}{1} \text{J/s} = 1 \text{ V} \cdot \text{A}$$

通常还用千瓦（kW）做电功率的单位，用千瓦时（kW·h）做电功的单位。

$$1 \text{ kW} \cdot \text{h} = 10^3 \text{ W} \times 3.6 \times 10^3 \text{ s} = 3.6 \times 10^6 \text{ J} = 1 \text{ 度}$$

即电功率为 1 kW 的用电器，在 1 小时内消耗电能 1 度，电流做功 1 kW·h。

注意用电器的额定电压

用电器上所标的电功率和电压，是它的额定电功率和额定电压。用电器只有在额定电压下工作时才能达到额定电功率，如果把用电器接在高于它的额定电压的电源上，用电器消耗的实际电功率会超过它的额定电功率，就有被烧坏的危险。而接到低于它的额定电压的电源上，它的实际电功率就小于它的额定电功率，用电器不能正常工作。所以，在用电器接通电源之前，必须查清电源电压是否与用电器的额定电压一致。

三、焦耳定律

电流通过导体时，自由电荷与离子频繁地碰撞，使离子的热运动加剧，导体就要发热，这就是电流的热效应。英国物理学家焦耳（1818—1889）通过大量的实验和研究，总结出电流通过导体时产生的热量跟电流、电阻和通电时间的关系：电流通过导体时产生的热量，等于电流的平方、导体的电阻和通电时间三者的乘积，这就是焦耳定律。

用 Q 表示热量，I 表示电流，R 表示电阻，t 表示时间，则

$$Q = I^2 Rt \tag{4-19}$$

上式中 Q，I，R，t 的国际单位分别是 J，A，Ω，s。

如果在一段电路中只有电阻元件，即在纯电阻电路中，由于 $I = \dfrac{U}{R}$，所以可得 $Q = I^2 Rt = UIt = W$。这就是说，电流所做的功 W 等于电流通过电路产生的热量 Q。在这种情况下，电能完全转化为电路的内能。这时，电功 $W = UIt = I^2 Rt = \dfrac{U^2}{R}t$。

如果电路中有电动机、电解槽等用电器，那么，大部分电能要分别转化成机械能、化学能等，只有一小部分转化成内能。这时，电功 W 仍然等于 UIt，产生的热量 Q 仍然等于 $I^2 Rt$，但是，$W \neq Q$，且 $W > Q$。在这种情况下，就不能用 $I^2 Rt$ 或 $\dfrac{U^2}{R}t$ 来计算电功。

一段电路在单位时间内所发出的热量称为热功率。用 $P_热$ 表示热功率，则

$$P_热 = \frac{Q}{t}$$

由 $Q = I^2Rt$ 可得

$$P_热 = I^2R \tag{4-20}$$

电功率与热功率的关系

电功率表示一段电路在单位时间内所消耗的电能，热功率表示这段电路在单位时间内所发出的热量，在纯电阻电路中，由于电能完全转化为内能，所以电功率等于热功率。如果不是纯电阻电路，由于电能只有小部分转化成内能，所以电功率大于热功率。

[**例题**] 有一个额定值为"1 kW 220 V"的电炉，正常工作时的工作电流是多少？如果不考虑温度对电阻的影响，把它接在 110 V 的电压上，它消耗的功率将是多少？

分析 本题中已知电炉的额定功率、额定电压，可以由电功率的定义式求解电炉正常工作时的电流，当把电炉接在 110 V 的电压上时，它的功率不再是额定功率 1 kW。这时应先计算它的电阻值，然后计算它消耗的实际功率，由于不考虑温度对电阻的影响，可认为在两种电压下电炉的电阻不变，把它当做一个纯电阻来计算。

解 方法一：根据电功率公式可得

$$I = \frac{P}{U} = \frac{1000}{220} \text{ A} \approx 4.55 \text{ A}$$

根据欧姆定律，可得电炉的电阻

$$R = \frac{U}{I} = \frac{220}{4.55} \text{ Ω} \approx 48.4 \text{ Ω}$$

当把电炉接在 110 V 的电压上时，电阻不变，则通过电炉的电流为

$$I_1 = \frac{U_1}{R} = \frac{110}{48.4} \text{ A} \approx 2.27 \text{ A}$$

电炉消耗的实际功率为

$$P_1 = U_1 I_1 = 110 \times 2.27 = 250 \text{ W}$$

方法二：在纯电阻电路中，电功率可根据 $P = \frac{U^2}{R}$ 来计算，本题可按下列方法进行计算。

由 $P = \frac{U^2}{R}$，$P_1 = \frac{U_1^2}{R}$ 可得

$$P_1 = \frac{PU_1^2}{U^2} = \frac{10^3 \times 110^2}{220^2} \text{ W} = 250 \text{ W}$$

习题 5.3

1. 填空题

（1）电场力移动大量自由电荷所做的功叫电流所做的功，简称_____。

（2）额定电压是 220 V，额定电功率分别是 40 W，60 W，100 W 的灯泡，正常发光时的电阻分别是_____、_____、_____。

2. 判断题

（1）在用电器功率为 2.4 kW，电源电压为 220 V 的电路中，能选用熔断电流为 6 A 的保险丝。（   ）

（2）电功率表示电流通过一段电路做功的快慢程度。（   ）

3. 计算题

（1）额定电压为 220 V，电阻为 24.2 Ω 的一台电热水器，在正常工作时，它的电功率有多大？工作 0.5 h 所产生的热量是多少？

（2）一台直流电动机额定电压是 110 V，线圈电阻是 0.40 Ω，正常工作时通过的电流是 5.0 A，则它的额定电功率、工作 1 h 所产生的热量分别是多少？

第四节　全电路的欧姆定律

一、电源

要使导体中有恒定的电流，就必须在导体两端保持恒定的电势差，电源就是能够使导体两端保持恒定电势差的装置。常见的电源有干电池、蓄电池、发电机等。

电源中有一种非静电力（除静电力以外的其他种类的力），这种非静电力能够分离导体中的正、负电荷。正、负电荷分离后，在导体两端聚集，正电荷聚集的地方叫电源的正极，电势高；负电荷聚集的地方叫电源的负极，电势低。这样就在电源内部形成了内电场，两极间存在电势差，随着电荷在两极上的积累，两极间的电势差和电场强度增大，电荷所受电场力也因而增大。当电荷所受非静电力和电场力大小相等达到平衡时，两极间就有了恒定的电势差，如图4-11所示。如果用导线把电源和用电器连接起来组成闭合电路，正电荷就从正极经电源之外的电路移向负极，形成电流。此时，正、负极上的正、负电荷同时减少，内电场中电荷所受电场力减弱，非静电力继续分离电荷，使正、负电荷向两极聚集，保持两极间恒定的电势差，在电路中形成恒定电流。

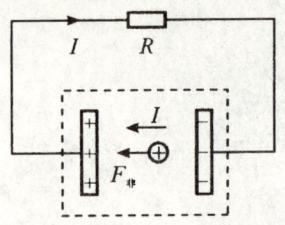

图4-11　恒定的电势差

二、电动势

1. 电动势的含义

电源中的非静电力将正电荷从电源负极经电源内部的电路移送到正极，要克服电场力做功，电荷的电势能增大，这就是把非电能转化成电能的过程，即发电的过程，非静电力做多少功，被移送的电荷就获得多少电能。所以，从能量转化的角度来说，电源是把其非电能转化成电能的装置。为了表示电源把其他形式的能转化为电能的本领大小，我们引入电动势这一物理量，非静电力把正电荷从电源的负极经电源内部移送到正极所做的功 $W_{非}$ 跟移送的电荷量 q 的比值，称为电源的电动势。用 E 表示电源的电动势，则

$$E = \frac{W_{非}}{q} \tag{4-21}$$

上式中，$W_{非}$，q 的单位分别为 J，C；E 在国际单位制中的单位是 V。

2. 电动势的性质及实例

电动势是由电源本身的性质（如结构、发电的机制等）决定的，与非静电力所做的功 $W_{非}$ 和移送的电荷量 q 无关，例如，干电池的电动势是 1.5 V，它以锌板压成的圆筒做负极，中央碳棒为正极，碳棒周围是呈糊状的电解质，顶部用沥青密封。常用作各种仪器、仪表、电子及通信设备的直流电源，再如，常见的酸性铅蓄电池，其负极是纯铅，正极是二氧化铅，电解液是稀硫酸。在交通工具、通信设备及实验室中做电源。

电动势是标量。为了研究问题的方便，我们规定从电源负极经电源内部到正极的方向（即电势升高的方向）为电源电动势的方向。

三、闭合电路的欧姆定律

用导线把电源和用电器连接起来，就组成闭合电路，如图 4-12 所示。以电源两极为界线，闭合电路可分为两部分。一部分是电源外部的电路——外电路，包括用电器和导线等。另一部分是电源内部的电路——内电路，如干电池内的电解质溶液、发电机的线圈等。外电路的电阻叫作外电阻，用 R 表示。内电路中，除电源电动势 E 外，也有电阻，这个电阻叫作电源的内电阻，简称内阻，用 r 表示。电源的内阻 r 一般都很小，例如，铅蓄电池的内阻只有 $0.005 \sim 0.1\ \Omega$，干电池的内阻通常不到 1 Ω。

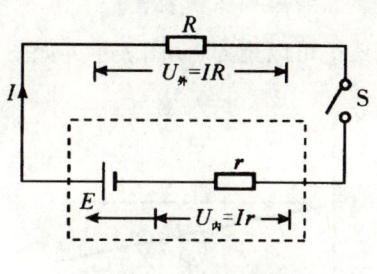

图 4-12 闭合电路

在外电路中，电流由电势高的一端流向电势低的一端，在外电阻 R 上沿电流方向会形成电势降落 $U_{外}$。由于电源有内阻，在内电阻 r 上也有电势降落 $U_{内}$。在电源内部，由负极到正极，电势升高，升高的数值等于电源的电动势 E。在闭合电路中，电势升高的数值等于电势降落的数值，即电源的电动势 E 等于 $U_{外}$ 和 $U_{内}$ 之和，即

$$E = U_{外} + U_{内} \tag{4-22}$$

设闭合电路中的电流为 I，根据欧姆定律，$U_{外} = IR$，$U_{内} = Ir$，代入式（4-22）中可得

$$E = IR + Ir$$

上式也可写作

$$I = \frac{E}{R + r} \tag{4-23}$$

上式表明：闭合电路中的电流 I 跟电源的电动势 E 成正比，跟内、外电阻之和（$R + r$）成反比，这就是闭合电路欧姆定律。

四、路端电压

外电路的电势降落 $U_{外}$，也就是外电路两端的电压，通常也叫作路端电压，用 U 表示。根据欧姆定律，$U = IR$，由闭合电路欧姆定律可得

$$U = E - Ir \tag{4-24}$$

对一定的电源，其电动势 E 和内阻 r 是一定的，当外电阻 R 增大时，电路中的电流 I 就减小，Ir 也随着减小，这时路端电压 U 就增大。由此可见，路端电压 U 随外电路的电阻 R 增大而增大。

● 当外电路断开时，I 为零，Ir 也为零，路端电压 $U = E$。这就是说，开路时的路端电压等于电源的电动势，我们常根据这个原理测量电源的电动势。

● 当电源两端短路时，外电路的等效电阻为零，这时路端电压 U 变为零，$I = \dfrac{E}{r}$。由于电源的内阻 r 一般都很小，所以，短路时电流 I 很大。电流太大会烧坏电源，还可能引起火灾；因此，绝不允许将电流表或一根导线直接接到电源两端。为了保护电源和用电器的安全使用，通常在电路里安装熔断器等保护装置。

路端电压 U 与电流 I 的关系也可以用 $U - I$ 图表示，如图 4-13 所示。

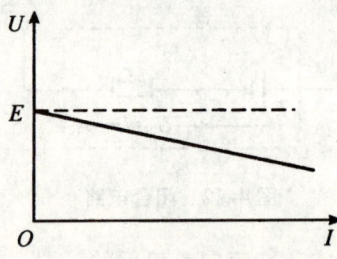

图 4-13　路端电压与电流的关系

五、电源的输出功率

在公式 $U = E - Ir$ 两端乘以电流 I，可得

$$UI = EI - I^2 r \tag{4-25}$$

上式中，EI 是电源提供的总功率，$I^2 r$ 是电源内部消耗的功率，UI 就是电源向外电路输出的功率。显然，闭合电路欧姆定律是遵从能量守恒定律的。

电源的输出功率也是外电阻消耗的功率。由 $P = UI$，$I = \dfrac{U}{R}$，$I = \dfrac{E}{R+r}$ 可得电源的输出功率 P_o 为

$$P_o = UI = I^2 R = \left(\dfrac{E}{R+r}\right)^2 R = \dfrac{E^2}{\dfrac{(R-r)^2}{R} + 4r} \tag{4-26}$$

在上式中，当 $R_o = r$ 时，电源的输出功率 P_o 为最大值。用 P_{omax} 表示最大输出功率，则

$$P_{omax} = \frac{E^2}{4r} \tag{4-27}$$

这时我们也称负载与电源匹配。这个概念在电子线路中经常用到。

[例题 1] 已知电源的电动势为 1.5 V 的电路中，内阻为 0.12 Ω，外电路的电阻为 1.38 Ω。求电路中的电流和路端电压。

分析 在闭合电路中，我们研究了 5 个物理量（E，r，R，U，I）之间的关系。根据 $I = \frac{E}{R+r}$，$U = E - Ir$，$I = \frac{U}{R}$，只要已知其中 3 个物理量，其他 2 个量很容易求得。

解 根据闭合电路欧姆定律，电路中的电流 I 为

$$I = \frac{E}{R+r} = \frac{1.5}{1.38 + 0.12} \text{ A} = 1 \text{ A}$$

路端电压 U 为

$$U = E - Ir = 1.5 - 1 \times 0.12 \text{ V} = 1.38 \text{ V}$$

也可根据欧姆定律计算路端电压，即 $U = IR = 1.38$ V。

[例题 2] 如图 4-14 所示的电路中，$R_1 = 8.0$ Ω，$R_2 = 5.0$ Ω。当单刀双掷开关 S 扳到位置 1 时，电流表的读数为 0.20 A；当 S 扳到位置 2 时，电流表的读数为 0.30 A。求：电源电动势和内电阻。

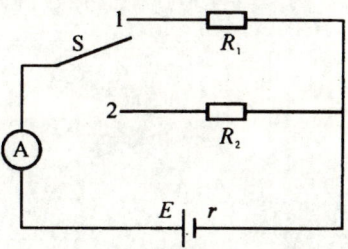

图 4-14 例题（2）图

分析 要求两个未知量，必须列两个方程式。本题给出两个电路，根据闭合电路欧姆定律可列出两个方程，解方程组即可得解。

解 根据闭合电路欧姆定律，可列出方程组

$$\begin{cases} E = I_1 R_1 + I_1 r \\ E = I_2 R_2 + I_2 r \end{cases}$$

先消去 E，解得电源的内电阻

$$r = 1.0 \text{ Ω}$$

再把 r 的值代入方程组中的一个方程，可得电源的电动势 E 为

$$E = 1.8 \text{ V}$$

说明 这道例题给出了一种测量电源电动势和内电阻的方法。

习题 5.4

1. 填空题

（1）闭合电路由内电路和外电路组成。外电路的电阻叫作_____，内电路的电阻叫作_____。外电路两端的电压，称为_____电压。

（2）在闭合电路中，当外电阻增大时，路端电压将_____；当外电路断开时，路端电压等于_____；当外电路短路时，短路电流等于_____。

2. 计算题

（1）电源的电动势为 2.0 V，外电路的电阻为 9.0 Ω，路端电压为 1.8 V。求电源的内电阻。

（2）电源的电动势为 4.5 V，内阻为 0.5 Ω，外电路的电阻为 4.0 Ω。路端电压是多少？

（3）电阻 R_1 和 R_2 串联后接在电动势为 2 V、内阻为 0.1 Ω 的电源上。已知 $R_1 = 4$ Ω，它的两端的电压 $U_1 = 0.8$ V。求 R_2 的阻值和它两端的电压 U_2。

第五节 安全用电

根据2016年全国火灾统计情况显示：全年共发生火灾31.2万起，死亡1582人，直接财产损失37.2亿元。其中电气火灾所占比例呈加大趋势。那么，电气火灾是如何引发的呢? 如何预防呢?

一、人体触电的类型

触电是发生最普遍，也是危及人生命最严重的用电事故，而且在住宅中发生此类事故的概率较大。人体触电主要有以下三种类型：

1. 单相触电

人体直接碰触到带电设备中的相线，相线、人体与大地组成回路，电流通过人体，这种触电现象称为单相触电，如图4-15所示。对于高压带电体，人体虽未直接接触，但如果与之的距离小于安全距离，高压带电体可能对人体放电，这样引起的触电也属于单相触电。

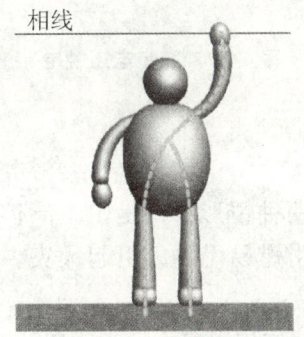

图4-15 单相触电

2. 两相触电

人体同时接触带电设备或线路中的两根导线，例如，相线、人体、零线构成一个闭合回路，这种触电方式称为两相触电，如图4-16所示。在高压系统中，人体同时接近不同相的两个带电导体，而发生电弧放电，也属于两相触电。发生两相触电是最危险的。

图4-16 两相触电

3. 跨步电压触电

相线发生断线落地或电气设备由于绝缘损坏发生接地故障，接地电流以落地点为中心向大地流散。若人在落地点周围行走，其两脚之间的电压就是跨步电压。由跨步电压引起的人体触电，称为跨步电压触电，如图 4-17 所示。跨步电压触电先是使人两脚麻木，继而跌倒。由于跌倒后人的头、脚着地，其间距离更大，加在人体上的电压可能会更大，后果可能更为严重。

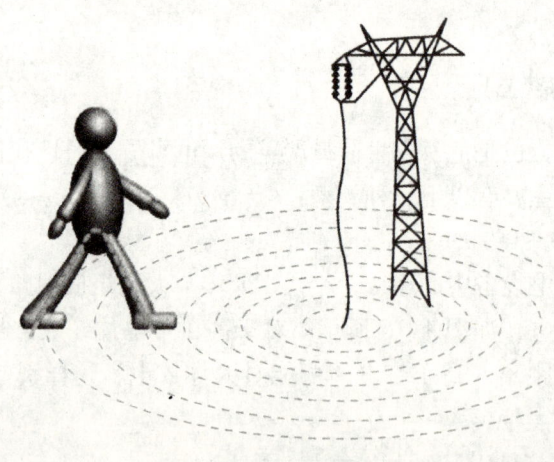

图 4-17 跨步电压触电

二、电气火灾的防范

电气火灾产生的原因主要有两种情形：一是由于导体有电阻，在电流通过时产生热量。强电流、大电阻产生的高温引燃易燃物，引起火灾。二是气隙放电产生电弧或电火花，引燃易燃物，引起火灾。

由于线路老化、受潮、腐蚀、磨损、鼠咬、重物压轧、利器割伤等原因造成绝缘遭到破坏而形成短路；装螺口灯泡时拧得过紧，压迫灯口内中心接相线的金属片，使之与接零线的螺丝套相连通而形成短路等等。当短路发生时，如果没有短路保护或保护失灵，不能及时切断电源，都可能酿成火灾。

过载也使电流增大，从而增加火灾隐患。

有些人用报纸挡光作灯罩，睡觉时不关灯，熟睡后蚊帐、被褥等碰到床头灯上而发生火灾。装修时使用易燃木材和易燃油漆涂料，而壁灯吸顶灯等嵌入式灯具功率过大，散热不好，就容易发生火灾。还有电热毯、电熨斗等电热器，长时间通电，且无人照看，也可能引发火灾。

为避免电气火灾，就要努力防止类似上述各种情形的发生。

三、用电安全措施

要实现安全用电，就要在实际工作和生活中注意以下事项：

（1）不能私拉乱接电线和擅用大功率电器。

(2) 开关必须安装在相线上,合理选择导线及熔断器,不能随意加大熔体的规格或用铁丝、铜丝等代替。

(3) 安装电器时,要根据安装说明正确安装,不可马虎。带电部分必须有防护罩或放到不易接触到的地方,以防触电。

(4) 带金属外壳的电器必须采取保护接地措施。电冰箱、洗衣机、电热水器等电器的电源插头必须使用接地连接良好的三眼插座。

(5) 不要私自拆装电线和电器,以免触电或造成短路事故。

(6) 不能在架空线路和户外变电所附近放风筝、钓鱼,不得攀爬电线杆和变压器杆塔等电气设施。

(7) 不能用湿布擦拭正在使用的电器,更不能用水冲洗。

(8) 当由于电气故障或漏电而引起火灾时,应立即切断电源。电器起火时,迅速用沙子覆盖、用四氯化碳灭火器或二氧化碳灭火器灭火,绝不能用水或一般酸碱泡沫灭火器灭火,否则有触电危险。

(9) 当电线断落在地上时,不能走近,以免跨步电压伤人。派人看守,通知有关人员处理。

(10) 遇到别人发生触电事故,不要惊慌失措,要迅速采取正确的措施,积极施救。①迅速关闭开关,切断电源;②用绝缘物品挑开或切断触电者身上的电线等带电物品;③使触电者保持呼吸道畅通;④立即呼叫120急救服务;⑤如果发现触电者呼吸、心跳停止,需立即进行心肺复苏,并坚持长时间进行;⑥对电灼伤口或创面不要用油膏或不干净的敷料包敷,要用干净的敷料包扎,或送医院后等医生处理。

习题5.5
简答题
1. 人体触电主要有哪些类型?雷雨时,为什么不能到高大的树下避雨?
2. 简述如何防范电气火灾。
3. 简述用电安全措施。

本章重点知识拓展及梳理

串联电路

把所有用电器一个接一个依次串接起来的电路。

【说明】

(1) 串联电路中各处的电流相等。

(2) 串联电路两端的总电压等于各部分电路的电压之和。

$$U = U_1 + U_2 + \cdots + U_n。$$

(3) 串联电路的总电阻等于各部分电路的电阻之和。

$$R = R_1 + R_2 + \cdots + R_n。$$

【例题讲解1】 在图4-18所示的电路中，通过电阻 R_1 的电流 I_1 是( )。

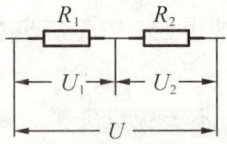

图 4-18

A. $I_1 = \dfrac{U}{R_1}$ B. $I_1 = \dfrac{U_1}{R_1}$

C. $I_1 = \dfrac{U_2}{R_2}$ D. $I_1 = \dfrac{U}{R_1 + R_2}$

【讲解】

根据串联电路的特点 $I_1 = I_2 = \dfrac{U_1}{R_1} = \dfrac{U_2}{R_2} = \dfrac{U}{R_1 + R_2}$，所以 B、C、D 正确。

【答案】 B，C，D

并联电路

用电器并排地连接起来组成的电路。

【说明】

(1) 各支路两端电压相等。

(2) 干路中的电流等于各支路中的电流之和。

$$I = I_1 + I_2 + \cdots + I_n。$$

(3) 并联电路总电阻的倒数等于各支路电阻的倒数之和。

$$\dfrac{1}{R} = \dfrac{1}{R_1} + \dfrac{1}{R_2} + \cdots + \dfrac{1}{R_n}。$$

【例题讲解2】 如图4-19所示，灯泡 L_1、L_2 上标有"110 V，100 W"字样，灯泡 L_3、L_4 上标有"110 V，60 W"字样，今把它们接入电路中，灯泡最亮的是_____，最暗的是_____。

> **讲解**
>
> 由 $P = \dfrac{U^2}{R}$ 知 $R = \dfrac{U^2}{P}$，灯泡电阻 $R_3 = R_4 > R_1 = R_2$，根据串联电路的性质 $\dfrac{P_1}{R_1} = \dfrac{P_4}{R_4} = I^2$ 知 $P_4 > P_1$，L_4 的实际功率比 L_1 的实际功率大，L_4 比 L_1 亮．根据并联电路的性质，$P_2 R_2 = P_3 R_3 = U_{23}^2$ 知，$P_2 > P_3$，L_2 的实际功率比 L_3 的实际功率大，L_2 比 L_3 亮.
>
>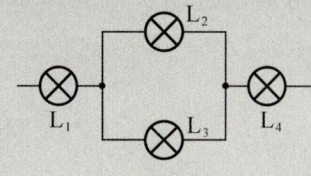
>
> 图 4-19
>
> 由图中可以看出流过 L_1 的电流一定大于流过 L_2 的电流，由 $P = I^2 R$ 知 $P_1 > P_2$，即 L_1 比 L_2 亮．由以上分析知：$P_4 > P_1 > P_2 > P_3$，所以最亮的灯泡是 L_4，最暗的是 L_3。

【答案】 L_4，L_3

电阻

定义：导体两端的电压与通过导体的电流之比，反映了导体对电流的阻碍作用。

欧姆定律

内容：导体中的电流 I 跟导体两端的电压 U 成正比，跟它的电阻 R 成反比。

公式：$I = U/R$

适用条件：适用于金属导电或电解液导电，不适用于气体导电或某些导电器件。

单位：欧姆，简称欧，国际符号 Ω。

电阻单位"欧姆"的规定：如果在导体两端加上 1 V 的电压，通过它的电流恰好为 1 A，这段导体的电阻就是 1 Ω。

应用时注意：

(1) U、I 与 R 要一一对应。

(2) R 一定时，$I \propto U$；U 一定时，$I \propto \dfrac{1}{R}$；I 一定时，$U \propto R$。

电功

在一段电路中电场力所做的功，即通常所说的电流做的功。

公式：$W = UIt$。单位：焦（J）。

电流做功的过程实际上是电能转化为其他形式能的过程。例如，电流通过电炉做功，电能转化为内能，电流通过电动机做功，电能转化为机械能。电流做了多少功，就有多少电能转化为其他形式的能。

电功率

单位时间内电流所做的功。

公式：$P = \dfrac{W}{t} = UI$

上式中 P，U，I 的单位分别为 W，V，A。

第五章 热现象及其应用

本章概述

在寒冷的冬天，气温下降，我们烧煤取暖；夏天，烈日炎炎，酷热难熬，如果房间有空调，适当降低室内温度，我们感到很凉爽。在机械制造业中，对钢材进行热处理，可以改善其性能。这些与温度有关的现象都叫作热现象。热学就是研究热现象的规律及其应用的科学。热学包括分子物理学和热力学两部分，它们研究热现象的方法有所不同。分子物理学是从物质的微观结构出发，建立分子动理论，解释热现象；热力学则从宏观上总结热现象的规律。热学知识在实际中有非常广泛的应用，例如冷柜、冰箱等制冷设备、蒸汽机和内燃机等各种热机的研制等。化工、冶金、铸造、气象、电子、空间技术及生命科学的研究，都离不开热学知识。

1. 认识并了解分子运动论的内容及运用。
2. 学习理想气体状态方程的参量及应用。
3. 了解并掌握热力学第一运动定律的内容及计算。

第一节 分子运动论

自古以来，人们就不断地探索物质组成的奥秘。两千多年以前，我国学者提出了五行说，认为世界万物都是由金、木、水、火、土这五种物质组成的；古希腊的著名思想家德谟克利特则认为万物都是由相同的原始粒子——原子组成的。随着科学技术的发展，意大利科学家阿伏伽德罗提出了科学的分子假说。近代科学实验已经证明，物质是由分子组成的，分子是由原子组成的，原子还有其内部结构。

分子运动论认为，一切物质都是由大量分子组成的；分子间有空隙；分子永不停息地无规则地运动着；分子之间存在着相互作用的引力和斥力。

一、物质由大量分子组成

分子是构成物质并保持物质化学性质的最小粒子。实际上，构成物质的单元是多种多样的，有的是原子（如金属），有的是离子（如盐类），有的是分子（如有机物）。在热学中，这些粒子统称为分子。组成物质的分子体积很小，数量巨大。实验表明，除了一些有机物的大分子外，一般分子直径的数量级为 10^{10} m。阿伏伽德罗定律告诉我们，1 mol 任何物质中所含的分子数都是 6.02×10^{23} 个。

二、分子间有空隙

物质中分子如此之小，个数又如此之多，但分子之间仍有空隙。例如，气体很容易被压缩；水和酒精混合后总体积缩小；高压下的油透过钢瓶壁渗出。这些事实表明，不论是气体、液体，还是固体，组成它们的分子间是存在间隙的。

在技术上，为增强钢件表面的硬度而进行的渗碳处理，为改变半导体的导电性能而掺入微量的杂质，都是对分子间隙的一种利用。

三、分子永不停息地做无规则运动

构成物质的分子永不停息地做无规则的运动，其最直接、最有力的证明是扩散现象和布朗运动。

1. 扩散现象

例如，向一杯清水中滴入几滴红墨水（图5-1），一会儿整杯水都变成红色。像这样不同物质相互接触时彼此进入对方的现象称为扩散现象。再如，泄漏的煤气会较快地混合在周围的空气中，长期堆放的煤会渗进坚硬的地面中等。扩散现象说明了各种物质的分子都在不停地运动着。另外，理论计算和实验测得，常温下气体分子运动的平均速度高达 500 m/s，可与超音速飞机的速度相比，足见气体分子运动之快。

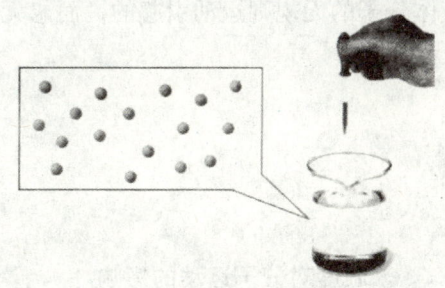

图 5-1 扩散现象

2. 布朗运动

1827 年，英国植物学家布朗（1773—1858）在用显微镜观察悬浮在水中的花粉时，发现花粉颗粒在不停地做无规则的运动。我们把悬浮在液体中的小颗粒所做的永不停息的无规则运动叫作布朗运动。图 5-2 是观察布朗运动的装置示意图。图 5-3 是 3 个小颗粒的运动路线（每隔 30 s 记录一次位置，并用直线段依次连起来）。实际上，就在这半分钟内，小颗粒的运动也极不规则，不是按这段直线运动的。

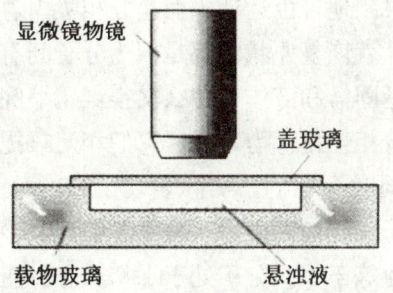

图 5-2 观察布朗运动的装置示意图

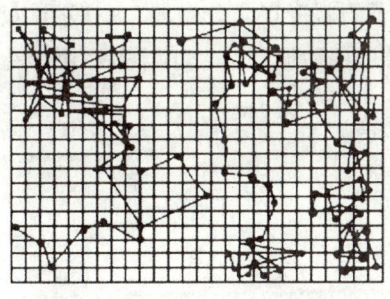

图 5-3 3 个小颗粒的运动路线

布朗运动是怎样产生的呢？当年布朗本人也不理解产生这种运动的原因，直到 80 年后，爱因斯坦等人才提出了布朗运动的理论解释。悬浮在液体中的颗粒被液体分子包围着，不断受到运动着的液体分子的撞击。悬浮的颗粒越小，来自四面八方的液体分子的撞击作用就越不平衡，这就引起了小颗粒的无规则的运动。做布朗运动的颗粒虽然不是分子，但它的无规则运动是液体分子的无规则运动引起的，而永无休止的布朗运动又证明了液体分子的运动是永不停息的。

温度对分子运动的影响

分子的无规则运动与温度有关，温度越高，分子运动越激烈。例如，在观察扩散现象时我们看到，滴进热水中的墨水的扩散比滴进冷水中要快得多。因此，我们把大量分子的无规则运动也叫作分子热运动。分子热运动与宏观物体的机械运动的根本区别就在于它的无规则性。

四、分子之间存在相互作用的引力和斥力

分子在不停地做热运动，但固体和液体都有一定的体积，固体还有一定的形状，这表明它们的分子并不是可以无限制地自由运动，而是互相吸引着的。坚硬的固体我们很难使它伸长，拉长了的皮筋一松开就恢复原状，都是因为分子间有吸引力。

分子间既然有空隙，可是固体和液体为什么又很难压缩呢？这是因为物质分子间不但存在着相互吸引力，也存在着相互排斥力，阻碍它们相互靠拢。

分子间的引力和斥力是同时存在的。实际表现出来的分子力是分子引力和斥力的合力。引力和斥力的大小与分子间距离 r 有关，如图5-4所示。当 $r = r_0$（约为 10^{-10} m）时，引力和斥力恰好相等，分子力等于零，分子处于平衡状态；压缩物体时，$r < r_0$，引力和斥力都随距离的减小而增大，但斥力增大得更快，分子力表现为斥力；拉伸物体时，$r > r_0$，引力和斥力都随距离的增大而减小，但斥力减小得更快，分子力表现为引力且随距离的增大迅速减小。当 $r > r_0$ 时，分子力就变得十分微弱，一般可以忽略不计。

综上所述，分子运动论可形象地概括为：小、多、快、乱、作用。

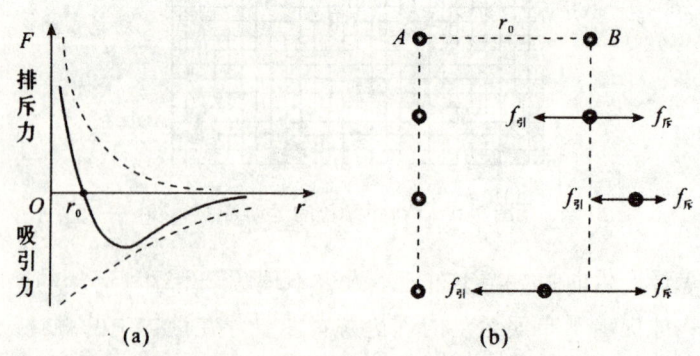

图5-4 引力、斥力与分子间距离的关系

习题 3.1

试用分子运动论解释下列现象：

（1）固体不容易被压缩和拉伸。

（2）高压下的油会透过容器壁渗出。

（3）常温下气体分子热运动的平均速率高达 500 m/s，但在房间内打开一瓶汽油后，要隔一段时间，才能够嗅到汽油味。

第二节　理想气体状态方程

物质有固态、液态、气态三种状态，本节运用分子动理论研究气态物质的性质，讨论描述气体状态的物理量，并通过实验研究气体状态变化的规律。

对一定质量的气体来说，在组成它的大量分子的热运动中，每个分子运动的速度大小和方向都是偶然的、不断变化着的，但这大量分子的集体状态却是稳定的，呈现出一个总的平均效果。我们研究气体的性质，就是研究大量气体分子集体运动的表现，并用体积、温度和压强这些物理量来描述。体积、温度和压强这些用来描述气体状态的物理量，称为气体的状态参量。

一、气体的状态参量

1. 体积

由于气体分子可以自由移动，所以气体总要充满容器的整个空间。气体的体积（V）就是指气体分子所能达到的空间，也就是气体所充满的容器的容积。体积的单位是立方米（m^3），实际中也常用升（L）做单位，$1\ L = 10^{-3}\ m^3$。

单位体积中气体的分子数，叫作分子数密度（n），单位是 m^{-3}。一定质量的气体的分子数密度与体积成反比。分子数密度越大，气体分子间的平均距离就越小。

2. 温度

温度是表示物体冷热程度的物理量。从分子运动论的观点来看，温度反映了物体内部分子无规则热运动的剧烈程度。温度越高，分子热运动越剧烈，分子热运动的平均速率也越大，因而各分子动能的平均值——分子平均动能也越大；反之，温度越低，分子热运动的平均速率和平均动能也越小。因此，温度是物体分子热运动的平均动能的标志。

要定量地表示温度，就要确定温度的数值表示方法——温标。我们在初中学过摄氏温标，用它表示的温度叫作摄氏温度，用 t 表示，单位是摄氏度，符号是℃。在国际单位制中，用热力学温标（或称绝对温标）表示温度，它的每一度的大小与摄氏温标相同，并把 -273.15 ℃作为零度，叫作绝对零度。用这种温标表示的温度，叫作热力学温度（或称绝对温度）。热力学温度用 T 表示，单位是开尔文（K），它是国际单位制中七个基本单位之一。热力学温标与摄氏温标只是零点的选择不同，二者的分度方法即每一度的大小是相同的，如图 5-5 所示，所以热力学温度跟摄氏温度间的关系为

$$T = t + 273.15\ K$$

为了计算简化，可近似取 -273 ℃为绝对零度，这样就有

$$T = t + 273\ K$$

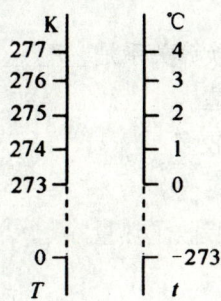

图 5-5 温度通常用温度计来测量

例如，在一个大气压下，冰的熔点为 0 ℃，即 273 K，水的沸点为 100 ℃，即 373 K。

3. 压强

气体作用在器壁单位面积上的压力，就是气体的压强（p）。从分子动理论的观点看，气体的压强是大量分子不断碰撞器壁的结果。由于大量气体分子做无规则的热运动，对器壁的频繁碰撞，就对器壁产生一个持续的均匀的压力。平均来说，在相同时间内，气体分子对器壁任何一处单位面积上的碰撞次数和作用是一样的，因而气体对器壁各个方向的压强相等。显然，气体压强大小应与气体分子数密度 n 和分子的平均动能有关。气体分子数密度 n 越大，一定体积内的分子数目就越多，分子与器壁碰撞的次数就越多，因而产生的压强就越大。气体分子平均动能越大，分子热运动越剧烈，分子对器壁碰撞的冲力就越大，同时碰撞也越频繁，因此气体的压强就越大。

压强的单位是帕斯卡，简称帕（Pa），$1\ \text{Pa} = 1\ \text{N/m}^2$。

气体的压强，要用气压计来测定。在实验室中，常在开口 U 形管内装入水银制成的水银压强计来测量气体的压强，如图 5-6 所示。

在工业上，压强习惯上称为压力，测量大的压强常用金属压强计（图 5-7）。在空气压缩机、锅炉、氧气瓶等设备上，我们都可以看到这种仪表。

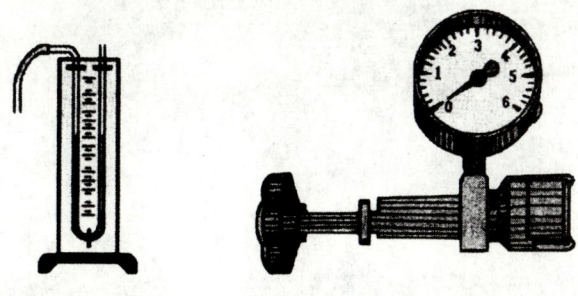

图 5-6　水银压强计　　　图 5-7　金属压强计

习题 5.2

1. 热力学温度 T 与摄氏温度的换算关系是_____。

2. 下列关于热量的说法正确的是 ( )

A. 温度较高的物体所含的热量较多

B. 物体吸热，温度一定升高

C. 物体温度升高，说明它一定吸收了热量

D. 物体吸热，内能不一定增加

第三节　热力学第一运动定律

一、物体的内能

分子动理论告诉我们，组成物体的分子不仅是运动着的，而且存在着相互作用的引力和斥力。将它们与一切运动着的宏观物体相类比，可知运动的分子具有动能；将它们与地球表面附近的物体相类比，可知相互作用的分子也具有势能。

1. 分子动能

将运动着的分子与运动着的宏观物体相类比：运动着的宏观物体具有动能，而构成物体的分子都是永不停息地做无规则运动的，因此，对运动的分子也可以引入动能——分子动能。宏观物体由于运动的速率不同而有着不同的动能，而分子运动的速率也各不相同，构成物体的大量分子所具有的分子动能也各不相同。

（1）分子平均动能　由于热现象是大量分子热运动的集体表现，因此，在研究热现象时，我们所关心的不是一个分子的动能，而是物体内所有分子动能的平均值。我们把物体内所有分子动能的平均值叫作分子的平均动能。

（2）平均动能的标志　温度越高，分子的热运动越激烈，分子的平均动能就越大；反之，温度越低，分子的热运动越缓慢，分子的平均动能就越小。因此，从分子动理论的观点来看，温度是物体分子热运动平均动能的标志。

2. 分子势能

将存在着相互作用的分子与地球表面上的物体相类比：地球上的物体因和地球间存在着引力的作用而具有重力势能，分子间也有相互作用的引力和斥力，因而也应具有由分子间相对位置决定的势能，称为分子势能；重力势能的大小由物体和地球的相对位置决定，而如果改变气体的体积，分子间的距离就会改变，分子势能也会随之改变。所以，分子势能的大小与物体的体积有关。

当分子间的距离大于分子的平衡间距 r_0 时，它们的相互作用表现为引力，因此，分子势能随着分子间距的增大而增大；当分子间的距离小于分子的平衡间距 r_0 时，它们的相互作用力表现为斥力，因此，分子势能随着分子间距的减小而增大。

3. 物体的内能

将构成物体的分子与宏观物体相类比：物体具有动能和势能，系统中所有物体的动能、势能的总和，叫作系统的机械能；分子具有动能和势能，我们把物体中所有分子的动能和势能的总和，叫作物体的内能。

由于分子的平均动能与温度有关，分子势能与物体的体积有关；因此，物体的内能与物体的温度和体积有关。

在常温常压下，气体分子间的间距很大，分子力很小。如果忽略了分子力的作用，就可以不考虑分子的势能。这时，可以认为气体的内能仅与温度有关。这样的气体我们称为理想气体。

物体内能与物体机械能的不同之处

物体的内能和物体的机械能是两种不同形式的能。具有内能的物体，可以同时具有机械能或其他形式的能，例如，高速飞行的炮弹，除了具有内能外，还具有与整体的机械运动有关的动能和重力势能。

二、物体内能的变化

物体的内能是可以改变的。物体温度升高时，分子动能增加，物体的内能也随之增加；反之，内能也随温度降低而减少。物体的体积改变时，分子势能发生变化，物体的内能也随之改变。改变物体的内能有两种途径：一种是做功；另一种是热传递。

1. 做功

做功可以改变物体的内能。例如，擦火柴时，我们克服摩擦力做了功，火柴头内能增加，温度升高达到红磷的燃点时，火柴就燃烧起来。用砂轮磨刀具的时候，要克服摩擦力做功，刀具的温度升高，内能增加。这些例子说明，克服摩擦力做功，可以改变物体的内能。

用力压缩气体做功也可以改变气体的内能。例如，矿用活塞式空气压缩机中，活塞压缩气体做功，温度升高，内能增加。如把一小块浸过乙醚的棉花放在厚壁玻璃汽缸的底部，当快速向下推压活塞时，被压缩的气体的内能会迅速增加，气体骤然变热，当温度达到乙醚的燃点时，浸过乙醚的棉花便燃烧起来。

2. 热传递

热传递可以改变物体的内能。例如，灼热的火炉可以使它周围的物体温度升高，内能增加；一杯热水向外界散热后逐渐冷却，其内能减少。在这些过程中，并没有做功，但内能发生了变化。这种不通过做功而使物体的内能改变的过程叫作热传递。在热传递过程中内能改变的多少叫作热量。习惯上所谓"物体吸热（或放热）多少"，实际上是说"通过热传递，物体的内能增加（或减少）多少"。

热传递有传导、对流和辐射三种方式。其规律是内能从温度高的物体转移到温度低的物体，或者从物体中温度高的部分转移到温度低的部分，直到它们的温度相等，即达到热平衡时才会停止。

做功与热传递的本质区别

虽然做功和热传递都可以改变物体的内能，但它们还是有本质的区别。做功改变物体的内能，是其他形式的能和内能之间的转化。例如，摩擦生热，就是机械能转化成内能。热传递则不同，它是物体间内能的转移。例如，用火炉烧水，就是燃料的内能转移到水里，使水的内能增加。

三、热力学第一运动定律

既然做功和热传递都可以改变物体的内能，那么，功、热量跟内能的改变之间有怎样的定量关系呢？

一个物体，如果它既没有吸收热量也没有放出热量，那么，外界对它做多少功，它的内能就增加多少。设外界对物体所做的功为 W，内能的增加为 ΔU，则 $W = \Delta U$。如果物体对外界做功，上式同样适用，此时 W 为负值，ΔU 也为负值，表示内能减少。

如果一个物体没有对外界做功，外界也没有对它做功，那么，它从外界吸收多少热量，它的内能就增加多少。设物体吸收的热量为 Q，内能的增加为 ΔU，则 $Q = \Delta U$。如果物体放出热量，上式同样适用，此时 Q 为负值，ΔU 也为负值，表示内能减少。

如果物体跟外界同时发生做功和热传递的过程，那么，外界对物体所做的功 W 加上物体从外界吸收的热量 Q 等于物体内能的增加 ΔU，即

$$\Delta U = W + Q$$

这个式子给出了功、热量跟内能改变之间的定量关系，在物理学中叫作热力学第一运动定律。

热力学第一运动定律也告诉我们，在热量、功与内能的相互转化过程中，总能量是守恒的。该定律中各量可以取正值，也可以取负值，其物理意义规定如下：

① 物体的内能增加，$\Delta U > 0$；内能减少，$\Delta U < 0$。

② 外界对物体做功，$W > 0$；物体对外界做功，$W < 0$。

③ 物体从外界吸收热量，$Q > 0$；物体向外界放出热量，$Q < 0$。

[例题] 一定量的气体从外界吸收了 2.6×10^5 J 的热量，内能增加了 4.2×10^5 J。试问是气体对外界做了功，还是外界对气体做了功？做了多少功？

解 已知气体从外界吸收的热量 $Q = 2.6 \times 10^5$ J，内能的增加量 $\Delta U = 4.2 \times 10^5$ J。根据热力学第一运动定律 $\Delta U = W + Q$，可得

$$W = \Delta U - Q = 4.2 \times 10^5 \text{ J} - 2.6 \times 10^5 \text{ J} = 1.6 \times 10^5 \text{ J}$$

计算结果表明，外界对气体做了功。

四、能量守恒定律

力学知识告诉我们，机械能中的动能和势能可以互相转化。根据热力学第一运动定律我

们又认识到机械能与内能之间也可以互相转化。不仅机械能，其他形式的能也可以和内能互相转化。例如，通电导线发热，电能转化为内能；燃料燃烧生热，化学能转化为内能；炽热的灯丝发光，内能转化为光能等。实际上，自然界中任何形式的能都可以在一定的条件下互相转化。

机械能守恒定律告诉我们，如果一个物体只有重力做功，则在动能和势能相互转化的过程中，机械能的总量守恒。热力学第一运动定律告诉我们，在机械能和内能的相互转化过程中，总的能量也是守恒的。大量事实证明：任何形式的能转化为其他形式的能时，总的能量都是守恒的。

长期生产实践中无数的事实和科学家们大量的科学实验都已证明：能量既不会凭空产生，也不会凭空消失，它只能从一种形式转化为另一种形式；或者从一个物体转移到另一个物体上。在转化和转移的过程中其总量不变，这就是能量守恒定律。它是自然界的一条普遍规律，一切违背能量守恒定律的观点，都被实践证明是错误的。因此，恩格斯把这一定律称为"伟大的运动基本定律"，并把这一定律和细胞学说、达尔文的生物进化论一起称为19世纪自然科学的三大发现。

习题 5.3

1. 简答题

对一定质量的气体加热，气体吸收热量 840 J，它受热膨胀对外做的功是 500 J，气体的内能改变了多少？

2. 选择题

一定量的气体，在内能不变时（　　）

A. 气体对外界做功，气体吸热

B. 气体对外界做功，气体放热

C. 外界对气体做功，气体吸热

D. 外界对气体做功，气体放热

本章重点知识拓展及梳理

分子动理论

（1）物体是由大量分子组成的；（2）分子永不停息地做无规则运动；（3）分子间同时存在着相互作用的引力和斥力。

热运动

物体内大量分子的无规则运动与温度有关，所以把大量分子的无规则运动叫作热运动。

温度

宏观上表示物体的冷热程度，微观上表示物体中分子平均动能的大小。

【说明】

① 摄氏温度 t：单位为℃，在一个标准大气压下，冰水混合物的温度为 0 ℃，水的沸点为 100 ℃，在 0 ℃ 和 100 ℃ 之间均等地分为 100 份，每一份表示 1 ℃。

② 热力学温度 T：单位为 K，把 -273.15 ℃ 作为绝对零度，当物体的温度每升高（降低）1 ℃ 时，其热力学温度就升高（降低）1 K。

③ 摄氏温度和热力学温度关系为 $T=(t+273.15)$ K，就每一度表示的冷热差别来说，两种温度是相同的，只是零值起点不同。

④ 绝对零度为 -273.15 ℃，它是低温的极限，只能接近不能达到。

⑤ 温度的测量——温度计。常用温度计有酒精温度计和水银温度计。测 120 ℃ ~ 150 ℃ 的温度选用水银温度计，因为酒精易挥发。测 -50 ℃ ~ -40 ℃ 的温度应选用酒精温度计，因为在 -50 ℃ ~ -40 ℃ 时水银已变为固体。

气体的体积

气体所占据的空间体积就是气体的体积，密封容器的气体体积就是容器的容积。

【说明】

① 在标准状况下，1 mol 任何气体的体积均为 22.4 L。

② 气体的体积不是气体分子自身体积的总和。

气体的压强

容器中大量气体分子对器壁的频繁碰撞，就对器壁产生一个持续的均匀的压力，而器壁单位面积上受到的压力就是气体的压强，在数值上等于垂直作用于器壁单位面积上的平均冲击力，或者说等于单位面积上所受气体分子的碰撞的总冲量。

【说明】

① 气体压强是由于气体分子频繁地碰撞器壁而产生的。

② 决定气体压强大小的因素：从微观上说，质量一定的某种气体，压强的大小是由

单位体积内的分子数和分子的平均速率决定的。因为单位体积内的分子数越多，单位时间内与器壁碰撞的分子数就越多；而分子的平均速率越大，每个分子对器壁的平均冲击力就越大，因此，单位体积内的分子数越多，分子的平均速率越大，单位时间内器壁单位面积上所受到的气体分子碰撞的总冲量就越大，从而气体的压强就越大。对于理想气体，从宏观上来看，它的压强是由气体的密度和温度共同决定的。

③ 单位

国际单位：帕斯卡（Pa）。

常用单位：标准大气压（atm）、毫米汞柱（mmHg）。

1 atm = 1.01 ×10^5 Pa =760 mmHg

④ 压强、温度、体积三者的关系

对质量一定的理想气体来说，当压强一定时，$\frac{V_1}{V_2} = \frac{T_1}{T_2}$；当体积一定时，$\frac{p_1}{p_2} = \frac{T_1}{T_2}$；当温度一定时，$p_1 V_1 = p_2 V_2$。

【例题讲解1】 理想气体封闭在气缸内，当活塞迅速压缩气体时，下述有关气体分子的各量中，哪些将增大(　　)。

A. 所有气体分子的速率

B. 气体分子的平均动能

C. 气体分子的密度

D. 单位时间内气体分子碰撞内壁单位面积的次数

> **讲解**
> 迅速下压时，活塞对气体做正功，并且由于过程很快，可以忽略气体与外界的热交换，由热力学第一运动定律 $W + Q = \Delta U$ 可知气体的内能增大了，即 $\Delta U > 0$，同时由于体积减小，而使密度增大；由于密度增大且气体温度升高，热运动加剧，则单位时间内对内壁单位面积的碰撞次数增多，综上分析可知，A 错，B，C，D 正确。

【答案】 B，C，D

【例题讲解2】 x，y 两容器中装有相同质量的氦气，已知 x 中的氦气的温度高于 y 中氦气的温度，但压强却低于 y 中氦气的压强，由此可知(　　)。

A. x 中的氦气分子的平均动能一定比 y 中氦气分子的平均动能大

B. x 中每个氦气分子的动能一定比 y 中每个氦气分子的动能大

C. x 中动能大的氦气分子数一定大于 y 中动能大的氦气分子数

D. x 中氦气分子的热运动一定比 y 中氦气分子的热运动剧烈

> **讲解**
> 两容器中氦气分子数相同，温度越高，分子平均动能越大，故 A，D 选项都正确；在某一温度下，气体内所有分子的速率并不相同，而是有的分子速率大，有的分子速率小，本题中，x 中氦气温度高，其平均动能比 y 中氦气的平均动能大，但是，x 中某个氦气分子的速率仍可以比 y 中某个氦气分子的速率要小，故 B 选项错误，C 选项正确。

【答案】 A，C，D

物体的内能

物体中所有分子热运动的动能和分子势能的总和，叫作物体的热力学能，也叫内能。

【说明】

① 物体的内能决定于物质的量（分子数）、温度和体积。

② 对理想气体来说，因其分子势能为零，故理想气体的内能只由物质的量和温度决定，与气体的体积无关。

改变物体内能的方式

（1）做功：其他形式能与内能相互转化的过程。

【说明】 做功使物体的内能发生改变的时候，内能的改变就用功的数值来量度。

（2）热传递：物体间内能转移的过程。

【说明】

① 热传递使物体的内能发生改变的时候，内能的改变是用热量来量度的。

② 热传递的方式：传导、对流和辐射。

a. 热传导——热沿着物体传递叫热传导，主要是靠分子间的碰撞传递能量。

b. 热对流——靠液体或气体流动来传递热的方式叫热对流。固体无法用对流的方式传递热量。

c. 热辐射——热由物体沿直线向外射出叫热辐射，热辐射不需要物体传递，在真空中也可以进行。

③ 热传递的条件：温度不同，热量自动地从高温物体向低温物体传递，当温度相同时达到热平衡。

④ 做功和热传递对改变物体的内能是等效的，但本质有区别：做功使物体的内能改变，是其他形式的能和内能之间的转化，例如摩擦生热就是机械能转化成内能；热传递使物体的内能改变，只是物体间内能的转移，例如，太阳光照射冰，使冰化成水，就是太阳的内能通过辐射这一热传递的方式转移到冰，使冰的内能增加。

热功当量

传递给物体 1 cal 热量使物体的内能增加，跟对物体做功 4.2 J 使物体内能增加在效果上是等效的。

热力学第一运动定律

如果物体跟外界同时发生做功和热传递的过程，那么，外界对物体所做的功 W 加上物体从外界吸收的热量 Q 等于物体内能的增加 ΔU，即 $\Delta U = Q + W$。

【说明】 ΔU、W、Q 均可取正负，内能增加 ΔU 取正，减小 ΔU 取负值；外界对物体做功 W 取正值，物体对外界做功 W 取负值；物体吸热 Q 取正值，放热 Q 取负值。

能量守恒定律

能量既不会凭空产生，也不会凭空消失，它只能从一种形式转化为另一种形式，或者从一个物体转移到另一个物体，在转化或转移的过程中其总量不变，这就是能量守恒定律。（能量守恒定律是自然界的一个普遍的基本规律，它与"细胞学说"、达尔文的"生物进化论"合称为 19 世纪自然科学的"三大发现"。）

【说明】

① 能的转化和守恒定律是自然界的普遍规律。违背该定律的永动机是无法制成的。

② 物质的不同运动形式对应不同形式的能，各种形式的能可以转化或转移，表明了物质的运动形式也在不断地转化和转移。

热力学第二运动定律

表述 I：不可能使热量由低温物体传递到高温物体，而不引起其他变化。

表述 II：不可能从单一热源吸收热量并把它全部用来做功，而不引起其他变化。（第二类永动机不可能制成）

【说明】

① 自然界中进行的涉及热现象的客观过程都具有方向性。

② 能量耗散从能量转化的角度反映出自然界中的客观过程都具有方向性。

热力学第三运动定律

不可能通过有限的过程把物体冷却到绝对零度叫作热力学第三运动定律。

【例题讲解3】 一个带活塞的气缸内盛有一定量的气体。若此气体的温度随内能的增大而升高，则(　　)

A. 将热量传给气体，其温度必升高

B. 压缩气体，其温度必升高

C. 压缩气体，同时气体向外界放热，其温度必不变

D. 压缩气体，同时将热量传给气体，其温度必升高

讲解

气体内能的变化 ΔU 是由外界对气体做功 W 和气体与外界热交换 Q 共同决定的，满足 $W + Q = \Delta U$，A 选项中只明确了热传递情况（$Q > 0$），而不明确做功情况，气体的内能变化情况就不能确定，A 选项错；B 选项中只明确做功情况，不明确热传递情况，故也不能确定其温度的变化情况，B 选项错误；C 选项中 $W > 0$，$Q < 0$，若 $W \neq |Q|$，则 $\Delta U \neq 0$，C 选项错误；D 选项中 $W > 0$，$Q > 0$，所以 $\Delta U > 0$，温度升高，故 D 选项正确。

【答案】 D

【例题讲解4】 一定质量的气体从外界吸收了 1×10^5 cal 的热量，同时气体对外做 6×10^5 J 的功，问：(1) 物体的内能变化多少？(2) 分子势能是增加还是减少？(3) 分子

第五章 热现象及其应用

动能如何变化?

> **讲解**
>
> （1）因气体从外界吸收热量
>
> 所以 $Q = 1 \times 10^5 \times 4.2 = 4.2 \times 10^5$ （J）
>
> 气体对外做功 $W = -6 \times 10^{-5}$ （J）
>
> 由热力学第一运动定律 $\Delta U = W + Q$ 得
>
> $\Delta U = -6 \times 10^5 + 4.2 \times 10^5 = -1.8 \times 10^5$ （J）
>
> 所以物体内能减小了 1.8×10^5 J。
>
> （2）因为气体对外做功，体积膨胀，分子间距离增大了，分子力做负功，气体的分子势能增加了。
>
> （3）因为气体内能减少了，而分子势能增加了，所以分子动能必然减少了，且分子动能的减少量一定大于分子势能的增量。

【答案】 1.8×10^5 J，增加

第六章　光现象及其应用

本章概述

光现象跟人类的生活和生产密切相关。有光我们才可以看见周围的物体，才能欣赏到五彩缤纷的景色，才能帮助我们了解世界，认识自然。

光学知识可分为两部分，一部分利用光线的概念研究光的传播规律，并用几何作图法表现其规律，这部分称为几何光学；另一部分研究光的本性（包括光的波动性和粒子性）以及光和物质的相互作用规律，通常称为物理光学。本章主要阐述光的直线传播、反射、折射的规律，简要介绍激光的特性与应用。

光学是物理学的一个重要组成部分，它既是一门古老的学科，又是现代科学领域中最活跃的前沿科学之一。它在生产、生活和科学技术中有着广泛的应用。例如，生活中我们用的镜子、眼镜、放大镜、太阳灶、照相机，汽车上的观后镜，医生用的显微镜、内窥镜，天文观测用的天文望远镜，现代通信用的光导纤维，工程测量中的各种测量仪器等，都应用了光学知识。

1. 学习光的传播相关概念及应用。
2. 认识并了解激光的特性及应用。

第一节 光的传播

一、光的直线传播

1. 光源

宇宙间的物体，有的发光，有的不发光。像太阳、开亮的电灯、点燃的蜡烛、放射的礼花等能够自行发光的物体称作光源。我们日常所见的大多数物体自己并不发光。例如，月亮、人体、电影银幕等都不是光源。我们能够看到不发光的物体，是因为光源发出的光照射到它们，它们向四面八方反射的光射入人的眼睛，这样使人眼产生了视觉反应。光源发光要消耗其他形式的能量，把其他形式的能量转化为光能。电灯发光消耗电能，蜡烛发光消耗化学能，太阳发光消耗太阳内部的核能。光源发出的光具有能量，它可以使物体变热，使照相底片感光，使光电池供电，这时光能分别转化成内能、化学能、电能。

如果光源本身的大小比起它到观察点的距离小得很多，并且均匀地向周围发光，这时的光源可以看作是一个发光的点，叫作点光源。例如，几十米以外的电灯，地球上看到的遥远的恒星，透进光的小孔等，都可以看作是点光源。发光面较大的光源可以看作许多点光源的集合。

2. 光的直线传播

（1）传播介质　光能够在其中传播的物质叫作光介质，简称介质。光在真空或同一种均匀介质中，是沿直线传播的。例如，黑夜直射天空的手电光是沿直线传播的，影、日食、月食、小孔成像等光现象都是由于光沿直线传播而产生的。

（2）传播路线　为了研究光的传播规律，我们常用带箭头的直线表示一束光的传播路线和方向，这样的直线叫作光线，如图 6-1 所示。图 6-1（a）中，光线互相平行，表示平行光束；图 6-1（b）中，光线是发散的，表示发散光束；图 6-1（c）中，光线会聚于一点，表示会聚光束。

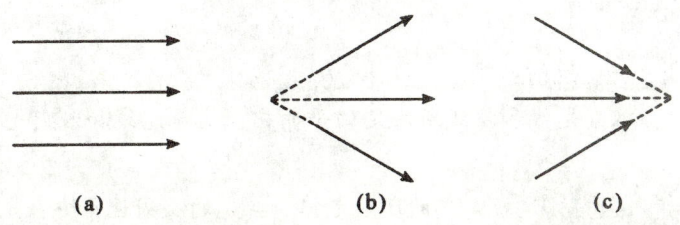

图 6-1　光线
（a）平行光束；（b）发散光束；（c）会聚光束

3. 光速

光是以有限的速度向外传播的。光在真空中的传播速度约为 30 万千米/秒，用 c 表示，即

$$c = 3.00 \times 10^8 \text{ m/s}$$

光在不同介质中的传播速度是不同的。例如，在水中的光速是 2.25×10^8 m/s，在玻璃中的光速是 2×10^8 m/s。

二、光的反射

1. 光的反射现象及规律

我们先做下面的演示实验，注意观察光的传播方向的变化情况。

在光具盘（图 6-2）中央固定一个半圆柱形玻璃砖，让光从空气斜射到玻璃砖直边中心。

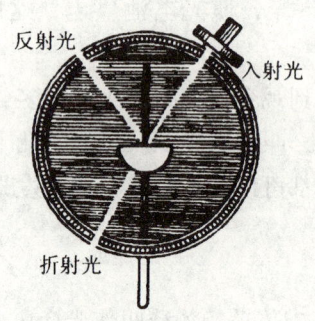

图 6-2 光具盘

实验表明，光线在空气和玻璃的分界面上分成两束，一束反射回空气中，另一束射入玻璃中。用几何作图法画出光路图，如图 6-3 所示。光照射到两种介质（例如空气和玻璃）的分界面上时，有一部分光改变传播方向，返回原介质，这种现象叫光的反射。光线 AO 称为入射光线，光线 OB 称为反射光线。入射光线 AO 与分界面上入射点处法线 ON 所构成的平面称为入射面。入射光线 AO 与法线 ON 间的夹角称为入射角（用 i 表示），反射光线 OB 与法线 ON 间的夹角称为反射角（用 i 表示）。

实验同时表明，光的反射遵循以下规律：
① 反射光线位于入射光线和法线所决定的平面内，反射光线和入射光线分别位于法线两侧；
② 反射角等于入射角，这就是光的反射定律。在光的反射现象中，光路是可逆的；
③ 无论反射面是平面还是曲面，光的反射都遵从反射定律。

2. 光的反射的实际应用

我们能看到不发光的物体，是物体反射光的缘故。我们用平面镜成像以整衣冠，汽车

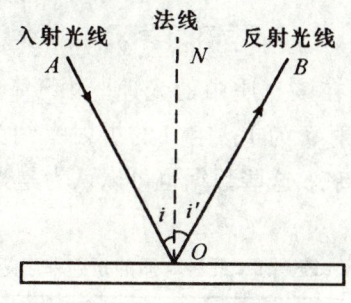

图 6-3　反射光路图

司机用凸面后视镜观察车后的情景以扩大视野,太阳灶上用凹面镜会聚太阳能等,都是利用了光的反射。

三、光的折射

在上节演示实验中,我们还观察到,当光斜射在空气和玻璃的分界面上时,除一部分光反射回空气外,另一部分光进入了玻璃,并且传播方向发生了变化。像这样光由一种介质进入另一种介质或在同一种不均匀介质中传播时,传播方向发生偏折的现象叫作光的折射。光路图如图 6-4 所示,光线 OC 称为折射光线,折射光线 OC 与法线 ON 间的夹角称为折射角(用 r 表示)。在光的折射现象中,光路也是可逆的。

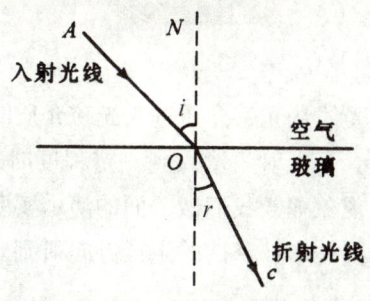

图 6-4　折射光路图

人们经过长期的研究得出光的折射遵循以下规律:折射光线位于入射光线与法线所决定的平面内,折射光线和入射光线分别位于法线两侧;入射角 i 的正弦和折射角 r 的正弦之比,对于任意给定的两种介质来说,是一个常数,即

$$\frac{\sin i}{\sin r} = 常数 \tag{6-1}$$

这个规律称为光的折射定律,也叫作斯涅尔定律。

当光从真空中射入不同介质而发生折射时,$\dfrac{\sin i}{\sin r}$ 这个常数是不同的,它反映了不同介质有不同的光学性质。我们把光从真空射入某种介质时,入射角 i 的正弦与折射角 r 的正弦之比,叫作这种介质的折射率。用 n 表示折射率,则

$$n = \frac{\sin i}{\sin r} = \frac{c}{v} \qquad (6-2)$$

式中，c 为真空中的光速，v 是在该介质中的光速。由于 $c > v$，所以，任何介质的折射率均大于 1。显然，真空的折射率为 1；空气的折射率约为 1.0003，一般也看成为 1。表 6-1 列出了几种介质的折射率。这些数据也可以认为是光从空气射入这些介质时所测得的。

表 6-1　几种介质的折射率

介质	折射率	介质	折射率
金刚石	2.42	酒精	1.36
二硫化碳	1.63	水	1.33
玻璃	1.5～1.9	冰	1.31
水晶	1.54	空气	1.0003

式 6-2 表明，光在某介质中的传播速度越大，则该介质的折射率越小。两种介质相比，折射率小的介质称为光疏介质，折射率大的介质称为光密介质。显然，光从光疏介质射入光密介质时，折射角小于入射角；光从光密介质射入光疏介质时，折射角大于入射角。

四、全反射

由光的折射定律可知，当光线从光密介质进入光疏介质时，折射角大于入射角。入射角增大时，折射角也随之增大。当入射角增大到一定程度时，折射角就会增大到 90°。如果入射角再增大，会发生什么现象呢？我们做下面的演示实验。

让一束光沿着光具盘上半圆柱形玻璃砖的半径方向射到直边上，逐渐增大入射角，观察实验现象。

实验表明，当光沿着半圆柱形玻璃砖的半径方向射到直边上时，一部分光从玻璃砖的直边上折射到空气中，一部分光反射回玻璃砖内。逐渐增大入射角，会看到折射光离法线越来越远，而且越来越弱，反射光却越来越强。当入射角增大到某一角度时，折射角增大到 90°，折射光线紧贴界面传播。当入射角继续增大时，折射光线消失，光线全部返回到玻璃中，此时反射光线几乎与入射光线一样亮。这种入射光全部被反射回原介质的现象叫作光的全反射。我们把折射角等于 90° 时的入射角称为临界角，用 C 表示。根据折射定律可得

$$n = \frac{\sin 90°}{\sin C} = \frac{1}{\sin C}$$

$$\sin C = \frac{1}{n} \qquad (6-3)$$

根据上式，只要知道某介质的折射率，就可以求出它对真空（或空气）的临界角。表

6-2给出了几种介质对真空（或空气）的临界角。

表6-2　几种介质对真空（或空气）的临界角

物质	临界角	物质	临界角
玻璃	30°～42°	水	48.6°
金刚石	24.4°	酒精	47.3°
二硫化碳	38.1°	甘油	42.9°

全反射现象是自然界里常见的现象。例如，水中或玻璃中的气泡看起来特别明亮，就是因为光线从水或玻璃射向气泡时，一部分光在气泡表面发生了全反射。

全反射在生产技术中有着广泛的应用。用全反射棱镜可以制造潜望镜，利用光在光导纤维中的全反射传光、传像等更是当今世界上最先进的通信方式。

我国古代对光的研究

人类很早就开始了对光现象的观察研究。远在2400多年前，我国的墨翟（公元前468—公元前376）及其弟子们所著的《墨经》一书中，就记载了光的直线传播、影的形成、光的反射、镜面成像等现象，这可以说是世界上最早的光学著作，它比欧几里德的《光学》早100多年。

习题6.1

1. 选择题

（1）与实际位置相比，水下潜水员看到的岸上物体的位置（　　）

A. 变高了　　　　　　B. 变低了　　　　　　C. 高度未变

（2）渔民用叉捕鱼，其正确方法是（　　）

A. 对准所看见的鱼叉去

B. 对准所看见鱼的偏下方叉去

C. 对准所看见鱼的偏上方叉去

2. 问答题

筷子的一部分斜插入水中，看上去是弯折的；若垂直插入水中，则看上去没有弯折，为什么？

3. 计算题

（1）光从空气射入某种介质时，入射角是45°，折射角是30°。求：

① 这种介质的折射率；

② 光在这种介质中的传播速度；

③ 如果入射角改变了，则折射角、折射率及光在该介质中的传播速度是否改变？

（2）光从空气射入水中，光线在水中的折射角最大为多少？

第二节　激光的特性及应用

激光技术是 20 世纪出现的重大科技成就之一，它同原子能、半导体、计算机一起被称为当代科学技术的四大发明。世界上第一台激光器由美国休斯研究室的 T·梅曼于 1960 年研制成功。30 多年来，激光技术得到了极为迅速的发展，它几乎遍及了人类的生活、生产及科学研究的各个领域。

一、激光的发生

原子是由原子核和绕核高速运动的电子组成的，核外电子所处的状态不同，导致整个原子的状态也不同。现代物理学认为，原子可能处于若干不同的状态，这些状态之间是不连续的，因此各状态对应的能量也是不连续的，这些能量值叫作能级。

普通光源的发光都是由于原子的自发辐射产生的。光源中处于高能级的原子自发地跃迁到低能级，同时放出一个光子，这种现象叫作自发辐射。由普通光源发出的光子状态是各不相同的，不仅波长不同，发射的方向也不同，即发出的光是杂乱无章的。激光则是由受激辐射产生的。当原子处于某一激发态时，如果恰好有能量适当的光子从附近通过，在入射光子的电磁场的影响下，原子会发出一个同样的光子而跃迁到低能级去，这种现象叫作受激辐射。原子发生受激辐射时，发出的光子的频率、偏振方向初相和发射方向等，都跟入射光子完全一样。如果这些光子在介质中传播时再引起其他原子发生受激辐射，就会产生越来越多的相同的光子，使光得到加强，这就是激光。

能产生激光的装置，叫作激光器。1960 年 9 月，美国物理学家梅曼制造出了世界上第一台红宝石激光器。1961 年 8 月，我国也研制出了一台红宝石激光器。

现在激光器的尺寸大至几个足球场，小至一粒稻谷。激光器种类已达到几百种，例如气体激光器有氦—氖气体激光器和氩激光器；固体激光器有红宝石激光器；半导体激光器又叫激光二极管，广泛应用在激光通信、激光存储、激光打印、激光测距等方面。每一种激光器都有自己独特的产生激光的方法。

我国的激光器研究现状

我国在激光器的研制和激光技术应用等方面已跻身世界先进行列。1997 年 6 月，以我国杭州大学物理系教授王绍民为主完成的超高速、超衍射极限的新光束激光器，突破了国际光学界关于激光器所能达到的衍射极限和"质量最高、性能最好的激光器莫过于高斯光束"的定论。这一研究成果将更有助于缩小集成电路的体积、增加光盘容量，并可改善高精度激光雷达、精细手术刀等高新技术。

二、激光的特性

激光主要具有四个方面突出的特性。

1. 方向性好

太阳、电灯、荧光灯等几乎所有的普通光源都是向四面八方同时发光的，而激光则不同，它只向一个方向发光，其光束发散角非常小。如果将激光射向月球，其光束在月球上仅留下一个半径为 2 km 的光斑。而用探照灯照射到月球上，其光斑可包括整个月球。在兴修水利、修建铁路和公路中，需要挖掘长距离隧道时，可以用激光来导向，沿着激光照射的方向进行施工，隧道打得又准又直。由于激光的方向性好，通过透镜聚焦，可生成极小的像，形成高度集中的能量。

2. 亮度高

激光是现代最亮的光源，它可以在很小的空间和很短的时间内集中很大的能量。如果把强大的激光束会聚起来照射到物体上，可以使物体的被照部分在不到千分之一秒的时间内产生几千万摄氏度的高温，最难熔化的物质在这一瞬间也要汽化了。

3. 单色性好

太阳光是复色光，可大致分解成红、橙、黄、绿、青、蓝、紫七色光，它们其实由成千上万种不同波长的光组合而成。在自然界中几乎找不到波长纯粹的光，各种波长的光总是混杂在一起。激光却是一种理想的单色光源。拿氦—氖气体激光器来说，它射出的波长宽度不到 10^{-10} nm，完全可以视为单一的波长，是极纯的单色光。

4. 相干性好

只有频率相同、相位差恒定、偏振方向一致的光才是相干光。普通光源发出的光杂乱无章，不能发生干涉，不是相干光。激光是一种人工产生的相干光，具有高度的相干性，能像无线电波那样进行调制，用来传递信息。

三、激光的应用

由于激光具有突出的特性，因此自诞生以来，激光技术得到了飞速发展，它使人们获得了空前的效益和成果，极大地促进了生产力的发展。激光几乎是无处不在，它已经被用在生产、生活的方方面面，如激光通信、激光光盘、激光照排、激光手术、激光钻孔、激光切割、激光焊接、激光淬火等。

1. 激光通信

激光通信是把声音、图像等信号调制到激光载波上，然后将激光通过光纤发送出去，在接收端通过解调和输出设备，将所传送的声音、图像信号再现出来。激光通信具有信息容量大、传送线路多、保密性强、可传送距离远、设备轻便、费用低廉等优点。

光子计算机

现有的计算机大都是电子计算机,是利用电子来传递和处理信息的。由于电阻、电容等因素的影响,电子计算机的运算速度受到很大的限制。另外,由于量子效应的干扰,电路的集成密度受到限制。理论上的集成密度最高为每块芯片10亿个晶体管,实际上达到的数量比这个数值还要低很多。

光子计算机是一种由光信号进行数字运算、逻辑操作、信息存储和处理的新型计算机,它的基本组成部件是集成光路,配以激光器、透镜、棱镜和滤波器等光学元件和设备。光信号在光路中的传播速度比电信号在导线中的传播速度快约1 000倍,平行传播、相互交叉传播时,彼此之间不发生干扰,千万条光束可以同时穿越一只光学元件而不会相互影响,其集成密度实际上是无限的。光子计算机的存储容量也比电子计算机大几百万倍,还具有能量消耗少,散发热量低等特点。

目前,光子计算机已经研制成功,但在功能以及运算速度等方面,还赶不上电子计算机。但是,从发展的潜力来说,光子计算机的发展潜力比电子计算机大得多;因此,许多国家都投入巨资进行光子计算机的研究。

2. 激光焊接

激光焊接是利用激光的高功率密度进行焊接的技术。所谓高功率密度,是指在每平方厘米面积上能集中极高的能量。激光不仅可以焊接一般的金属材料,还可以焊接又硬又脆的陶瓷。不小心打破碗碟,也用不着惋惜,只要用激光焊接机就可以重新将破片焊好,甚至连疤痕也难以发现呢!

激光特别适用于精密、微量加工,它已经成为精密机械加工工业中的一种重要的加工设备。比如激光微型焊接,激光在微电阻上刻画调整阻值,在微电子工业中就是必不可少的。微电子工业中,要在1 cm² 面积的硅片上,制作几十个集成电路,每小块集成电路上还有几十个二极管、晶体管和电阻。集成电路上每一个电阻,每一条引线宽只有100 μm 左右。要焊接引线,要调整电阻而又不损伤硅基片,只能求助于激光微焊机、激光电阻修整机。

全息照相

如图6-5所示是拍摄全息照片的基本光路。同一束激光被分为两部分,一部分直接照射到底片上,称为参考光;另一部分先投射到被拍摄物上,然后再由物体反射后到达底片,称为物光。参考光和物光是相干光,在底片上相遇时发生干涉,形成复杂的干涉条纹。因为从物体上各点反射回来的光的明暗和相位不同,所以底片上各处的干涉条纹也不同。明暗不同反映了光束的强度不同，反映了参考光和物光的相位关系。条纹的密度、形状不同。因此，全息底片上记录了物光振幅和相位的全部信息。但它不像普通照相底片那样冲洗后能直接显示物体的形象，而是一张形状迥异的干涉条纹图，简称全息图。

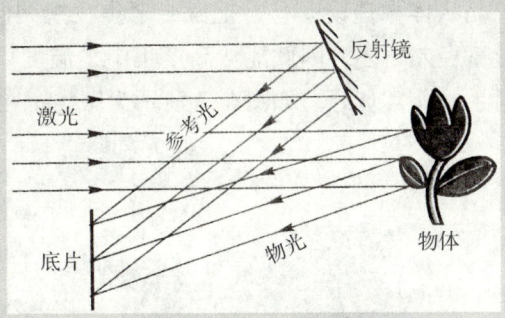

图6-5　拍摄全息照片的基本光路图

观察全息照片时，需要用拍摄该照片时所用的相同波长的激光，沿原参考光方向照射冲洗后的底片。在底片的背面向底片看时，就可看到在原位置处物体完整的立体形象，而底片本身就像一个窗口一样，如图6-6所示。当人眼换一个角度观察时，还会看到物体的侧面像。由于底片上每一点都记录了物体的全部信息；因此，即使取底片上一小块残片来观察，也照样能看到整个物体的立体形象。

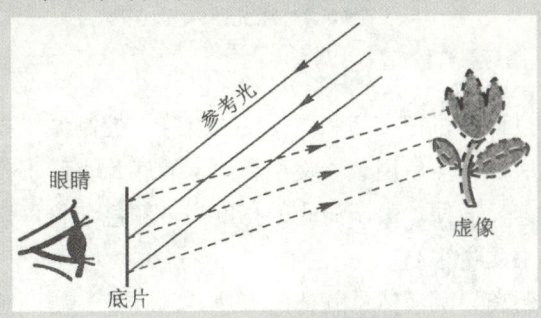

图6-6　底片的成像原理

全息照相可应用在全息显微、全息信息储存、全息干涉计量等方面。

3. 激光钻孔

激光钻孔是利用激光束聚焦使金属表面焦点温度迅速上升，温升可达100万摄氏度每秒，烧熔金属，直至汽化，留下一个小孔。激光钻孔不受加工材料的硬度和脆性的限制，而且钻孔速度异常快，快到可以在 10^{-3} s 乃至 10^{-6} s 内钻出小孔。激光钻孔还可用来加工手表钻石。它每秒钟可以钻20~30个孔，比机械加工效率高几百倍，而且质量高。因此，激光操作可以在自动连接加工，或者在超净、真空的特殊环境中发挥作用。

知道激光钻孔的原理，就容易理解激光切割了。只要移动工件或者移动激光束，使钻出的孔洞连成线，自然就将材料切割下来了。而且，不论是什么样的材料，如钢板、钛板、陶瓷、石英、橡胶、塑料、皮革、化纤、木材等，激光都像一柄削铁如泥的光剑，而且切割的边缘非常光洁。

4. 激光手术

激光手术是用激光作"光刀"来切开皮肤、切除肿瘤，还可以用激光焊接脱落的视网膜。人的眼睛很像照相机，瞳孔和瞳孔后的晶状体是一个光线可以进入的"窗口"，激光束可以从这里射入眼内。晶状体像透镜一样，把激光聚焦在视网膜上。激光焦点非常小，只有几十微米，和头发丝直径差不多，因此能量高度集中，温度可达 1 000 多摄氏度，用它来做精确度很高的眼科手术非常理想。如图 6-7 所示为医生正在做激光手术。

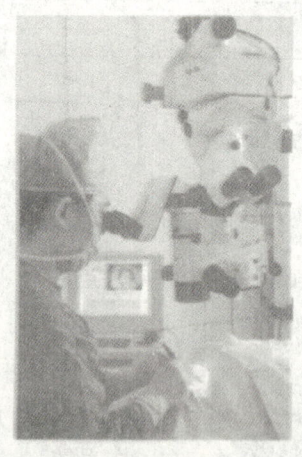

图 6-7　激光手术

5. 激光照相排版

激光照相排版是通过计算机把文字和图像变成点阵，控制激光扫描感光相纸，再经过显影和定影就形成照相底片，然后用载着文字和图像的底片去印书报、杂志了。激光照相排版比普通照相排版迅速、简便。由于激光的亮度高，颜色纯，可以大大改善图像的清晰度，因此印刷出来的图书质量很高。

激光还可以用来测距离，测液体、气体的流速，测转速，测间隙，测细丝直径，测钢板厚度，测高电压、强电流，测微粒大小，测材料表面质量，测材料的化学成分等，真是不胜枚举。

激光对于人类的贡献，还等待我们去研究、去开拓，它必将给人类带来更加光辉灿烂的美好前景。

光　盘

　　光盘是一种新型的光学信息存储装置，根据光盘结构，主要分为 CD、DVD、蓝光光盘等几种类型，其主要结构是一致的。光盘是一种夹层结构，主要分为五层，包括基板、记录层、反射层、保护层、印刷层等。基板的材料是无色透明的聚碳酸酯，冲击韧性极好。基板厚度为 1.2 mm、直径为 120 mm，中间有孔，呈圆形，是光盘比较光滑的一面（激光头面向的一面）。记录层是刻录信号的地方，其主要的工作原理是在基板涂抹上专用的有机染料，当刻录光盘时，激光会将基板上的有机染料刻录成一个接一个的"坑"，这样有"坑"和没有"坑"的状态就形成了"0"和"1"的二进制代码，从而记录信息。反射层是光盘的第三层，它是反射光驱激光光束的区域，借反射的激光光束读取光盘片中的资料，其材料通常是为纯度为 99.99% 的纯银金属。光盘可以当做镜子用，就是因为有这一层反射层。保护层用来保护光盘中的反射层及染料层，防止信号被破坏，材料为光圈化丙烯酸类物质。印刷层是印刷盘片的客户标志、容量等相关资讯的地方，这就是光盘的背面。

习题 6.2

简答题

（1）简述激光的主要特性。

（2）说说你了解的激光在生产、生活中的应用。

（3）收集资料，了解激光技术在科技、军事中的应用。

本章重点知识拓展及梳理

光的反射

光线从一种介质射到另一种介质的界面上再返回原介质的现象称为反射现象。光的反射现象遵守反射定律：反射光线总是在入射光线和法线决定的平面内；反射光线、入射光线分居法线两侧；反射角等于入射角。在反射现象中，光路是可逆的。

镜面反射

平行光照射到光滑的平面（如镜面、高度抛光的金属表面、平静的水面等）时，反射光也是平行的，这种反射叫作镜面反射。

漫反射

平行光照射到粗糙不平的表面时，将向各个方向反射，这种反射叫作漫反射。借助漫反射，我们才能从各个方向看清物体。但就每条具体光线而言，漫反射仍遵守反射定律。

【说明】

① 因为光在任何介质中的速度 v 小于 c，所以 $n>1$。

② 两种介质相比，把折射率较小（v 较大）的介质叫光疏介质；把折射率较大的介质叫光密介质，光疏介质和光密介质是相对而言的。光从光疏介质进入光密介质，折射光线偏向法线；光从光密介质进入光疏介质，折射光线偏离法线。折射率越大，偏折越大。

③ 当光从真空射入某一介质时，入射角 θ_1、折射角 θ_2 都可以发生变化，但它们的正弦值之比却是不变的，是一个常数，例如，当介质是水时，这个常数是 1.331。

④ 折射率大小不仅反映了介质对光的折射本领，也反映了光在介质中传播速度的大小。对于不同介质，这个常数不同，例如光从真空射入玻璃时这个常数是 1.5。介质不同，说明 n 反映了介质的光学性质，这个常数叫介质的绝对折射率，简称折射率。

⑤ 折射率 n 是反映介质光学性质的物理量，它的大小只能由介质本身的物质结构及光的频率决定，与入射角、折射角的大小无关。

光发生折射的原因

【例题讲解】 在折射率为 n，厚度为 d 的玻璃平板上方的空气中有一点光源 S，从 S 发出的光线 SA 以角度 θ_1 入射到玻璃板上表面，经过玻璃板后从下表面射出，如图 6-8 所示，若沿此方向传播的光从光源到玻璃板上表面的传播时间与在玻璃板中传播的时间相等，点光源 S 到玻璃板上表面的垂直距离 L 应是多少？

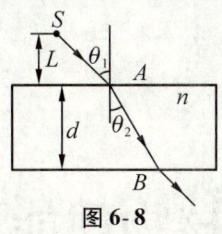

图 6-8

【讲解】

设光线在玻璃中的折射角为 θ_2，则光线从 S 到玻璃板上表面的传播距离为 $\overline{SA} = \dfrac{L}{\cos\theta_1}$，传播时间 $t = \dfrac{\overline{SA}}{c} = \dfrac{L}{c\cdot\cos\theta_1}$（$c$ 表示空气中的光速）。

光线在玻璃中的传播距离 $\overline{AB} = \dfrac{d}{\cos\theta_2}$，

传播时间为 $t' = \dfrac{\overline{AB}}{v} = \dfrac{nd}{c\cdot\cos\theta_2}$。

据题意：$t = t'$，即：$\dfrac{L}{c\cdot\cos\theta_1} = \dfrac{nd}{c\cdot\cos\theta_2}$

由折射定律：$\sin\theta_1 = n\sin\theta_2$

解得：$L = \dfrac{n\cos\theta_1}{\sqrt{1 - \dfrac{1}{n^2}\sin^2\theta_1}}d$

【说明】 该题目虽然不大，但涉及的知识点较多，如光的传播速度、折射定律及一些几何关系等，要弄清这些知识间的关系，并能熟练地运用它们解答问题。

第七章　核物理能及其应用

 **本章概述**

世界万物是由什么构成的？它有最小结构吗？这是自古至今人们在思考的问题，也是物理学的研究对象。

今天，我们已经知道，一切物质是由原子构成的，原子又由原子核和电子构成，原子核则由质子和中子组成等。原子物理学就是研究原子的结构、内部运动规律及相互作用的物理学分支。原子核物理是研究原子核的特性、结构和变化规律的一门科学。原子物理和原子核物理知识已被广泛应用于工农业生产、医疗和军事领域。如农业中辐射育种，工业中的射线探伤和核电站，医疗中放射治疗，军事中核武器的制备等。

 **教学目标**

1. 认识原子的结构，了解玻尔氢原子理论。
2. 了解原子核的组成及核能的相关知识。

第一节　原子结构　氢原子理论

一、原子结构模型

19 世纪末，物理学家的三大发现（即 1895 年伦琴发现了 X 射线、1896 年贝克勒尔发现了天然放射现象、1897 年汤姆逊发现了电子）打开了人类通向微观世界的大门，从那时起人们开始思索，原子是由什么构成的？它的结构又是怎样的？

1. 汤姆逊的原子结构模型

1897 年，英国物理学家汤姆逊（1856—1940）在研究阴极射线时发现了电子。不久，人们又发现，在气体电离和光电效应等现象中，都可以从物质中击出电子。这就表明电子是原子的组成部分。

电子带负电，而原子是电中性的，可见，原子内还有带正电的物质。这些带正电的物质和带负电的电子是如何构成原子的呢？

汤姆逊认为，原子是一个球体，正电荷均匀地分布在整个球内，电子像枣糕里的枣子那样镶嵌在原子里面，如图 7-1 所示。这就是汤姆逊的枣糕式原子结构模型假说。该模型虽然能解释原子呈中性等一些实验事实，但不久就被新的实验事实所否定。

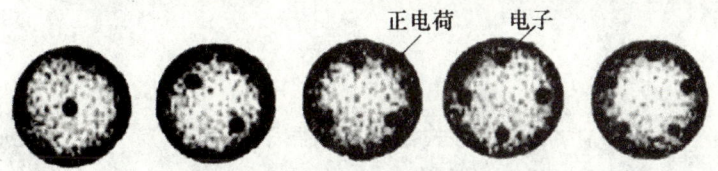

图 7-1　汤姆逊原子结构模型

2. 卢瑟福的核式原子结构模型

1909—1911 年，英国物理学家卢瑟福（1871—1937）和他的助手们做了用 α 粒子轰击金箔的实验，获得了重要的发现。实验装置如图 7-2 所示。在一个小铅盒里放有少量的放射性元素钋，它发出的 α 射线从铅盒的小孔射出打到金箔上，α 粒子穿过金箔打到荧光屏上，用显微镜观察产生的亮点。整个装置放在一个抽成真空的容器内，荧光屏和显微镜能够围绕金箔在一个圆周上转动。

通过实验卢瑟福发现，绝大多数 α 粒子穿过金箔后仍沿原来的方向前进，但有少数 α 粒子发生了较大的偏转，极少数 α 粒子被反向弹回。α 粒子在通过物质薄层后发生偏转的现象叫作 α 粒子的散射。

卢瑟福精确地统计了向各个方向散射的 α 粒子的数目，在此基础上提出了原子的核式结构模型：在原子的中心有一个很小的核，叫作原子核；原子的全部正电荷和几乎全部质量都集中在原子核里；带负电的电子在核外空间绕着原子核旋转。电子绕核旋转正如行星绕太阳运转一样，因此卢瑟福的原子模型又叫原子的行星模型。

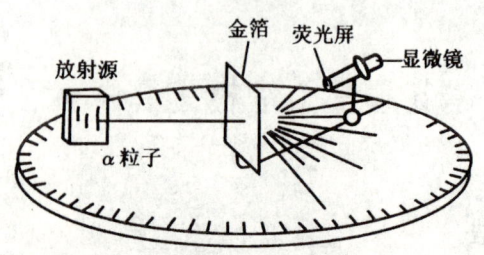

图 7-2　α 粒子散射实验装置

按照这个模型，由于原子核很小，大部分 α 粒子穿过金箔时都离核很远，受到的斥力很小，他们的运动几乎不受影响；只有极少数 α 粒子从核附近飞过，明显地受到原子核的库仑斥力而发生大角度的偏转，如图 7-3 所示。

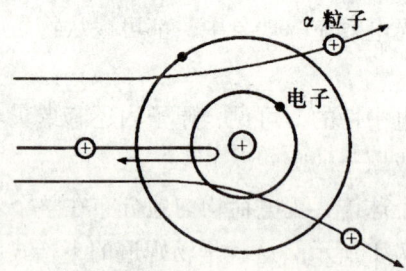

图 7-3　α 粒子的散射

卢瑟福核式结构中的原子核大小

按照卢瑟福的核式结构模型，原子内部是十分"空旷"的。研究表明，原子直径的数量级（实际就是电子运动范围的数量级）为 10^{-10} m，而原子核直径的数量级为 10^{-15} m，两者相差 10 万倍！如果把原子比作直径为百米左右的大球，那么原子核则只有毫米左右米粒大小。

二、玻尔的氢原子理论

卢瑟福的核式原子结构模型初步建立了原子结构的图景，但却与经典的电磁理论发生了矛盾。按照经典电磁理论，电子绕核旋转具有加速度，就要不断向外辐射电磁波，因而它的能量要逐渐减少，电子绕核运动的轨道半径也要随之减小，最终电子将沿着螺旋线的轨道落入原子核上使正负电荷中和，引起原子的"塌陷"，但事实并非如此，原子是十分稳定的。

丹麦物理学家玻尔（1885—1962 年）在卢瑟福核式原子结构模型的基础上首先对最简单的氢原子进行了研究，并于 1931 年提出了氢原子轨道量子化模型假说。该假说可概括为三个基本假设：

①原子中电子绕核运动的轨道不是任意的，只有满足一定条件的轨道才是可能轨道，可能轨道的分布是不连续的。

②电子在可能轨道上绕核运动时，原子并不向外辐射能量，即可能轨道半径 r_n 一定时，原子能量 E_n 也一定，这些状态称为定态，原子在定态上的能量叫作原子的能级。显然原子的能级是不连续的，即原子的能量是量子化的。

③当原子中的电子从半径较大的轨道跳到半径较小轨道上运动时，原子就由较高能级 E_n 变成较低能级 E_m，多余的能量 $E_n - E_m$ 就以光子的形式辐射出去。反之，若原子吸收某一能量等于 $E_n - E_m$ 的光子，那么原子就由较低能级 E_m 变成较高能级 E_n。原子由一个定态变成另一个定态，辐射或吸收一个光子的现象，叫作原子能级的跃迁。光子的能量 $h\nu$ 由两种定态的能量差决定，即

$$h\nu = E_n - E_m \tag{7-1}$$

图 7-4 为氢原子能级图。从该图中可以看出，氢原子中的一个电子在可能轨道上的能级是不连续的，可能轨道的分布是不连续的。

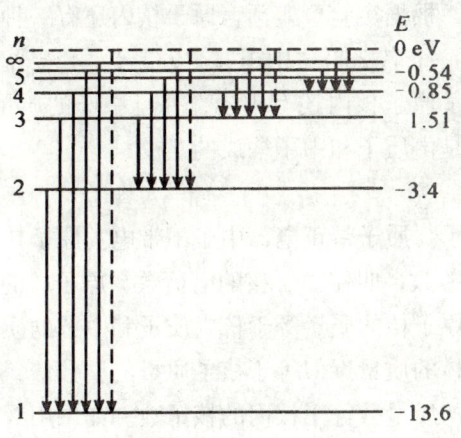

图 7-4　氢原子能级图

由于原子的能级是一定的、不连续的，跃迁只能在能级之间进行，因此原子只能辐射或吸收特定频率（或波长）的某些光。

玻尔理论成功与局限

玻尔理论成功地解释了氢原子光谱，但是用它来解释含有两个以上外层电子的较复杂的原子光谱时却遇到了很大的困难，理论计算与实验结果相差甚远，这就暴露了玻尔理论的局限性。这个理论的成功之处在于它引入了量子概念，失败之处在于它没有完全摆脱经典理论的束缚，保留了许多经典物理概念。在玻尔理论的基础上，人们建立了量子力学。量子力学是研究微观粒子运动规律的基本理论，解决了原子结构中的许多问题。

第二节 原子核特性 核能

一、原子核的组成

按照卢瑟福的核式原子结构模型,原子核外是带负电的电子,原子核内有带正电的物质,那么,原子核内又是怎样构成的呢?

1. 质子

1919 年,卢瑟福做了用 α 粒子轰击氮核的实验,结果从氮核中打出了一种粒子,并测定了它的电荷与质量,知道它是氢原子核,把它叫作质子。后来人们又从其他原子核中打出了质子,因而人们断定质子是原子核的组成部分。

2. 中子

卢瑟福发现质子以后,根据实验事实预言原子核内还有一种不带电的粒子,并给这种还未"出生"的粒子起了一个名字叫"中子"。1932 年,卢瑟福的预言变成了现实,他的学生查德威克实验证明了原子核内还有中子,并且中子的质量非常接近于质子的质量。这样,人们认识到原子核是由质子和中子构成的。

3. 原子核的性质

质子和中子统称为核子。质子带正电,中子不带电。原子核的电荷量等于质子电荷量的整数倍,用 Z 表示这个整数,叫作原子核的电荷数。原子核的电荷数等于质子数,也等于这种元素的原子序数。原子核的质量等于核内质子和中子的质量之和,而质子和中子的质量几乎相等,所以原子核的质量近似等于核子质量的整数倍,用 A 表示这个整数,叫作原子核的质量数。原子核的质量数等于核内的核子数。如果用 X 表示元素符号,则表示电荷数为 Z、质量数为 A 的原子核。例如,$_2^4He$ 表示氦核,其电荷数为 2,质量数为 4,核内有 4 个核子,其中质子 2 个,中子 2 个。

原子核内的质子数等于核外电子数。同种元素的质子数相同,但它们的中子数可以不同。具有相同质子数而中子数不同的原子,在元素周期表中处于同一位置,因而互称同位素。例如,氢有三种同位素,分别叫作氢(也叫氕,$_1^1H$)、氘(也叫重氢,$_1^2H$)、氚($_1^3H$)。

二、原子核的衰变

1. 天然放射现象

原子核不仅具有复杂结构,而且能够发生变化。天然放射现象就是原子核的一种自发变化。

1896 年,法国物理学家贝克勒尔(1852—1908)在实验中首先发现,铀和含铀的矿物质能够放出一种肉眼看不见的射线,这种射线能穿透黑纸而使里面的照相底片感光。法国科学家皮埃尔·居里(1859—1906)和玛丽·居里(1867—1934)夫妇也发现钋和镭也能够放出使照相底片感光的射线。像这样物质能自发放射射线的性质称为天然放射性。具有天然放射性的元素称为放射性元素。研究发现，原子序数大于或等于 84 的所有元素都具有放射性。原子序数小于 84 的元素，有的也具有放射性。元素这种自发地放出射线的现象叫作天然放射现象。

放射性物质放出的射线有三种：α 射线、β 射线、γ 射线。这三种射线具有不同的性质：α 射线是氦原子核（即 α 粒子）组成的粒子流，其电离作用很强，贯穿本领较小，在空气中只能飞行几厘米，一张薄纸也能把它挡住。β 射线是高速电子流（即 β 粒子），其电离作用较弱，贯穿本领较高，很容易穿透黑纸，甚至能穿透几毫米厚的铝板。γ 射线是波长比伦琴射线还短的电磁波（即光子），它的电离作用最弱，但贯穿本领最强，能穿透几十厘米的钢板。

2. 原子核的衰变

放射性元素的原子核放出 α 粒子或 β 粒子后就变成另一种新的原子核。这种原子核自发放出某种粒子而转变为新核的变化，叫作原子核的衰变。放出 α 粒子的变化叫作 α 衰变，放出 β 粒子的变化叫 β 衰变。在原子核衰变中，电荷数和质量数都守恒。

例如，铀 238 核放出一个 α 粒子后衰变为钍 234 核，钍 234 核也具有放射性，它能放出一个 β 粒子而衰变为镤 234 核。这个过程可以用衰变方程表示如下

$$^{238}_{92}U \longrightarrow {}^{234}_{90}Th + {}^{4}_{2}He$$

$$^{234}_{90}Th \longrightarrow {}^{234}_{91}Pa + {}^{0}_{-1}e$$

3. 放射性同位素

有些同位素具有放射性。我们把具有放射性的同位素，叫作放射性同位素。所有的化学元素都有自己的同位素，有的是天然的，有的是人工制造的。自然界中天然放射性同位素仅 50 多种，而人工制造的放射性同位素已达 2 000 多种，每种元素都有了放射性同位素。

放射性同位素在工农业生产、医疗卫生和科学研究方面得到了广泛的应用。

（1）在工业上 常用放射性元素放出的 α 粒子的电离作用消除静电。利用 γ 射线的贯穿作用，可用来检查金属或焊缝内有无气泡、裂纹等缺陷。

（2）在医学上 利用放射线可使癌细胞受到抑制或死亡这一生物效应，常将钴 60 的 γ 射线用来治疗癌症。

伽玛刀

伽玛刀并不是真正的手术刀，它是一个布满直准器的半球形头盔，头盔内能射出 201 条钴 60 高剂量的离子射线——γ 射线。它经过 CT 和磁共振等现代影像技术精确地定位于颅内某一部位，我们称之为"靶点"。它的定位极准确，误差常小于 0.5 mm；每

条伽玛射线剂量梯度极大,对组织几乎没有损伤。但201条射线从不同位置聚集在一起可致死性地摧毁靶点组织。它因功能犹如一把手术刀而得名,有无创伤、不需要全麻、不开颅、不出血和无颅内感染等优点,手术时间只需要几分钟至几十分钟。目前全世界已有数万人接受了治疗。

伽玛刀适用于:①30 mm以下的听神经瘤、垂体瘤和脑膜瘤等颅内良性肿瘤;②小而深的颅内动静脉畸形;一些手术不能切除干净的良性肿瘤;③较小而边缘清楚的颅内转移癌;④帕金森氏病、癫痫病、精神病等功能性疾病。

仍有相当一部分颅内病变需要做开颅手术。同时,伽玛刀也不是立即显效的,常需要3个月至半年时间才能显效,甚至1~2年后仍有效果。伽玛刀的出现的确是神经外科的一大进步。

(3) 在农业生产中　常利用放射性同位素的射线进行辐射育种、辐射灭虫。

应当指出,放射性同位素虽然有非常广泛的用途,但过量的放射性会对环境造成污染,对人体或其他生物组织都有破坏作用,因此使用时必须注意安全,要避免射线过量辐射,还要防止放射性物质对环境的污染。为了防止有害的放射性对人类和自然的破坏,人们采取了有效的防范措施。例如,在核电站的核反应堆外层用厚厚的水泥来防止放射线外泄;用过的核废料要放在很厚很厚的重金属箱内,并埋在深海里。在生活中对有放射性的物质要有防范意识,尽可能远离放射源。

三、原子核反应

1. 人工核反应

衰变是原子核的自发变化,能否用人工方法使原子核发生变化呢?

1919年,卢瑟福用α粒子轰击氮原子核,产生了氧17(氧的一种同位素)和一个质子,首次实现了原子核的人工转变。我们把原子核发生转变的现象叫作核反应。衰变中原子核的转变称为自发核反应,用人工方法使原子核发生转变称为人工核反应。

和衰变过程一样,在人工核反应中,质量数和电荷数都守恒。我们通常用核反应方程表示各种人工核反应过程。例如,用α粒子轰击氮原子核发现质子的核反应方程可写成

$$^{14}_{7}N + ^{4}_{2}He \longrightarrow ^{17}_{8}O + ^{1}_{1}H$$

用α粒子轰击铍原子核发现中子的核反应方程可写成

$$^{9}_{4}Be + ^{4}_{2}He \longrightarrow ^{12}_{6}C + ^{1}_{0}n$$

用高能质子轰击锂核生成两个α粒子的核反应方程为

$$^{7}_{3}Li + ^{1}_{1}H \longrightarrow ^{4}_{2}He + ^{4}_{2}He$$

2. 核能

像各种化学反应吸收或释放能量一样,核反应过程中也伴随着能量的释放或吸收。我们把原子核在核反应中释放的能量叫作核能,又称原子能。

核能比各种化学能大得多。例如,一个中子和一个质子结合成一个氘核释放的能量高

达 2.22 MeV，比一个碳原子在燃烧过程中释放的化学能大 55 万倍。为什么核子在结合成原子核时会释放出如此巨大的能量呢？

1905 年，爱因斯坦根据狭义相对论原理指出，物体的质量 m 是它的能量 E 的量度，并且质量和能量之间有如下关系

$$E = mc^2 \qquad (7-2)$$

式中的 c 是光速，这就是著名的爱因斯坦质能方程。根据质能方程，物体的能量跟它的质量成正比。物体的质量增大了，能量也增大；质量减小了，能量也减小。当物体的质量变化 Δm 时，其能量将变化

$$\Delta E = \Delta m \cdot c^2$$

实验发现，任何原子核的质量总是小于组成它的核子的总质量，两者的差额叫作质量亏损。由于核子在结合成原子核时出现了质量亏损 Δm，所以要释放出能量 ΔE。例如，质子和中子结合成氘核时，质量亏损 $\Delta m = 3.965 \times 10^{30}$ kg，则放出的能量为 $\Delta E = \Delta m \cdot c^2 = 2.33$ MeV。计算结果符合实验事实，这也证实了质能方程是正确的。

3. 原子核的裂变和聚变

物理学家发现，不仅核子结合成原子核时有质量亏损，放出能量，有些重核分裂成中等质量的核，有些轻核结合成中等质量的核，也发生质量亏损，放出巨大的能量。核物理中，把重核分裂成质量较小的核，释放出核能的反应，称为裂变；把轻核结合成质量较大的核，释放出核能的反应，称为聚变。

例如，用中子轰击铀 235 的原子核时，铀核分裂成两个中等质量的新核，同时放出 2~3 个中子，并释放了约 200 MeV 的能量。铀核裂变的产物有时是氙（Xe）和锶（Sr），有时是钡（Ba）和氪（Kr）或锑（Sb）和铌（Nb）等。铀核裂变的一种核反应方程式为

$$^{235}_{92}U + ^{1}_{0}n \longrightarrow ^{141}_{56}Ba + ^{92}_{36}Kr + 3\,^{1}_{0}n$$

如果 1 kg 铀全部裂变，释放出的核能相当于约 2 500 t 优质煤完全燃烧时放出的化学能。

再如，氘核和氚核聚变时生成一个氦核，同时释放出 17.6 MeV 的能量，每个核子平均释放 3 MeV 以上的能量，是铀核裂变时核子平均释放能量的 3 倍多。这个聚变的核反应方程式为

$$^{2}_{1}H + ^{3}_{1}H \longrightarrow ^{4}_{2}He + ^{1}_{0}n$$

核聚变释放的能量多，对环境污染小，且地球上聚变核反应物质非常丰富。例如，地球上的江河湖海中含有氘达 10^{17} kg，足够人类使用几十亿年。可见，聚变能将是人类取之难尽、用之难竭的理想能源。

本章重点知识拓展及梳理

α粒子散射实验

1909－1911年卢瑟福和他的助手做了用α粒子轰击金箔的实验，获得了重要的发现。

（1）实验装置（如图7-5所示）

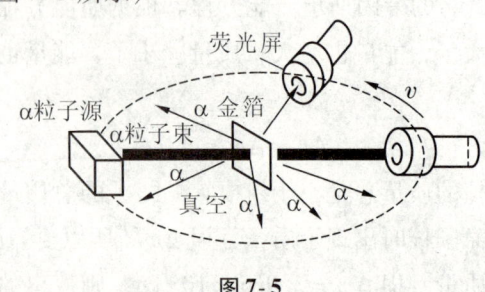

图7-5

【说明】①整个实验过程在真空中进行。②金箔很薄，α粒子（$^4_2$He核）很容易穿过。

（2）实验结果

绝大多数α粒子穿过金箔后基本上仍沿原来的方向前进，但是有少数α粒子发生了较大的偏转，极少数粒子被反向弹回。

【说明】α粒子散射实验令卢瑟福万分惊奇，按照汤姆孙的原子结构模型：带正电的物质均匀分布，带负电的电子质量比α粒子的质量小得多，α粒子碰到电子就像子弹碰到一粒尘埃一样，其运动方向不会发生什么改变。但实验结果出现了像一枚炮弹碰到一层薄薄的纸被反弹回来这一不可思议的现象。卢瑟福通过分析，否定了汤姆孙的原子结构模型，提出了核式结构模型。

原子的核式结构

卢瑟福依据α粒子散射实验的结果，提出了原子的核式结构：在原子中心有一个很小的核，叫原子核，原子的全部正电荷和几乎全部质量都集中在核里，带负电的电子在核外空间绕核旋转。

按照卢瑟福的核式结构学说，可以很容易地解释α粒子的散射实验现象，如图7-6所示。

按照这个模型，由于原子核很小，大部分α粒子穿过金箔时都离核很远，受到的斥力很小，它们的运动几乎不受影响；只有极少数α粒子从原子核附近飞过，明显地受到原子核的库仑斥力而发生大角度的偏转。

【说明】

①原子内部是十分"空旷"的。原子直径的数量级为10^{-10} m，原子核直径的数量级为10^{-15} m，两者相差十万倍，而体积的差别就更大了。若原子相当于一个立体的足球场

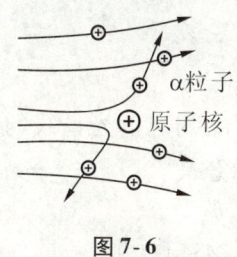

图 7-6

的话，则原子核就像足球场中的一粒米。

②α 粒子并没有与金原子核直接发生碰撞，偏转是受库仑斥力影响的结果。

③学习时注意把实验结果与核式结构模型的内容联系起来，避免机械记忆。

④卢瑟福提出核式结构模型几乎改变了当时所有学科的基础，被认为是划时代的发现。

【例题讲解1】　卢瑟福通过_____实验，发现了原子中间有一个很小的核，并由此提出了原子的核式结构模型，图 7-7 平面示意图中的四条线表示 α 粒子运动的可能轨迹，在图中完成中间两条 α 粒子的运动轨迹。

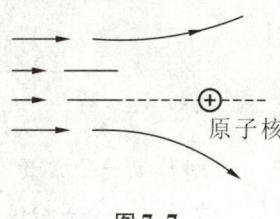

图 7-7

【分析】　在卢瑟福的 α 粒子散射实验中，观察到了离原子较近的那些 α 粒子的运动方向发生了很大改变，有的甚至完全反弹。由此，卢瑟福提出原子中间聚集着原子几乎所有的质量和全部的正电荷——原子的核式结构。

【答案】　α 粒子散射　如图 7-8 所示

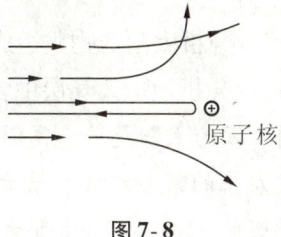

图 7-8

【说明】　涉及的知识点有：①α 粒子散射实验的结果；②卢瑟福的原子核式结构模型；③α 粒子散射实验与原子的核式结构模型之间的关系。由于 α 粒子散射实验是整个原子核式结构的基础，所以它具有很重要的地位，课本上介绍了该实验装置示意图，应引起注意。

氢原子光谱的实验规律

氢原子是自然界中最简单的原子，对它的光谱线的研究获得的原子内部结构的信息，对于研究更复杂的原子的结构有指导意义。

（1）氢原子的光谱

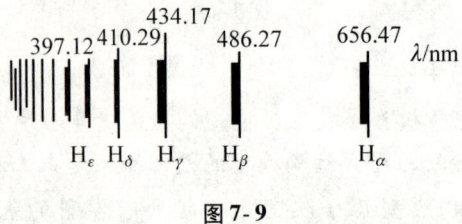

图 7-9

从氢气放电管可以获得氢原子光谱。如图 7-9 所示，氢原子的光谱为线状谱。

（2）巴耳末公式：$\frac{1}{\lambda} = R\left(\frac{1}{2^2} - \frac{1}{n^2}\right)$　$n = 3, 4, 5\cdots$

【说明】

① 波长的倒数叫作波数，常用 $\tilde{\nu}$ 表示即 $\tilde{\nu} = \frac{1}{\lambda}$。

② 巴耳末公式中 $R = 1.10 \times 10^7 \text{ m}^{-1}$ 叫作里德伯常量。

③ n 只能取整数，不能连续取值，波长也只会是分立的值。

④ 氢光谱在红外和紫外区的其他谱线也都满足与巴耳末公式类似的关系式。

【例题讲解 2】　关于太阳光谱，下列说法正确的是（　　）

A. 太阳光谱是吸收光谱

B. 太阳光谱中的暗线，是太阳光经过太阳大气层时某些特定频率的光被吸收后而产生的

C. 根据太阳光谱中的暗线，可以分析太阳的物质组成

D. 根据太阳光谱中的暗线，可以分析地球大气层中含有哪些元素

【解析】　太阳光谱是吸收光谱。因为太阳是一个高温物体，它发出的白光通过温度较低的太阳大气层时，会被太阳大气层中的某些元素的原子吸收，从而使我们观察到的太阳光谱是吸收光谱，所以分析太阳的吸收光谱，可知太阳大气层的物质组成，而某种物质要观察到它的吸收光谱，要求它的温度不能太低，但也不能太高，否则会直接发光，由于地球大气层的温度很低，所以太阳光通过地球大气层时不会被地球大气层中的物质原子吸收。上述选项中正确的是 A，B。

【答案】　A，B

玻尔模型

玻尔认为，围绕原子核运动的电子轨道半径只能是某些分立的数值，这种现象叫作轨

道量子化；不同的轨道对应着不同的状态，在这些状态中，尽管电子在做变速运动，却不辐射能量，因此这些状态是稳定的；原子在不同的状态中具有不同的能量，所以原子的能量也是量子化的。

将以上内容进行归纳，玻尔理论有三个要点：

（1）原子只能处于一系列的不连续的能量状态中，在这些状态中原子是稳定的．电子虽然绕核旋转，但并不向外辐射能量，这些状态叫定态。

（2）原子从一种定态（能量为 E_1）跃迁到另一定态（能量为 E_2）时，它辐射（或吸收）一定频率的光子，光子的能量由这两个定态的能量差决定．即 $h\nu = E_2 - E_1$。

可见，电子如果从一个轨道到另一个轨道，不是以螺旋线的形状改变半径大小的，而是从一个轨道上"跳跃"到另一个轨道上，玻尔将这种现象称为跃迁。

（3）原子的不同能量状态对应于电子沿不同圆形轨道运动．原子的定态是不连续的，因而电子的可能轨道是分立的（满足 $mvr = n\dfrac{h}{2\pi}$，n 叫量子数，这种轨道的不连续现象叫轨道量子化）．轨道半径 $r_n = n^2 r_1$。

【说明】玻尔把量子观念引入原子的核式结构模型中，这是一个创新，根据玻尔理论，电子只能在某些不连续的可能轨道上绕核运动．电子在这些轨道上运动时不辐射能量，处于定态，只有电子从一条轨道跃迁到另一条轨道上时才辐射能量，辐射的能量是一份一份的，等于这两个定态的能量差．然而，玻尔理论也是有其局限性的．玻尔理论与我们的日常观念有很大的不同。例如人造卫星绕地球旋转时，其轨道半径可以有不同数值，轨道半径可以连续变化，但电子绕核运动时，其最小半径是 0.53×10^{-10} m，不可再小，电子还可能在半径是 2.12×10^{-10} m、4.77×10^{-10} m……的轨道上运行，但是轨道半径不可能是介于这些数值中间的某个值。

能级

在玻尔模型中，原子的可能状态是不连续的，因此各状态对应的能量也是不连续的．这些能量值叫作能级。

各状态的标号1、2、3……叫作量子数，通常用 n 表示．能量最低的状态叫作基态，其他状态叫作激发态．基态和各激发态的能量分别用 E_1、E_2、E_3……代表。

（1）氢原子的能级及玻尔对氢光谱的解释

对氢原子而言，核外的一个电子绕核运行时，若半径不同，则对应着的原子能量也不同，若使原子电离，外界必须对原子做功，使电子摆脱它与原子核之间的库仑力的束缚，所以原子电离后的能量比原子其他状态的能量都高．我们把原子电离后的能量记为0，则其他状态下的能量值就是负的。

原子各能级的关系为：$E_n = \dfrac{E_1}{n^2}$，$n = 1、2、3\cdots$

对于氢原子而言，基态能量：$E_1 = -13.6$ eV

其他各激发态的能级为：$E_2 = -3.4$ eV

$E_3 = -1.51$ eV

……

（2）能级图

氢原子的能级图如图 7-10 所示。

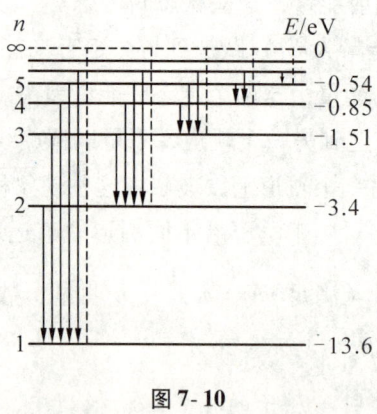

图 7-10

【说明】①由能级图可知，由于电子的轨道半径不同，氢原子的能级不连续，这种现象叫能量量子化。

②原子的能量包括：原子的原子核与电子所具有的电势能和电子运动的动能。

③原子从基态跃迁到激发态时要吸收能量，而从激发态跃迁到基态则以光子的形式向外放出能量．无论是吸收能量还是放出能量，这个能量值不是任意的，而是等于原子发生跃迁时这两个能级间的能量差。$\Delta E = h\nu$，ν 为发出光子的频率。

核能的计算

（1）$\Delta E = \Delta m \cdot c^2$

式中，Δm 为核反应中质量亏损，以 kg 为单位，ΔE 为释放的核能，单位为焦耳（J）。

（2）$1\,u = 1.660\,6 \times 10^{-27}$ kg，$1\,u$ 相当于 931.5 MeV。

【说明】

①质量与能量，是物体系统从不同方面表现出来的两种固有属性，按照爱因斯坦的理论，这两种属性是严格按正比关系相联系的。一个物体系统的能量增大了，质量也增大了，反之，物体系统的能量减少了，它的质量也相应减少了。但减少的质量并不是消失了，而是随着能量一起转移给外界了。所谓质量亏损，是对核反应前后的核子和原子核相比而言的，如果把反应物与周围环境一起来考虑，那么核反应前后，不仅能量守恒，而且质量也是守恒的。在释放核能的核反应过程中，并非是一部分质量转化为能量。

②在无光子辐射的情况下，核反应中释放的核能转化为生成的新核和新粒子的动能，此时可应用动量守恒定律和能量守恒定律来解题。

【例题讲解3】 两个中子和两个质子结合成一个氦核，同时释放一定的核能，若已知中子质量为 1.008 7 u，质子质量为 1.007 3 u，氦核质量为 4.002 6 u，试计算用中子和质子生成 1 kg 的氦时，要释放多少核能？

> **讲解**
>
> 两个中子和两个质子结合成氦核的核反应方程如下：
> $$2{}_{0}^{1}\text{n} + 2{}_{1}^{1}\text{H} \rightarrow {}_{2}^{4}\text{He}$$
> 质量亏损 $\Delta m = 2 \times 1.008\ 7\ \text{u} + 2 \times 1.007\ 3\ \text{u} - 4.002\ 6\ \text{u} = 0.029\ 4\ \text{u}$。
>
> 放出的核能 $\Delta E = 0.029\ 4 \times 931.5\ \text{MeV} = 27.386\ \text{MeV}$
>
> 生成 1 kg 氦释放的总核能：$E = \dfrac{1\ 000}{4} \times 6.02 \times 10^{23} \times 27.386 \times 10^{6} \times 1.6 \times 10^{-19}\ \text{J} = 6.59 \times 10^{14}\ \text{J}$

【说明】 计算核能的步骤一般是：首先，写出核反应方程。其次，计算质量亏损 Δm。然后，根据质能方程 $\Delta E = \Delta m c^2$ 计算核能。若 Δm 以原子质量单位（u）为单位，可直接用 $\Delta E = \Delta m\ (\text{u}) \times 931.5\ \text{MeV}$ 计算，此法较快，常用。

【例题讲解4】 原来静止的质量为 m_0 的原子核，放出 α 粒子后转变为质量为 m_1 的原子核，该新核在其运动方向上又放出 α 粒子而衰变成静止的质量为 m_2 的原子核，试求两个 α 粒子的动能。已知 α 粒子的质量为 m_α。

> **讲解**
>
> 第一次放出 α 粒子后，根据动量守恒定律有 $m_1 v_1 - m_\alpha v_\alpha = 0$。
>
> 新核在运动方向上又放出 α 粒子，则有 $m_1 v_1 = m_\alpha v'_\alpha + 0$。
>
> 可见两次放出的 α 粒子动量大小相等，所以两个 α 粒子的动能相等。
>
> 设第一次放出 α 粒子后，新核和 α 粒子的动能分别为 E_{k1} 和 $E_{k\alpha}$，其总和等于原子核衰变时质量亏损相对应的能量，即
> $$(m_0 - m_1 - m_\alpha)c^2 = E_{k1} + E_{k\alpha}$$
>
> 而 $E_{k1} = \dfrac{1}{2} m_1 v_1^2 = \dfrac{1}{2} m_1 \left(\dfrac{m_\alpha}{m_1} v_\alpha\right)^2 = \dfrac{1}{2} m_\alpha v_\alpha^2 \left(\dfrac{m_\alpha}{m_1}\right) = \dfrac{m_\alpha}{m_1} E_{k\alpha}$，
>
> 代入上式得：
> $$(m_0 - m_1 - m_\alpha)c^2 = \dfrac{m_\alpha}{m_1} E_{k\alpha} + E_{k\alpha} = E_{k\alpha}\left(1 + \dfrac{m_\alpha}{m_1}\right),$$
>
> 故 $E_{k\alpha} = \dfrac{m_1(m_0 - m_1 - m_\alpha)c^2}{m_1 + m_\alpha}$

【说明】 利用质能方程解题时要注意：

① 反应前后的总质量要弄清楚，不要把原子的质量与原子核的质量混淆，要耐心细致地进行计算，防止丢三落四造成错误。

② 核能转化为核反应生成物的动能，可结合动量守恒定律求解。

原子能的释放

不同的原子核,其核子的平均质量(原子核的质量除以核子数)与原子序数有如图7-11所示关系。如果原子序数较大的重核 A 分裂成原子序数小一些的核 B 和 C,或者原子序数很小的轻核 D,E 结合成一个原子序数大些的核 F,都会有质量亏损,都会放出巨大的核能,从而获得原子能。

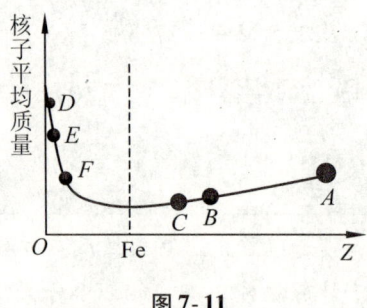

图 7-11

参考文献

[1] 阎喜秋. 物理. 上海：立信会计出版社，2011.
[2] 王英杰、邹彬. 物理. 北京：机械工业出版社，2006.
[3] 杨素英. 物理应用基础. 北京：科学出版社，2008.
[4] 苏山. 物理学基础知识入门. 北京：北京工业大学出版社，2013.
[5] 周登录、马振琴. 物理（上册）. 北京：中央广播电视大学出版社，2008.
[6] 曹新社. 物理（下册）. 北京：中央广播电视大学出版社，2008.
[7] 宋大卫. 物理（第2版）. 北京：人民卫生出版社，2008.
[8] 宫玉珍. 物理. 北京：机械工业出版社，2013.